El Espíritu Santo

Prólogo por George O. Wood

Anthony D. Palma

El Espíritu Santo

Publicado en inglés bajo el titulo:
The Holy Spirit
por Gospel Publishing House
© 2001 Gospel Publishing House
Reservados todos los derechos

SLC
SERVICIO DE
LITERATURA CRISTIANA

Apartado 0818-00792
Ciudad de Panamá, PANAMÁ

ISBN:
Cubierta Rustica
978-1-63368-002-9 Impreso
978-1-63368-003-6 Digital

Índice

4 Índice

TERCERA PARTE: DONES ESPIRITUALES

Prólogo

Hace varios años una creyente con años de experiencia me contó el primer recuerdo que tenía de mí: yo tenía seis años. Ella se había retirado a su banca después de un intenso tiempo de oración en el altar. Con toda la sabiduría que puede reunir un niño pequeño criado en la casa de un predicador pentecostal, le hice la siguiente pregunta, muy adulta: «Pues bien, hermana, ¿está usted satisfecha con la experiencia?»

Como pentecostales, nuestro énfasis en tener una experiencia personal con el Espíritu Santo a veces nos ha ganado mucha crítica de parte de otros miembros de la familia cristiana. A muchos les da la impresión de que basamos la realidad en la subjetividad de nuestra propia experiencia antes que en la objetividad de la palabra de Dios.

A veces nuestros críticos se han olvidado que incluso los personajes de la Biblia tuvieron grandes experiencias con Dios antes de poder articular una teología que situara sus experiencias dentro del mayor contexto de la revelación divina. Moisés se encontró con Dios en una zarza ardiente antes de que este le enseñara las lecciones del Pentateuco. Isaías tuvo una experiencia con Dios en el templo mucho antes de entender el panorama de la historia y de la profecía que más tarde le revelaría Dios. Saulo de Tarso tuvo un encuentro con Jesús en el camino a Damasco mucho antes de que pudiera pasar un examen sobre la relación entre la ley y la gracia.

Digo todo esto porque usted tiene en sus manos una excelente, sistemática y sesuda teología del Espíritu Santo, escrita por uno de nuestros connotados eruditos, el Dr. Anthony D. Palma.

Hay dos cosas que debe tener en mente al estudiar esta obra.

Primero, si usted ya ha tenido una poderosa experiencia, o varias, con el Espíritu Santo, esta obra pondrá un cimiento bíblico bajo sus pies. Le proveerá de una comprensión exhaustiva de la persona y obra del Espíritu Santo, según se revela en toda la Biblia, nuestra fuente de verdad totalmente fidedigna. Un gran dirigente pentecostal de otra generación, Thomas F. Zimmerman, comentaba que la relación del Espíritu y las Escrituras es como el río y sus márgenes. «El Espíritu Santo», decía, «es el río, pero el Espíritu fluye solo dentro de las márgenes de las Escrituras». Este libro le ayudará a usted a conocer esas orillas, capacitándolo mejor para que «ande en el Espíritu».

Segundo, si todavía no ha conocido a la persona del Espíritu mediante la conversión, el bautismo en el Espíritu, el ejercicio de los dones espirituales y su fruto, este libro no puede sustituir tal experiencia. El deseo del Dr. Palma es ayudarle a conocer al Espíritu, pero una comprensión intelectual de lo que enseña la Biblia sobre el Espíritu Santo nunca puede reemplazar su propia experiencia personal con él. Ojalá este maravilloso libro de texto sobre el Espíritu le despierte el apetito por su presencia y poder en su propia vida.

Finalmente, una palabra en cuanto a los eruditos pentecostales. Tenemos una gran deuda con personas como el Dr. Palma, que han dedicado toda su vida a comprender y enseñar la Palabra de Dios. Hace muchos años que conozco al Dr. Palma y a su esposa Betty. Son personas de convicciones, con un gran amor por el Señor, de disposición amable, un estilo de vida sencillo y sacrificado, un profundo interés por sus estudiantes, y una pasión porque la iglesia de hoy sea un reflejo de la iglesia del Nuevo Testamento, llena del Espíritu Santo y de poder.

GEORGE O. WOOD
SECRETARIO GENERAL DEL
CONCILIO GENERAL DE LAS ASAMBLEAS DE DIOS

Prefacio

Este estudio del Espíritu Santo es producto de varias cosas: numerosos artículos que he escrito sobre los varios aspectos del ministerio del Espíritu, una monografía titulada *The Spirit—God in Action*, que las Asambleas de Dios usaron por todas partes en la década de los setenta como cursos de capacitación para obreros de Escuela Dominical, tres tesis que escribí para mis grados avanzados en teología, notas de las clases que he enseñado a nivel universitario y de postgrado, e investigación extensa llevada a cabo durante los últimos años. Las tres tesis se titulan: «Glossolalia in the Light of the New Testament and Subsequent History» (Bachillerato en Teología Sagrada/Maestría en Divinidad); «Tongues and Prophecy—A Comparative Study in Charismata» (Maestría en Teología Sagrada); y «The Holy Spirit in the Corporate Life of the Pauline Congregation» (Doctorado en Teología).

Notas y abreviaturas

Siguiendo lo acostumbrado, la palabra «Señor» se usa en mayúsculas y versalitas en los lugares donde el hebreo del Antiguo Testamento es el nombre personal y divino de Dios, Yahvé (que probablemente se pronunciaba así).[1] En las citas bíblicas se ponen.en cursivas las palabras que el autor quiere recalcar.

Para facilitar la lectura, los términos hebreos, arameos y griegos se transliteran con letras del alfabeto español.

Se usan las siguientes abreviaturas:

NVI: Nueva Versión Internacional
RVR60: Reina Valera Revisada, revisión de 1960
RVR95: Reina Valera, revisión de 1995
VP: Versión Popular
LBLA: La Biblia de las Américas
BAGD: Bauer, Arndt, Gingrich, and Danker, *A Greek-English Lexicon of the New Testament and Other Early Christian Literature*
BDF: Blass, Debrunner, and Funk, *A Greek Grammar of the New Testament and Other Early Christian Literature*
KJV: Versión King James, en inglés.
TDNT: Kittel, *Theological Dictionary of the New Testament*

STANLEY M. HORTON
EDITOR GENERAL

[1]El hebreo escribía solo las consonantes YHVH. Tradiciones posteriores siguieron el deletreo latino JHVH, y añadieron las vocales de «Señor» para recordarles que leyeran *Señor* en lugar del nombre divino. Nunca existió el propósito de que este nombre se leyera «Jehová».

Introducción

Este libro es un estudio del Espíritu Santo desde una perspectiva pentecostal. No habla por todos los pentecostales, pero creo que, en su tesis principal, representa el pensamiento de los pentecostales clásicos y de muchos carismáticos. Porque, «¿qué dice la Escritura?» (Ro 4:3; Gá 4:30) ha sido mi lema desde mi adolescencia, cuando siendo católico romano empecé a estudiar las Escrituras, y como resultado de tal acción, decidí dejar la Iglesia Católica Romana. La consigna de La Reforma de *Sola Scriptura* (solo la Escritura) ha guiado virtualmente todo lo que he escrito en este libro. He decidido limitar el alcance del libro principalmente a una investigación de las Escrituras. Asuntos relativos a la historia presente de la iglesia y a algunos fenómenos contemporáneos fuera de la Biblia, por muy importantes que sean, nos desviarían del propósito primordial del libro.

Debido a la perspectiva del libro, el lector comprenderá por qué he dedicado cantidades desproporcionadas de espacio a asuntos que tienen que ver con la teología pentecostal. Pero esto no se debe a que esos asuntos sean más importantes que otros, excepto para lo que se propone este libro.

La primera parte es un tratamiento general de los asuntos sobre el Espíritu Santo, respecto a los cuales hay poco desacuerdo entre los creyentes teológicamente conservadores. A propósito de eso, el estilo y la documentación son menos interactivos que lo que uno halla en el resto del libro.

La segunda parte trata de la muy debatida enseñanza pentecostal del bautismo en el Espíritu Santo. He tratado de complementar la apologética pentecostal tradicional con nociones que adquirí en mi estudio personal y en intercambio con otros compañeros. De buen grado admito que para mí es virtualmente imposible la objetividad completa. Pero espero que los

15

lectores concedan lo mismo respecto a sí mismos y mantengan una apertura de mente y de espíritu.

La tercera parte trata de los dones espirituales. Incluso entre los eruditos conservadores existen discrepancias en cuanto a la naturaleza de algunos de ellos, y si los llamados dones extraordinarios cesaron después del siglo I. Los lectores deben sacar sus propias conclusiones.

La teología distintiva de los pentecostales no debe ser una barrera para la comunión entre ellos y otros creyentes. Mi preparación académica tuvo lugar en un seminario interdenominacional, en el que la afiliación de sus catedráticos iba desde metodistas libres hasta luteranos. Mis estudios avanzados de teología los realicé en un seminario luterano. Además, serví como capellán de la Reserva Naval por muchos años. Como resultado de eso, mi compañerismo con creyentes de todas las tradiciones principales me ha enriquecido personalmente.

Primera parte

Pneumatología general

◇◈◇

Capítulo 1

El Espíritu
y la Deidad

¿Quién, o qué, es el Espíritu Santo? Esta pregunta no surgió
en la iglesia apostólica, sino que en pocos siglos fue necesario
que el cristianismo le prestara atención al asunto. Algunos dirigentes del cristianismo estaban enseñando que el Espíritu
Santo fue creado por el Hijo de Dios, y que como ser creado no
se le podía considerar miembro de la Deidad. Esto era en realidad una negación de la doctrina de la Trinidad, o sea, que Dios
existe eternamente en tres Personas, a las que el cristianismo
en su mayor parte designa comúnmente como Padre, Hijo y
Espíritu Santo.

Este capítulo trata de dos temas principales: la persona del
Espíritu Santo, y la deidad del Espíritu Santo. Incluirá también
un breve sondeo de la historia de la iglesia primitiva en lo que
tiene que ver con estos asuntos.

La persona del Espíritu Santo

Las Escrituras enseñan claramente que el Espíritu Santo es
un ser personal. Sin embargo, algunos creyentes malinterpre-
tan esto, y se refieren al Espíritu Santo como si fuera una cosa
en vez de una persona.

Razones de la confusión

Las siguientes razones son las principales de este malenten-
dido:

(1) En las Escrituras el Espíritu es el miembro de la Deidad que
menos se menciona. Hay considerablemente más referencias al

Padre y al Hijo que al Espíritu Santo. Como consecuencia, se sabe menos de él que de los otros.

(2) La palabra «espíritu» sugiere la ausencia de persona. Resulta fácil asignar la idea de persona a las palabras «Padre» e «Hijo»; pero en inglés el género de la palabra «espíritu» es neutro, lo que significa que, hablando estrictamente, el pronombre apropiado para usarse es el neutro. Veremos, sin embargo, que a pesar de este accidente del inglés, hay abundante evidencia en la Biblia de que el Espíritu Santo es realmente una persona.

(3) Los idiomas bíblicos son también en parte responsables de este problema. Nuestra palabra «espíritu» es una traducción sencilla y válida de la palabra hebrea *ruaj* y del griego *pneuma*, que son palabras comunes en esos idiomas.

Originalmente las palabras *ruaj* y *pneuma* se usaban para fuerzas inanimadas e impersonales tales como el viento y el aliento. Más tarde se las aplicó a lo que los angloparlantes entienden por la palabra «espíritu». En la gramática hebrea la palabra *ruaj* está predominantemente en género femenino.[1] El griego, por otro lado, le asigna a *pneuma* el género neutro.

El propósito de estos comentarios es mostrar que en los idiomas bíblicos y en inglés se puede malentender la persona del Espíritu Santo debido a limitaciones lingüísticas.

(4) Las traducciones de la Biblia a veces son inadecuadas. Esto se puede deber al deseo de los traductores de ofrecer lo que consideran ser una traducción «estricta» o porque no tienen idea de la enseñaza bíblica global sobre el Espíritu Santo. Los que pueden leer inglés habrán notado que Romanos 8:26 en la versión King James dice: «The Spirit *itself*». «Itself» es un término que puede aplicarse a un objeto. Aunque su uso puede ser *técnicamente* correcto debido al género neutro tanto del sustantivo como del pronombre intensivo (*autó*), es mejor seguir la lectura *teológicamente* correcta, que dice: «el Espíritu *mismo*» (como en la NVI; vea también RVR60 y LBLA).

(5) En las Escrituras se asocia a menudo el Espíritu con la idea de poder. Como consecuencia, hay quien considera que el Espíritu Santo es solo una fuerza impersonal. Pero cuando Jesús prometió a los discípulos que recibirían poder cuando el

---

[1]Es masculino en un número limitado de pasajes. El hebreo no tiene género neutro.

Espíritu Santo viniera sobre ellos (Hch 1:8; véase también Lc 24:49), quería decir que el Espíritu mismo vendría en plenitud y que el Espíritu, que es todopoderoso, les proveería de los medios necesarios para el ministerio eficaz.

(6) Las figuras retóricas que a menudo se usan en las Escrituras para referirse al Espíritu Santo pueden implicar la idea de objetos inanimados o impersonales. Unas pocas sugerencias bastarán para ilustrar esto. Se lo compara con

* agua: Jn 7:38-39
* aceite: Hch 10:38 (En toda la Biblia la unción se hacía con aceite.)
* viento: Jn 3:8; Hch 2:2
* fuego: Hch 2:3; Ap 4:5
* paloma: Lc 3:22

En apartados apropiados de los capítulos siguientes dirigiremos nuestra atención a la mayoría de estos símbolos. Aquí se hace necesario señalar que el propósito de las figuras retóricas es ayudar a entender algo acerca de una persona. La figura deriva una analogía, y emplea un objeto común que fácilmente expresa alguna característica o atributo de la persona, y no hay que forzarla al detalle literal.

Prueba bíblica de la Persona del Espíritu

Muchas líneas de evidencia en la Biblia indican que el Espíritu Santo es una persona, y no un objeto inanimado o fuerza impersonal. Nuestro principal interés aquí es fijar esto mediante un sondeo del material bíblico. En capítulos posteriores se llevará a cabo un tratamiento más detenido de muchos de estos asuntos.

(1) Él posee atributos personales que se asocian con la mente, la voluntad y las emociones.

Pablo habla de «la mente del Espíritu» (Ro 8:27), y dice además que solo el Espíritu de Dios conoce las cosas profundas de Dios (1 Co 2:10-11). La actividad intelectual del Espíritu se ve además en los dones del Espíritu, tales como palabra de ciencia, palabra de sabiduría, discernimiento de espíritus y profecía

(1 Co 12:8-10). También existe la cuestión de la voluntad. Los actos soberanos del Espíritu Santo son un aspecto de esto. El Espíritu Santo reparte dones «a cada uno según él lo determina» (1 Co 12:11). Asimismo dirige al pueblo de Dios para apartar a algunos para algún ministerio especial (Hch 13:2), y en la selección del campo de trabajo (Hch 16:6-7). Finalmente, el Espíritu Santo tiene emociones. Se le puede entristecer o contristar (Is 63:10; Ef 4:30); también manifiesta amor (Ro 15:30).

(2) Realiza acciones personales. Lo siguiente es una muestra:

- Crea: Gn 1:2; Job 33:4; Sal 33:6
- Crea de nuevo, o regenera: Jn 3:5; Tit 3:5
- Contiende con los hombres: Gn 6:3
- Convence a los no regenerados: Jn 16:8
- Intercede: Ro 8:26
- Hace milagros: Hch 8:39; He 2:4
- Levanta a los muertos: Ro 1:3-4; 8:11
- Habla: Jn 16:13; Hch 8:29; 10:19; Ap 2:7
- Enseña: Lc 12:12; Jn 14:26; 1 Jn 2:27
- Testifica: Jn 15:26; 1 P 1:11

(3) Puede ofendérsele personalmente. Esteban acusó a sus perseguidores de resistir siempre al Espíritu Santo (Hch 7:51). Pedro acusó a Ananías de mentirle al Espíritu Santo (Hch 5:3) y luego dijo que Ananías y Safira habían tratado de tentar al Espíritu del Señor (v. 9). Pablo amonesta a los creyentes a no entristecer al Espíritu Santo (Ef 4:30), recordando probablemente cuánto le había ofendido Israel en el desierto (Is 63:10). Todavía más, a los creyentes se les advierte en cuanto a la posibilidad de insultar o enfurecer al «Espíritu de gracia» al negar su salvación comprada con sangre (He 10:29).

En uno de los pasajes más solemnes de toda la Biblia Jesús advirtió en contra de blasfemar, o pecar, contra el Espíritu Santo (Mt 12:32; Mr 3:22-30; Lc 12:10). Los estudiosos discrepan en cuanto a la naturaleza precisa de este pecado, pero por lo menos hay dos puntos muy claros cuando uno examina el contexto de cada pasaje: (a) Consiste en *a sabiendas* y *persistentemente* atribuir a Satanás lo que obviamente es obra del Espíritu Santo. (b) Es el rechazo de Jesucristo como escogido de Dios y ungido para la liberación de la humanidad. (Los creyentes no tienen que preocuparse o afanarse pensando que han cometido este pecado. El mismo hecho de preocuparse de esto es una clara indicación de que el Espíritu Santo no los ha abandonado.)

(4) Jesús le llamo Paráclito. Esta palabra es una transliteración del griego *parákletos*, y se traduce como «Consolador», «Ayudador», «Intercesor», «Abogado». Su raíz significa «uno llamado al lado de». Los pasajes donde se halla este título (Jn 14:16,26; 15:26; 16:7) indican claramente que Jesús está hablando del Espíritu Santo como de una persona.

Otra indicación de que el Espíritu Santo es una Persona se ve en las palabras de Jesús que lo identifican como «*otro* Paráclito» (Jn 14:16, traducción mía). Jesús mismo fue el primer Paráclito. El apóstol Juan dice que «tenemos ante el Padre a un intercesor *[parakletos]*, a Jesucristo, el Justo» (1 Jn 2:1). La clave está en la palabra griega que se traduce por «otro», *allos*, que por lo general quiere decir «otro de la misma clase». Así como el Señor Jesucristo vino para ayudar a sus discípulos y los animó, así lo haría el Espíritu Santo, ayudándoles, animándoles, e intercediendo por ellos (y por los que creerían su mensaje) después de que se fuera Jesús. Jesús prometió que no dejaría a sus discípulos huérfanos, indefensos y desconsolados (Jn 14:18).

(5) Se usan pronombres masculinos para el Espíritu Santo. Parece que en unos pocos pasajes Jesús deliberadamente recalcó que el Espíritu Santo es persona al usar la forma masculina del pronombre demostrativo[2] al referirse a él. En Juan 14:26 podría haber omitido la palabra sin alterar la gramática. La LBLA dice: «Pero el Consolador, el Espíritu Santo, a quien el Padre enviará en mi nombre, Él *[ekeinos]* os enseñará todas las cosas, y os recordará todo lo que os he dicho». En Juan 16:13-14 Jesús usó dos veces la forma masculina del pronombre, aunque en el griego no era necesario

---

[2]*Ekeinos* antes que el neutro *ekeino*. *Ekeinos* traducido literalmente quiere decir «ese uno», pero a menudo aparece en lugar del pronombre personal masculino *autós*, «él». Los eruditos de la Biblia saben, por supuesto, que Jesús hablaría arameo con sus discípulos. Sin embargo, el único registro que tenemos en la versión griega inspirada, que, damos por sentado, trasmite correctamente los pensamientos de Jesús.

usar ningún pronombre.[3] Dijo: «Pero cuando venga el [ekeinos] Espíritu de verdad, él os guiará a toda la verdad ... Él [ekeinos] me glorificará».

La deidad del Espíritu Santo

El Espíritu Santo es miembro de la Trinidad, lo que quiere decir que es plenamente divino, tanto como el Padre y el Hijo. A menudo se dice que es la Tercera Persona de la Deidad.

Evidencia bíblica de su deidad

Hay muchas evidencias que señalan la deidad absoluta del Espíritu Santo. Las siguientes son las más importantes:

(1) Se le menciona junto con el Padre y el Hijo. Los siguientes ejemplos demuestran que los tres son iguales entre sí; pues lo contrario sería mezclar manzanas y naranjas: Jesús les ordenó a sus discípulos que bautizaran «en el nombre del Padre y del Hijo y del Espíritu Santo» (Mt 28:19). Pablo, en tres frases paralelas, habla de «que la gracia del Señor Jesucristo, el amor de Dios y la comunión del Espíritu Santo sean con todos ustedes» (2 Co 13:14). En Efesios 4:4-6 se refiere a un Señor (Jesucristo), un Espíritu y un Dios y Padre. En 1 Corintios 12:4-6 habla en forma paralela del Espíritu, el Señor (Jesucristo) y Dios (el Padre).

(2) Se le distingue claramente del Padre y del Hijo. En un pasaje profético Isaías cita al Mesías diciendo: «Y ahora el Señor omnipotente me ha enviado con su Espíritu» (Is 48:16).[4] Esta distinción de identidades también es evidente en el bautismo de Jesús. El Hijo de Dios estaba parado en el río Jordán, el Espíritu Santo vino sobre él en forma de paloma, y el Padre habló desde el cielo (Lc 3:21-22).

En toda la Biblia se le llama a menudo Espíritu de Dios, o Espíritu del Señor. Debido a esto algunos han llegado a la conclusión de que no tiene existencia independiente, y que se le

---

[3]Los expertos en griego creen que los sujetos pronominales no son necesarios, puesto que la terminación del verbo indica el sujeto, tal como rige en español. Cuando se usa un pronombre suele hacerse para enfatizar algo.

[4]Las traducciones varían. Vea la explicación del cap. 3, «El Espíritu y el Mesías».

debe considerar meramente como una manifestación de Dios. Pero estos títulos enfatizan que este Espíritu es divino y no malo. Muchos espíritus satánicos y malos están trabajando en el mundo, pero solo hay un Espíritu Santo divino. Se debe mantener el concepto de tres personas en la Deidad; de otra manera es imposible lograr una comprensión satisfactoria de algunos pasajes bíblicos (tales como los que se indican en el párrafo anterior).

(3) Tiene atributos divinos. Para nuestros propósitos la expresión «atributos divinos» se refiere a las características o cualidades que solo Dios posee. Entre las más importantes se cuentan las siguientes:

Eternidad. Dios es el único sin principio ni fin. Hebreos 9:14 dice lo mismo del Espíritu Santo al describirlo como «el Espíritu eterno».

Omnipotencia. El Espíritu Santo es todopoderoso. Esto resulta evidente en la Biblia por las poderosas señales y maravillas que él realiza (Ro 15:19; He 2:4). Por ejemplo, participó en la creación de nuestro mundo (Gn 1:2); efectúa el nuevo nacimiento, o nueva creación (Jn 3:5; Tit 3:5); levanta a los muertos (Ro 1:3-4; 8:11).

Omnipresencia. Está presente en todas partes. David dijo: «¿Adónde podría alejarme de tu Espíritu? ¿Adónde podría huir de tu presencia?» (Sal 139:7). La respuesta es obvia (véase vv. 8-10). Por muy difícil que le resulte a la mente humana captar esto, el Espíritu de Dios está presente simultáneamente en todas partes. ¿Cómo sería posible de otro modo que los creyentes de todas partes participen en la adoración al mismo tiempo? Los creyentes son quienes «adoran por el Espíritu de Dios» (Fil 3:3; vea también Jn 4:23-24).

Omnisciencia. El Espíritu Santo lo sabe todo. Nada le es oculto (1 Co 2:10-11). Por ser el inspirador de las Sagradas Escrituras, le reveló a Moisés detalles de la historia de la creación que de otra forma no sería posible saberlo humanamente. Por la operación de los dones espirituales tales como los dones de profecía o de palabra de ciencia, puede revelar los secretos más íntimos y los pecados del corazón humano (1 Co 14:24-25). Guía al pueblo de Dios a toda verdad (Jn 16:13), y le da noción espiritual (1 Co 2:9-10).

El Espíritu Santo es omnisciente no solo en asuntos relativos al pasado eterno y al presente, sino que también sabe todo sobre el futuro. Actuó en los autores de la Biblia para que escribiera sobre acontecimientos de los postreros días, porque Jesús dijo que el Espíritu les mostraría a los discípulos «lo que habría de venir». (Jn 16:13). Y Pablo anota que «El Espíritu dice claramente que, en los últimos tiempos, algunos abandonarán la fe para seguir a inspiraciones engañosas y doctrinas diabólicas» (1 Ti 4:1).

Santidad absoluta. La designación «Espíritu Santo» aparece más de noventa veces en la Biblia; todas excepto tres en el Nuevo Testamento. Específicamente se le llama *el* Espíritu Santo, indicando su santidad única y su separación de todos los demás seres espirituales, ya sea Satanás, los espíritus malos o los ángeles. Pablo llega a llamarle «el Espíritu de santidad» (Ro 1:4), que es la forma de decir «Espíritu Santo» en hebreo (Sal 51:11; Is 63:10-11).

(4) Realiza obras de Deidad. Solo Dios creó y sustenta nuestro universo. Solo él puede regenerar y resucitar espiritualmente a las almas que están muertas en delitos y pecados. Solo él tiene poder para levantar a los muertos. Y, como ya se señaló más arriba, el Espíritu Santo participó y participa en estas obras como único agente.

(5) Se le llama expresamente Dios. El apóstol Pedro aceptó sin cuestionamiento la plena deidad del Espíritu Santo. Esto es evidente sobre todo en el relato de su encuentro con Ananías y Safira (Hch 5:1-11). Pedro le dijo a Ananías: «¿Cómo es posible que Satanás haya llenado tu corazón para que le mintieras al Espíritu Santo?» (v. 3). Luego le dijo: «¡No has mentido a los hombres sino a Dios!» (v. 4). Pecar contra el Espíritu Santo, dice Pedro, es pecar contra Dios.

La oración y la alabanza al Espíritu Santo

¿Es propio orar al Espíritu Santo, o rendirle alabanza? Esta es una pregunta natural que surge a la vista de la persona y deidad del Espíritu Santo. Hemos visto que tiene la misma categoría que el Padre y el Hijo. Pero no hay indicación clara en la Biblia de que se le puede invocar en oración o en adoración.

La oración normalmente se dirige al Padre por medio de Jesús nuestro mediador, y se hace en *o* por el Espíritu Santo (Jn 4:23-24; 16:23; Ef 2:18; Fil 3:3).

En el Nuevo Testamento encontramos dos oraciones que invocan indirectamente al Espíritu Santo. En la conclusión de 2 Corintios, Pablo pide que la comunión del Espíritu Santo esté con los creyentes corintios (13:14).[5] Juan, en el libro de Apocalipsis, pide que la gracia y la paz vengan a sus lectores «de los siete espíritus» (1:4). En otras partes a estos siete Espíritus se les llama «los siete Espíritus de Dios» (Ap 3:1; 4:5; 5:6). Esta es una referencia obvia al Espíritu Santo. El libro de Apocalipsis está lleno de simbolismo, y con frecuencia en este libro los números son simbólicos. Siete es el número de calidad de finalización; por consiguiente, «siete Espíritus» se refiere al Espíritu de Dios en su plenitud, o en su actividad completa.[6] Isaías 11:2 se toma a veces como comentario de esto, puesto que contiene siete términos descriptivos relativos al Espíritu Santo. «El Espíritu *del* SEÑOR reposará sobre él [el Mesías]: espíritu *de sabiduría* y *de entendimiento,* espíritu *de consejo* y *de poder,* espíritu *de conocimiento* y *de temor del* SEÑOR».

En el libro de Apocalipsis los *cuatro* seres vivientes que están alrededor del trono de Dios exclaman: «Santo, santo, santo es el Señor Dios Todopoderoso, el que era y que es y que ha de venir» (4:8). Esto trae a la memoria los serafines de la visión de Isaías, que también decían: «Santo, santo, santo es el SEÑOR Todopoderoso; toda la tierra está llena de su gloria» (Is 6:3). Los eruditos bíblicos a veces toman la triple repetición de la palabra «santo»[7] como una alabanza que se eleva al Dios trino.

Si bien no hay en la Biblia un ejemplo claro de oración o alabanza dirigida al Espíritu, tampoco hay nada que lo prohíba. Es perfectamente comprensible que quien cree que el Espíritu

---

[5]La idea puede ser que la gracia que viene de Cristo, el amor que viene del Padre, y la comunión que viene del Espíritu Santo (el genitivo o ablativo griego de fuente, o subjuntivo genitivo).

[6]La nota al pie de página de la NVI en Ap 1:4 sugiere la lectura alterna «el Espíritu séptuplo».

[7]Llamada técnicamente el *trisagio,* o *tersanctus,* términos griego y latino que significa «tres veces santo».

Santo es Dios le ore ocasionalmente. Esto se refleja especialmente en los himnos y cantos en que los creyentes cantan no
solo *acerca* del Espíritu Santo, sino también le cantan *a él*.[8]

Los credos de la iglesia primitiva

Un credo es una declaración de fe que contiene artículos necesarios para la salvación o para la integridad teológica de la iglesia
cristiana. Se podría pensar que un credo es sencillamente una declaración doctrinal derivada de las creencias de la iglesia cristiana, que nos ayuda a distinguir la verdad del error.

En el siglo I la iglesia no adoptó ningún credo formal. Pero
debido a que las falsas enseñanzas aumentaban cada vez más,
surgieron tres grandes credos para articular lo que la iglesia
consideraba ser sana doctrina. A nosotros nos interesa ver lo
que cada uno de ellos dice en cuanto al Espíritu Santo.

EL CREDO APOSTÓLICO

Contrariamente a lo que sugiere su nombre, el credo apostólico no fue redactado por los apóstoles. Recibió ese título
porque se creía que reflejaba las enseñanzas de los apóstoles.
Se desconoce la fecha exacta de su formulación, pero posiblemente surgió durante el siglo II.

Este credo contiene solo dos breves referencias al Espíritu. En
la sección sobre Jesucristo dice que «fue concebido por el Espíritu
Santo». Después de esa sección, simplemente dice: «Creo... en el
Espíritu Santo». Hasta que no surgió la controversia en cuanto a
la persona y deidad del Espíritu Santo no aparecieron posteriormente afirmaciones adicionales sobre él en credos posteriores.

EL CREDO NICENO

El concilio de Nicea[9] (325 d.C.) redactó un credo que amplió
el credo de los apóstoles pero no añadió nada respecto al

---

[8]Por ejemplo, himnos como «Holy Ghost, with Light Divine» y «Breathe on Me,
Breath of God» y cantos como «Come, Holy Spirit» y «Spirit of the Living God».

[9]La Iznik moderna, en el noroeste de Turquía.

Espíritu Santo. Su principal preocupación fue la herejía arriana, que negaba la plena deidad de Cristo.

En 381 d.c. el concilio de Constantinopla[10] amplió el credo niceno, y debido a la controversia sobre el Espíritu Santo, incluyó algunos detalles respecto a su naturaleza y obra. El arrianismo negaba tanto la deidad del Hijo como del Espíritu Santo. Arrio enseñaba que el Hijo fue el primer ser creado por el Padre y que el Espíritu Santo fue la primera criatura que engendró el Hijo. Macedonio, obispo de Constantinopla entre 341-60 d.c. se destacó entre los que negaban la deidad del Espíritu. Enseñaba que el Espíritu Santo era inferior y subordinado tanto al Padre como al Hijo, y lo consideraba un mensajero o ministro. Decía, en efecto, que el Espíritu estaba al mismo nivel que los ángeles, que eran mensajeros de Dios. El Espíritu quedaba así reducido a la calidad de un ser creado. Los seguidores de Macedonio, a los que a menudo se les llamaba lo macedonios o pneumatomaquianos (lit. «luchadores contra el Espíritu»), generalmente enseñaban, como Arrio, que el Padre creó al Hijo y que el Hijo, a su vez, creó al Espíritu Santo[11]. Por consiguiente, un ser creado, o sea, una criatura, no puede ser Dios.[12]

El credo niceno, al que más apropiadamente debería llamársele el credo niceno-constantinopolitano, afirmó claramente la persona y deidad del Espíritu en el siguiente artículo:

«Y [creo] en el Espíritu Santo, Señor y Dador de vida, que procede del Padre, que junto con el Padre y el Hijo es adorado y glorificado, que habló por los profetas».

En 451 d.C., en el concilio de Calcedonia,[13] la iglesia occidental del Imperio Romano adoptó también este credo.

[10]La Estambul moderna.

[11]Los tropicios, una secta local de Egipto, anterior a los macedonios o pneumatomaquianos, también enseñaban que el Espíritu era una criatura que fue hecha de la nada y que era un ángel superior en rango a todos los demás ángeles, pero, como los ángeles, debía incluírsele entre «los espíritus ministradores [ángeles]» de He 1:14.

[12]Sería injusto impugnar los motivos de hombres como Arrio, Macedonio y Sabelio. Ellos procuraban preservar la doctrina de Dios; y consecuentemente no podían concebir que el Hijo o el Espíritu Santo fueran personas de la misma categoría que el Padre y de igual naturaleza, lo que según su manera de pensar, constituiría triteísmo. Pensaban que su teología salvaguardaba la doctrina del monoteísmo.

[13]Ciudad de Asia cerca de Constantinopla. Kadikov moderna, distrito de Estambul.

EL CREDO ATANASIANO

Se desconoce el origen de este credo, pero se le asocia con Agustín, uno de los padres de la iglesia (354-430 d.C.). Se le llama así porque refleja la teología de otro padre importante de la iglesia, Atanasio (c. 293-373 d.C.), que logró triunfar sobre Arrio (c. 250-336 d.C.) en el concilio de Nicea. Aunque no haya sido compuesto por Atanasio, presenta mucho de su argumentación a favor de la doctrina de la Trinidad.

El credo indica que hay una Deidad formada por el Padre, el Hijo y el Espíritu Santo, y que los tres son iguales en gloria y en majestad. A nosotros puede parecernos que el credo usa vocabulario repetitivo innecesario, pero en una era en que la herejía del arrianismo amenazaba con desplazar la doctrina de la Trinidad, era necesario ser explícito. El credo pasaba a hacer afirmaciones proposicionales para reforzar la idea de que los tres miembros de la Deidad eran iguales en todos los aspectos. Dice que ninguno de ellos fue creado, que son ilimitados, eternos, todopoderosos y Dios, pero no son tres Dioses sino un solo Dios.

El credo atanasiano no fue un credo ecuménico, puesto que solo lo adoptó la iglesia de Occidente.

LA CONTROVERSIA *FILIOQUÉ*

El sínodo de Aquisgrán[14] (809 d.C.) insertó la cláusula *filioqué* («y el Hijo») en el credo niceno para que dijera que el Espíritu Santo procede tanto del Padre como del Hijo. Agustín enseñaba esta «doble procedencia» del Espíritu, pero el concepto no se abrió paso hasta los credos ecuménicos. Parece que antes del sínodo de Aquea se había repetido el credo niceno en el concilio de Toledo, España, en el 589 d.C. Sin embargo, «es sin duda el Papa Gregorio [590-604 d.C.] … quien consiguió la adhesión final de la iglesia latina [occidental] a la doctrina agustiniana de la procedencia».[15] Pero «probablemente Roma no

[14]Ciudad alemana en la actualidad, cerca de la frontera belga. También se la conoce por su nombre francés, Aix-Ia-Chapelle.

[15]Henry Barclay Swete, *The Holy Spirit in the Ancient Church*, Baker Book House, Grand Rapids, 1966, 1912; reimpresión, 347.

aceptó la ... añadidura en el credo oriental hasta la ruptura final con Constantinopla [1054 d.C.]».[16] La comprensión y acuerdo de los segmentos oriental y occidental de la iglesia había sido previamente que el Espíritu procede «*del* Padre *por* el Hijo».[17] La iglesia de Oriente condenó la adición *filioqué* al credo. La añadidura persistió como una de las diferencias teológicas entre la Iglesia Ortodoxa Oriental y la Iglesia Católica Romana.[18]

MONARQUIANISMO MODALISTA

El monarquianismo modalista fue un esfuerzo por preservar la doctrina de un solo Dios. La explicó Sabelio, que enseñó esta doctrina en Roma en el 215 d.C. y como consecuencia de eso fue condenado. Enseñaba que Dios, que es uno, se revela sucesivamente en tres diferentes modos o formas, que son tres papeles, o partes que desempeña la misma Persona. Hay solo una Persona, que tiene tres nombres: Padre, Hijo y Espíritu Santo.[19]

---

[16]Ibid., 349.

[17]J. N. D. Kelly, *Early Christian Doctrines*, Harper & Row, Nueva York, 1958, 263, énfasis de Kelly.

[18]Vea Gerald Bray, «The Double Procession of the Holy Spirit in Evangelical Theology Today: Do We Still Need it?» *Journal of the Evangelical Theological Society* 41, nº. 3 (septiembre de 1998): 415-426.

[19]Otto W. Heick, *A History of Christian Thought*, Fortress Press, Filadelfia, 1965, 1:150-151. La enseñanza de los Pentecostales Unitarios en cuanto a la Deidad es impresionantemente similar a la de Sabelio.

Capítulo 2

El Espíritu Santo en el período del Antiguo Testamento

El Espíritu Santo no es ajeno al Antiguo Testamento. Se le menciona tanto en el primer libro (Gn 1:2) como en el último (Mal 2:15).[1] En las Escrituras hebreas, en las que el orden de los libros difiere de la Biblia en español, también es mencionado en el último libro (2 Cr 24:20, por ejemplo). Con todo eso aparece en casi dos tercios de los libros del Antiguo Testamento. Obviamente, su obra antes de la era del Nuevo Testamento fue sumamente importante.

Hay dos hechos que se destacan en la enseñanza del Antiguo Testamento sobre el Espíritu Santo:

(1) Se enfatiza lo que él *hace*, no lo que él es. No se subrayan su persona o su deidad. Es la obra, antes que la naturaleza del Espíritu lo que se recalca en el Antiguo Testamento. Consecuentemente, es posible referirse a él como «Dios en acción». Lo mismo se aplica al Nuevo Testamento, pero con algunas excepciones importantes, como se anotó en el capítulo 1.

(2) La pneumatología del Antiguo Testamento es una sombra previa de mucho de lo que aparece en el Nuevo Testamento. A decir verdad, sería difícil entender algunos de los pasajes del Nuevo Testamento si no fuera por la luz que el Antiguo Testamento arroja sobre ellos.

Procedemos entonces a considerar algunas de las principales enseñanzas del Antiguo Testamento sobre el Espíritu Santo.[2]

[1]Vea la NKJV; nota al pie de página en NRSV.

[2]Vea monografías tales como Stanley M. Horton, *What the Bible Says About the*

33

Creación

El Espíritu de Dios intervino activamente en la creación de la tierra. Cuando la tierra estaba sin forma, y vacía, con las tinieblas sobre la faz del abismo, «el Espíritu de Dios iba y venía sobre la superficie de las aguas» (Gn 1:2),[3] poniendo orden en el caos. Se le presenta con la imagen de un ave que revolotea. Participó con el Padre y el Hijo en la obra de la creación. La creación de los seres humanos también se asocia con el Espíritu Santo. Dios dijo: «Hagamos al ser humano a nuestra imagen y semejanza» (Gn 1:26). El autor dice que «Dios el SEÑOR formó al hombre del polvo de la tierra, y sopló en su nariz hálito de vida, y el hombre se convirtió en un ser viviente» (Gn 2:7). El hálito de Dios es una metáfora para el Espíritu Santo. Aunque la palabra «hálito» en este versículo no es la misma que *ruaj*, que se usaba para el Espíritu de Dios, la idea es la misma. Esto resulta evidente por otros pasajes que ligan la creación del hombre con la actividad del Espíritu (Job 33:4; Sal 104:30).

Finalmente, el Espíritu de Dios no solo fue un agente en la creación de todas las cosas (Job 26:13);[4] también es el sustentador de la vida (Job 34:14-15). Todo esto trae a la mente las palabras del credo niceno que le llaman Señor y Dador de vida.

Holy Spirit, Gospel Publishing House, Springfield, Mo., 1976; Wilf Hildebrandt, *An Old Testament Theology of the Spirit of God*, Hendrickson Publishers, Peabody, Mass., 1995; Leon J. Wood, *The Holy Spirit in el Old Testament*, Zondervan Publishing House, Grand Rapids, 1976. Vea asimismo artículos excelentes y extensos como William Ross Schoemaker. «The Use of *Ruach* in the Old Testament, and of *Pneuma* in the New Testament: A Lexicographical Study», *Journal of Biblical Literature* 23 (1904): 13-67; M. R. Westall, «The Scope of the Term "Spirit of God" in the Old Testament», *The Indian Journal of Theology*, 26 enero-marzo 1977, 29-41; Carl Armerding, «The Holy Spirit in the Old Testament: Part I», *Bibliotheca Sacra* 92 (1935): 277-291 y «Part III», 92 (1935): 433-441; R. S. Cripps «The Holy Spirit in the Old Testament», *Theology* 24 (1932): 272-280; G. Henton Davies, «The Holy Spirit in the Old Testament», *Review and Expositor* 63 (1966): 129-134.

[3]Algunas versiones y comentarios prefieren la traducción de «viento de Dios» (por ejemplo NRSV; y Westall, «Scope»). Aunque esto es posible desde el punto de vista léxico, otros pasajes claramente asocian al Espíritu con la creación, y su contraparte del NT, la nueva criatura.

[4]La NKJV dice «Spirit»; otras versiones dicen «aliento», que es una metáfora de «espíritu».

Hombres pecadores

El Antiguo Testamento indica que el Espíritu de Dios se retira de los que persisten en pecar. En realidad, contiende con los pecadores, tratando de llevarlos al arrepentimiento. «No contenderá mi espíritu con el hombre para siempre» (Gn 6:3, RVR60). El verbo que la RVR traduce como «contender» también se puede traducir por «permanecer, morar, estar en». Esta supresión del Espíritu de Dios de en medio de la humanidad pecadora precedió a las aterradoras consecuencias del diluvio.

En 1 Samuel 16:14 leemos que «El Espíritu del SEÑOR se apartó de Saúl» debido a que este desobedeció el mandamiento de Dios. Sansón, sobre quien el Espíritu de Dios había venido poderosamente en numerosas ocasiones (Jue 13:25; 14:6,19; 15:14-16), experimentó de forma similar el retiro de la presencia de Dios (16:20).

Vale la pena que nos fijemos en la experiencia de David. Él oró de la siguiente forma: «No me alejes de tu presencia ni me quites tu santo Espíritu» (Sal 51:11).[5] Él temía que el Espíritu Santo dejaría de morar en él debido a su pecado con Betsabé. Esta es la primera vez que aparece en el Antiguo Testamento la expresión «Espíritu Santo». El énfasis recae sobre el adjetivo «santo», en contraste con el pecado de David. El pecado sin confesar y sin arrepentimiento puede resultar en la pérdida del Espíritu Santo. Hasta no elevar una oración pidiendo un corazón limpio y un espíritu apropiado no se puede tener la seguridad de no haber rehusado la presencia de Dios.

El ámbito natural

El Espíritu operaba en el ámbito físico, o natural, respecto a los individuos. Esto se observa de varias formas diferentes.

---

[5]Algunos opinan que «Espíritu Santo» se refiere al hálito de una persona que, viniendo de Dios, es santo. La oración de David podría significar: «No me quites la vida». A la luz de otros pasajes que indican claramente que el Señor retira su Espíritu de la persona, esta interpretación resulta inadecuada.

FUERZA SOBREHUMANA

El Espíritu vino sobre Sansón de manera tan poderosa que pudo desjarretar un león (Jue 14:6), matar a treinta hombres en Ascalón (14:19), romper las cuerdas que lo ataban y matar a mil hombres con una quijada de asno (15:14-15). Cuando el Espíritu vino sobre otros, fueron investidos de poder nada natural, extraordinario, y pudieron guiar al pueblo a la victoria. Se trata de hombres como Otoniel (Jue 3:10), Gedeón (6:34), y Jefté (11:29).

CAPACIDAD EN RELACIÓN CON LA CASA DE DIOS

El Espíritu vino sobre ciertas personas para equiparlas para las tareas de construir el tabernáculo y hacer las vestiduras del sumo sacerdote. (Éx 28:2-3;[6] 35:30-35). Bezalel y Aholiab estuvieron entre los escogidos para estas tareas al parecer terrenales y «no espirituales». Pero incluso en estos casos fue necesario que estuvieran dotados de sabiduría divina para poder desempeñar aceptablemente sus deberes.

La tarea física de reconstruir el templo después de los setenta años de cautiverio en Babilonia resultaba abrumadora. La oposición de afuera y la disensión por dentro amenazaban con abortar el proyecto. Pero palabras de estímulo y seguridad fueron pronunciadas por Zorobabel: «No será por la fuerza ni por ningún poder, sino por mi Espíritu —dice el SEÑOR Todopoderoso» (Zac 4:6). Lo que ellos no podían hacer con sus recursos físicos, Dios lo hizo posible por su Espíritu. La obra de Dios nunca podía progresar basada simplemente en el poder y fuerza humanos. El poder de su Espíritu era necesario para lograr los recursos adicionales necesarios para realizar la tarea.

TRANSPORTE FÍSICO

A Elías se le proporcionó un transporte milagroso (2 R 2:11; nótese 1 R 18:12). Tal vez el torbellino que le transportó al cielo es un símbolo del Espíritu Santo. Incluso los escépticos (2 R 2:16)

---

[6]En el v. 3, la NASB y la NKJV dicen «el espíritu de sabiduría».

concedieron la posibilidad de tal ocurrencia. El evangelista Felipe experimentó un fenómeno similar de transporte físico. «El Espíritu del Señor se llevó de repente a Felipe» del camino a Gaza, y el apóstol «apareció en Azoto» (Hch 8:39-40).

Ezequiel tuvo experiencias comparables a esta, pero no siempre es fácil saber si está hablando de un rapto espiritual o de un transporte físico (Ez 3:12-14; 8:3; 11:1,24; 43:5). Esto podría ser parecido al testimonio de Pablo de haber sido «llevado al tercer cielo», sin saber si fue «en el cuerpo o fuera del cuerpo» (2 Co 12:2).

Liderazgo

UNA GRAN VARIEDAD DE TERMINOLOGÍA

Las tareas espirituales se pueden desempeñar solo mediante el poder capacitador del Espíritu Santo. El Antiguo Testamento testifica ampliamente sobre esto y contiene toda una variedad de expresiones para el modo en que el Espíritu contactaba con los hombres.[7] Las siguientes son algunas de las más importantes, y van acompañadas de unos cuantos pasajes representativos:

(1) Él «viene sobre» los individuos (Nm 24:2, Balán; 1 S 10:10, Saúl; Is 61:1, el Mesías). Esta es la expresión que se da con más frecuencia.

(2) Él viene «poderosamente sobre los individuos» (Jue 14:19, NASB, 15:14; NASB, Sansón).

(3) Él «se viste» de las personas (trad. lit.; vea Jue 6:34, Gedeón; 1 Cr 12:18, Amasai; 2 Cr 24:20, Zacarías, hijo del sacerdote Joiada). Las traducciones no suelen reflejar esto, pero el verbo *(lavash)* es diferente del que se usaba normalmente para explicar que el Espíritu venía sobre los individuos. Sugiere que él tenía control completo de la persona, que «se posesionaba» del individuo.

(4) Él «llena» a las personas de sí mismas. A veces se usaba la expresión «lleno de» (Éx 31:3, Bezalel; Mi 3:8, Miqueas).

(5) Él es o será «derramado» (Is 32:15, NASB; Ez 39:29; Jl 2:28-29).

---

[7]Para una explicación más extensa vea Davis, «Holy Spirit in the Old Testament».

(6) Él está «en» los individuos (Gn 41:38, José; Nm 27: 18, Josué; Ez 2:2, Ezequiel; Dn 4:8-9; 5:11,14, Daniel).[8] Estas expresiones son notoriamente similares a la terminología del Nuevo Testamento, pero es importante darse cuenta de dos diferencias significativas entre el Antiguo Testamento y el Nuevo:

(1) En el Antiguo Testamento solo unos pocos escogidos tuvieron una experiencia con el Espíritu de Dios. Hasta después del día de Pentecostés no llega a ser posesión de todos los creyentes.

(2) Hablando en términos generales, él no era poseído de forma permanente por los dirigentes mencionados en el Antiguo Testamento. Actuaba sobre ellos solo cuando había que realizar alguna tarea específica. En el Nuevo Testamento es posesión permanente de todo creyente (Ro 8:9,14-16).

El aceite como símbolo del Espíritu Santo

Los dirigentes que aparecen en el Antiguo Testamento, especialmente reyes y sacerdotes, eran ungidos con aceite como señal de que habían sido escogidos por Dios para su tarea, y de que él los equiparía con su Espíritu. Este vínculo entre el aceite y el Espíritu se ve claramente cuando Samuel unge a David como rey (1 S 16:13; vea también 10:1,6).

Moisés y los setenta ancianos (Nm 11:16-29)

El Señor le dijo a Moisés, debido a la edad avanzada de Moisés y las complejas exigencias que suponía dirigir el pueblo de Dios, que debía distribuir la carga del trabajo entre setenta ancianos. El mismo Espíritu que había estado sobre Moisés capacitándole para desempeñar esta tarea sería colocado ahora sobre estos hombres. Este incidente enseña incuestionablemente que la obra de Dios se puede administrar apropiadamente solo mediante la capacitación de su Espíritu.

[8]Refiriéndose a José y a Daniel, los dirigentes paganos dijeron que «el espíritu de los dioses» estaba en ellos.

De esta narración se pueden derivar otras lecciones. Una es que al Espíritu del Señor no se le puede limitar a un determinado lugar. Siendo omnipresente, puede moverse al mismo tiempo en diferentes personas en diferentes lugares. Vale la pena fijarse en que aunque el Señor mismo indicó que la ceremonia debía tener lugar en el tabernáculo, su lugar santo designado, así y todo no estaba obligado a restringir toda su obra a ese lugar en particular. El Espíritu no es solo omnipresente, sino también soberano. Asimismo podemos ver que cuando el Espíritu de Dios está activo entre su pueblo, a veces habrá críticos que insistan en que la obra de Dios debe ajustarse a sus propias nociones preconcebidas (vea Nm 11:26-29).

Profecía

Cuando el Espíritu vino sobre los ancianos Eldad y Mera, el relato dice que ellos profetizaron (Nm 11:25-26). Profetizar bajo la inspiración del Espíritu Santo era un fenómeno tan común en el Antiguo Testamento que merece atención especial.

Naturaleza de la profecía

En el uso común la palabra «profecía» a menudo quiere decir predicción. Pero este no es el significado primario o básico de la palabra. A veces los profetas predijeron en verdad ciertos eventos, pero un estudio de los libros proféticos muestra que gran parte de ellos no se refiere al futuro, sino que con frecuencia trataban los problemas contemporáneos.

El profeta, por definición, es un portavoz; alguien que habla por otro. El profeta bíblico es el que anuncia al pueblo el mensaje de Dios. La verdadera profecía siempre es dada bajo la inspiración del Espíritu Santo; no son simplemente los pensamientos del profeta dichos cuando al profeta le place. Un tema que se repite en el Antiguo Testamento es que cuando el Espíritu viene sobre las personas, estas profetizan. En el Antiguo Testamento la profecía era, por consiguiente, una de las señales de que el Espíritu de Dios había venido sobre un individuo.

El período inicial de la profecía

El relato de Números 11 es el primer caso de un pronunciamiento profético conectado con al Espíritu Santo. El relato no dice nada del contenido de las profecías de esos hombres. La cuestión importante es que profetizaron, y esto indicó al pueblo que Dios había escogido a esos hombres para que fueran sus dirigentes.

En 1 Samuel se describe a un grupo de profetas que viajaban juntos. Samuel acababa de ungir a Saúl como rey de Israel, y le dijo que cuando encontrara a estos profetas el Espíritu vendría sobre él, y que él también profetizaría (1 S 10:5-10). En conexión con esto, Saúl también experimentó un cambio interior (v. 6).

En una ocasión posterior Saúl se volvió a hallar en compañía de estos profetas, profetizando tal como ellos (1 S 19:20-24). Sin embargo, en este caso, Saúl estaba viviendo en desobediencia. Estaba tratando de matar a David, y había enviado mensajeros para que lo arrestaran. Pero los mensajeros encontraron a los profetas, y profetizaron como ellos. Cabe hacerse la pregunta: «¿Cómo puede el Espíritu de Dios venir sobre personas que están planeando el mal?» La respuesta tal vez esté en la soberanía de Dios. El Señor hará lo que quiera hacer con quienquiera hacerlo, cuando quiera hacerlo.

Profetizar era una señal de que el Espíritu había venido sobre un individuo; y no era necesariamente un respaldo del estilo de vida de quien lo recibía. En una ocasión el Señor incluso optó por hablar mediante un asno (Nm 22:28-30). En el caso de Saúl, el Señor bien pudo haberle estado mostrando que aunque él (Saúl) era rey de Israel, estaba sujeto al Rey del universo.[9]

Otros profetas notables de este período primitivo fueron Samuel, Elías y Eliseo; cada uno de los cuales desempeñó un papel vital en la historia del pueblo de Dios.

---

[9]Cabe una nota aclaratoria sobre 1 S 19:24, que dice que Saúl «se quitó la ropa y, desnudo y en el suelo, estuvo en trance en presencia de Samuel todo el día y toda la noche». La palabra «desnudo» significa «sin la ropa exterior», como lo muestran los siguientes pasajes: Is 20:2; Mi 1:8; vea también Jn 21:7. Notamos que Saúl estuvo bajo la irresistible influencia del Espíritu Santo durante un día y una noche enteros. Muy probablemente esta fue una táctica dilatoria de Dios para darle a David tiempo para que escapara.

LOS PROFETAS POSTERIORES

El siglo VIII a.C. fue el inició de un período durante el cual Dios habló a su pueblo primordialmente por medio de profetas. Como ya vimos, un elemento curioso en el período temprano de la profecía es que rara vez se da el contenido de esta. El énfasis estaba más en el *hecho* de que las personas profetizaron que en *lo que* profetizaron.

Debido a que muchos de sus mensajes fueron escritos, a los profetas del período posterior a veces se les llama profetas literarios. Los libros contenidos entre Isaías y Malaquías registran sus profecías. Algunas de ellas estaban dirigidas contra los pecados de Israel y de las naciones vecinas, con advertencias de ruina inminente. Otras profecías contenían mensajes de esperanza para los santos que sufrían. Algunas atacaban los males sociales de su día; otras realizaron predicciones asombrosas del Mesías venidero y de la era mesiánica.

Ezequiel es un ejemplo destacado de un profeta cuya vida y mensaje fueron dominados por el Espíritu de Dios. Él indica que el Espíritu

- entró en él (Ez 2:2; 3:24);
- le hizo ponerse de pie (2:2; 3:24);
- cayó sobre él (11:5);
- le levantó (3:12,14);
- le llevó (3:14);
- le llevó, sea física o espiritualmente, al templo (11:1; 43:5), a Jerusalén (8:3), a Babilonia (11:24), y a un valle (37:1). Indica que algunas de estas experiencias fueron como visiones.

A lo largo de todo el libro de Ezequiel se dice: «El SEÑOR me dirigió la palabra» (vea Ez 7:1). Esta expresión equivale a decir que el Espíritu vino sobre él, le habló personalmente, y le dio un mensaje para el pueblo de Dios. El Señor se comunica con su pueblo por medio de su Espíritu, y también por él se transmite su Palabra.[10]

---

[10]Vea primera parte, cap. 6.

Otras manifestaciones

Además de la profecía, se le atribuyen directamente al Espíritu Santo otros dones o manifestaciones. Estas son algunas de las más prominentes:

- otorgamiento de poder espiritual (Mi 3:8)
- sabiduría, entendimiento y buen juicio (Dn 4:8-9,18; 5:14; Mi 3:8)
- capacidad para enseñar (Éx 35:31,34-35)
- capacidad para interpretar un mensaje divino en otro idioma (Dn 5:12)

A esta lista se pueden añadir los asuntos mencionados anteriormente en este capítulo, bajo el subtítulo «el ámbito natural» y «liderazgo».

La doble promesa del Espíritu

Relativamente pocas personas en tiempos del Antiguo Testamento experimentaron la morada y el poder del Espíritu Santo. Pero un cambio radical tendría lugar bajo el nuevo pacto prometido por los profetas Ezequiel y Joel.[11]

El período intertestamentario

¿Cuál fue el concepto sobre el Espíritu Santo entre los judíos durante los cuatro siglos que transcurrieron entre Malaquías y Mateo? Los escritos religiosos de ese período no son parte de las Sagradas Escrituras; por consiguiente sus enseñanzas no se pueden considerar divinamente inspiradas y autoritativas. Con todo, nos ayudan a formar un puente entre los dos Testamentos y proveen algún trasfondo para la enseñanza del Nuevo Testamento sobre el Espíritu Santo.

JUDAÍSMO BÁSICO

Las fuentes literarias principales son los libros no canónicos (Apócrifa y Pseudoepígrafa) y los escritos de los rabinos. Lo

[11]Vea segunda parte, cap. 7, 96-98.

que sigue es una compilación de las ideas principales en cuanto al Espíritu Santo que se hallan en estos escritos.[12]

(1) En los libros no canónicos el término «Espíritu Santo» ocasionalmente es un título para el *ruaj*, así como término común en la literatura rabínica.

(2) Todos los escritos del Antiguo Testamento son inspirados por el Espíritu Santo. El Espíritu es sobre todo, el Espíritu de profecía. No hay más revelación inspirada comparable a la del Antiguo Testamento, porque la revelación profética cesó con el cierre del canon con los últimos profetas (Hageo, Zacarías y Malaquías).

(3) El Espíritu Santo es dado a los que viven en obediencia a la voluntad de Dios. Pero cuando el hombre devoto peca, el Espíritu sale de él

(4) Todas las grandes figuras del período del Antiguo Testamento fueron inspiradas por el Espíritu Santo, y no solo los profetas.

(5) En la era venidera el Mesías poseerá el Espíritu; y también todos los redimidos de la era mesiánica. Esto traerá como resultado una renovación moral del pueblo de Dios (Ez 36:26-27), y todo el pueblo de Dios profetizará (Jl 2:28-29).

(6) Se habla del Espíritu en términos personales y separados de Dios. Se le muestra hablando, advirtiendo, llorando, regocijándose, consolando, etc. Pero estos escritos no lo muestran como miembro de la Deidad. Se personifica al Espíritu, pero él no es una persona.

LA COMUNIDAD DE QUMRAN

Los ahora famosos rollos del Mar Muerto fueron escritos y preservados por la comunidad de Qumran, un grupo que se retiró al desierto de Judea y se estableció cerca del Mar Muerto en el período intertestamentario. Lo siguiente resume el concepto que

---

[12]Fuentes extracanónicas y rabínicas para los puntos que siguen las ofrece Erik Sjoberg, «*Ruach* in Palestinian Judaism» en *Theological Dictionary of the New Testament*, ed. Gerhard Kittel and Gerhard Friedrich, trad. Geoffrey W. Bromiley, 9 vols., Wm. B. Eerdmans, Grand Rapids, 1964–74, 6:375-389. De aquí en adelante aparecerá mencionado como *TDNT*.

tenía esta comunidad sobre el Espíritu Santo, según se halla en los rollos:[13]

(1) Aunque el término «Espíritu Santo» aparece solo tres veces en el Antiguo Testamento, en los rollos aparece con mucha mayor frecuencia.

(2) No se le considera una persona, y mucho menos miembro de la Deidad.[14]

(3) Se le llama espíritu de verdad, de luz y de santidad.

(4) Se le asocia con los profetas, llamados «ungidos», que dan a conocer los propósitos de Dios.

(5) Es la fuente de conocimiento. Capacita a la comunidad para entender los propósitos de Dios revelados por medio de los profetas.

(6) Es guía y protector de los miembros fieles de la comunidad.

(7) Purifica de pecado.

(8) Queda contaminado cuando el pueblo de Dios peca.

(9) Mora en la comunidad santa del pueblo de Dios.[15]

[13]Estos puntos se extrajeron de F. F. Bruce, «Holy Spirit in the Qumran Texts», en *Dead Sea Scrolls Studies*, E. J. Brill, Leiden, Netherlands, 1969, 49-55. Bruce documenta apropiadamente los puntos 3–9. Para un estudio más detallado vea Alex R. G. Deasley, «The Holy Spirity in the Dead Sea Scrolls», *Wesleyan Theological Journal* 21 (primavera-otoño 1986): 45-73.

[14]En esta última lista he usado el pronombre masculino al referirme al Espíritu Santo, aun cuando los de Qumrán no pensaban de él en términos personales. En realidad, desde su punto de vista sería inapropiado poner mayúsculas iniciales en las palabras «espíritu santo».

[15]Para el lector interesado, en este artículo Bruce destaca paralelos entre los rollos y el NT, así como las diferencias entre los dos.

Capítulo 3

El Espíritu y el Mesías

En el Antiguo Testamento al Espíritu Santo se le llama a menudo «el Espíritu de Dios» o «el Espíritu del SEÑOR». En el Nuevo Testamento hay varios títulos que indican una conexión íntima entre él y el Señor Jesucristo. Se le llama «el Espíritu de Jesús» (Hch 16:7), «el Espíritu de Cristo» (Ro 8:9), y el Espíritu del Hijo de Dios (Gá 4:6). Esta estrecha conexión entre el Espíritu Santo y Jesucristo, el Mesías, merece ser examinada con más atención.

Las profecías de Isaías

Además de las promesas del Antiguo Testamento del Espíritu para todos los creyentes, el libro de Isaías contiene cuatro predicciones que conecta al Espíritu Santo con el ministerio terrenal del Mesías.

(1) «El Espíritu del SEÑOR reposará sobre él: espíritu de sabiduría y de entendimiento, espíritu de consejo y de poder, espíritu de conocimiento y de temor del SEÑOR» (11:2). Los siete sintagmas con «de» se relacionan a menudo con las referencias de Juan a «los siete espíritus de Dios» (Ap 3:1; 4:5; 5:6; vea también 1:4). El Mesías estará así capacitado para emitir juicios justos en su tratos con el pueblo (Is 11:3-5). Este pasaje se aplica específicamente al reinado milenial de Jesús, pero también a su aparición en la tierra el siglo I, porque el Espíritu Santo se posó sobre él en su bautismo (Mt 3:16; Jn 1:32).

(2) En 42:1-4 se le llama al Mesías el «siervo» de Dios y el «escogido» de Dios, sobre quien Dios pone su Espíritu (cf. Lc 3:22). Enfatiza la compasión del Mesías para los afligidos. Mateo cita este pasaje en conexión con la curación del hombre que

45

tenía una mano seca y la oposición resultante de parte de los fariseos (Mt 12:17-21).

(3) Isaías 48:16 predice que cuando el Mesías sea enviado a realizar su obra, tanto el Padre como el Espíritu intervendrán en ese ministerio. Las traducciones varían, debido a la ambivalencia de la gramática hebrea. Por ejemplo:

«Y ahora el SEÑOR omnipotente me ha enviado con su Espíritu» (NVI). El significado no está claro debido a la coma. ¿Modifica «con su Espíritu» a «el SEÑOR omnipotente», o modifica a «mí»? Posiblemente se trate de esto último.

«Y ahora me ha enviado el Señor DIOS, y su Espíritu» (LBLA). Tanto el Mesías como el Espíritu son enviados por el Padre.

«Y ahora me envió Jehová el Señor, y su Espíritu» (RVR 60). Tanto el Padre y el Espíritu envían al Hijo.

(4) En la más extensa de estas profecías el Mesías dice en 61:1-2: «El Espíritu del SEÑOR omnipotente está sobre mí, por cuanto me ha ungido para anunciar buenas nuevas a los pobres. Me ha enviado a sanar los corazones heridos, a proclamar liberación a los cautivos y libertad a los prisioneros, a pregonar el año del favor del SEÑOR». Al inicio de su ministerio público Jesús leyó este pasaje en una reunión en la sinagoga de Nazaret, y luego declaró: «Hoy se cumple esta Escritura en presencia de ustedes» (Lc 4:16-22).

El Jesús terrenal

El Espíritu Santo obró poderosamente en el Señor Jesucristo desde el momento de su concepción en el vientre de María hasta su resurrección de entre los muertos.[1] Durante los años de su vida terrenal Jesús fue plenamente Dios y plenamente hombre. Esta sección del capítulo tratará de Jesús como hombre.

SU CONCEPCIÓN VIRGINAL

De la concepción de Jesús se dice con frecuencia que fue un nacimiento virginal, pero mi propósito aquí es recalcar la

---

[1]Vea el excelente artículo de John O'Donnell, «In Him and Over Him: The Holy Spirit in the Life of Jesus», *Gregorianum* 70, nº. 1 (1989): 25-45.

actividad del Espíritu en María en el momento en que ella concibió al Mesías. El ángel le dijo: «El Espíritu Santo vendrá sobre ti, y el poder del Altísimo te cubrirá con su sombra. Así que al santo niño que va a nacer lo llamarán Hijo de Dios» (Lc 1:35). Mateo indica que María «resultó que estaba encinta por obra del Espíritu Santo» (Mt 1:18) y que el ángel le dijo a José: «ella ha concebido por obra del Espíritu Santo» (1:20). El Espíritu Santo obró en Jesús desde el momento en que fue concebido. Jesús no tuvo padre humano, en cumplimiento de la profecía dada por Isaías, de que «La joven concebirá y dará a luz un hijo, y lo llamará Emmanuel» (7:14). Este suceso milagroso era una señal que el Señor le daría a su pueblo.

SU BAUTISMO

Jesús fue ungido por el Espíritu Santo cuando Juan lo bautizó. El Espíritu descendió sobre él corporalmente en forma de paloma (Lc 3:22). Esto trae a la mente la actividad del Espíritu en la creación (Gn 1:2), donde se le asemeja a un ave que revolotea. Hay una significación ampliada en comparar al Espíritu Santo con una paloma. La paloma era símbolo de inocencia y mansedumbre (Mt 10:16); esto resultaría de lo más apropiado con ocasión del bautismo de Jesús porque Juan el Bautista se refirió a él dos veces llamándolo «Cordero de Dios» (Jn 1:29,36). ¡Una paloma inocente e inofensiva visitó al Cordero sin pecado y sin mancha!

La unción era una práctica común entre los judíos. Marcaba el principio del servicio que una persona rendía a Dios, indicando que Dios le había apartado para una obra especial y que él le proveería del poder necesario para cumplir su misión. Jesús estaba aquí en el inicio de su ministerio público, y su Padre indica su aprobación diciendo: «Tú eres mi Hijo amado; estoy muy complacido contigo». (Lc 3:22).

«Mesías» es transliteración de la palabra hebrea *mashiaj*, que significa «ungido». De la misma manera, la designación «Cristo» es un título más que un nombre, para el Hijo de Dios. Procede del griego *Cristós*, que también significa «ungido». Los dos títulos se pueden usar indistintamente (Jn 1:41). El ángel había indicado que el Niño de Belén era «Cristo el Señor» (Lc 2:11), pero a Jesús no se le podría llamar Cristo de una forma apropiada hasta después de su bautismo. De ahí en adelante, el Espíritu permaneció en él (Jn 1:33), y además él experimentó al Espíritu sin ningún tipo de restricciones (Jn 3:34).

¿Necesitaba el Hijo de Dios la unción del Espíritu Santo para cumplir su misión? ¿No podía él, por su deidad inherente, realizar todas las obras necesarias para cumplir su propósito? El Hijo eterno de Dios nunca renunció a su deidad, ni siquiera cuando se unió a una naturaleza humana.[2] El apóstol Pablo nos ayuda a comprender este problema cuando dice que Jesucristo, «siendo por naturaleza Dios, no consideró el ser igual a Dios como algo a qué aferrarse. Por el contrario, se rebajó voluntariamente, tomando la naturaleza de siervo y haciéndose semejante a los seres humanos» (Fil 2:6-7). Existen diferentes opiniones en cuanto a la interpretación exacta de este pasaje, pero la idea básica es que el Hijo de Dios voluntaria y deliberadamente escogió limitarse mientras estaba aquí en la tierra. No dejó de ser Dios, pero eligió vivir como hombre apoyándose en el poder del Espíritu para que le sostuviera y le ayudara en su obra para Dios.

Su tentación en el desierto

Inmediatamente después de su bautismo Jesús fue guiado por el Espíritu al desierto de Judea (Mt 4:1; Lc 4:1). Marcos dice que el Espíritu «lo impulsó a ir al desierto» (Mr 1:12). Jesús era un hombre completamente dominado y guiado por el Espíritu Santo, aun cuando eso significara cuarenta días de hambre, soledad y tentación. Allí fue donde Jesús, «lleno del Espíritu Santo» (Lc 4:1), se enfrentó con el espíritu archiperverso, Satanás.

A menudo se recalca, y con razón, que Jesús venció las tentaciones de Satanás citando la Palabra de Dios. Pero es importante ver que esto tuvo que ser hecho en el poder del Espíritu. Indudablemente, el Espíritu ayudó a Jesús a recordar los pasajes bíblicos apropiados para silenciar eficazmente al tentador.

---

[2]Una consideración de la «unión hipostática», o sea que el Dios-hombre Jesucristo tenía dos naturalezas, plenamente divina y plenamente humana, pero siendo una sola persona, queda más allá del alcance de este capítulo.

Como Pablo enseña, la batalla espiritual se debe librar con armas espirituales (Ef 6:11-18). Entre estas armas están «la espada del Espíritu, que es la palabra de Dios» y orar «en el Espíritu en todo momento, con peticiones y ruegos» (vv. 17-18). Los creyentes también son los ungidos de Dios (2 Co 1:21-22). Juan, en su primera epístola, enfatiza que los creyentes tienen la unción de Dios, que les capacitará para combatir las enseñanzas erróneas, porque el Espíritu mismo iluminará su entendimiento (1 Jn 2:20). Dice que esta unción «enseña todas las cosas» y que «es auténtica —no es falsa—» (v. 27).

Como en el caso de Jesús, Dios por su Espíritu puede conducir a los creyentes a un tiempo de prueba severa. Pero tal como Jesús, ellos pueden emerger triunfantes al apoyarse en la ayuda del Espíritu y en su Palabra.

Sus poderosas obras

Los Evangelios registran una sucesión de milagros realizados por Jesús: curaciones, expulsión de demonios, resurrección de muertos. Aunque los autores de los Evangelios no siempre atribuyen estas obras directamente al poder del Espíritu, ya hemos visto que tanto las profecías de Isaías como el mismo Jesús hacen afirmaciones generales en ese sentido.[3]

Después de la tentación en el desierto, Jesús «regresó a Galilea en el poder del Espíritu» (Lc 4:14). Después de eso se lanzó a su ministerio público. Pedro, en el mensaje pronunciado en la casa de Cornelio, dijo que «Dios ungió con el Espíritu Santo y con poder a Jesús de Nazaret» y que él «anduvo haciendo bienes y sanando a todos los oprimidos por el diablo, porque Dios estaba con él» (Hch 10:38; vea también 4:27).

Un ejemplo destacado de este ministerio de liberación del poder del diablo es la expulsión de un demonio de un hombre ciego y mudo (Mt 12:22-30). Los fariseos insistieron en

---

[3]Sin embargo, es una posición extrema sostener que mientras estuvo en la tierra, Jesús realizó cada una de sus obras solo como un hombre capacitado por el Espíritu Santo. El perdón de pecados que otorgó (Mr 2:5-7) fue el resultado de su propia deidad inherente, sin mediación del Espíritu Santo. Lo mismo se podría decir de los milagros «de la naturaleza» tales como calmar la tempestad y alimentar a los cinco mil.

que Jesús había realizado este y otros milagros similares por el poder de Satanás. Pero Jesús respondió que Satanás no expulsa a Satanás, y pasó a insistir en que él echaba fuera demonios «por el Espíritu de Dios» (v. 28). El libro de Hechos registra muchos casos de milagros producidos por manos de los discípulos. Jesús había prometido: «el que cree en mí las obras que yo hago también él las hará, y aun las hará mayores, porque yo vuelvo al Padre» (Jn 14:12). Inmediatamente después de esa afirmación habló de la venida del Espíritu Santo. Justo antes de su ascensión al Padre prometió de nuevo: «Pero cuando venga el Espíritu Santo sobre ustedes, recibirán poder y serán mis testigos» (Hch 1:8). Los medios por los cuales los discípulos testificarían incluyeron las «mayores» obras que validaron las afirmaciones verbales que decían respecto a Jesús. Hebreos 2:3-4 indica claramente la conexión entre la predicación del evangelio y las manifestaciones del poder de Dios que la acompañaba: «¿Cómo escaparemos nosotros si descuidamos una salvación tan grande? Esta salvación fue anunciada primeramente por el Señor, y los que la oyeron nos la confirmaron. A la vez, Dios ratificó su testimonio acerca de ella con señales, prodigios, diversos milagros y dones distribuidos por el Espíritu Santo según su voluntad».

Su muerte

Cristo «por medio [*dia*, "por medio de"] del Espíritu eterno se ofreció sin mancha a Dios» (He 9:14). Por el poder del Espíritu fue por lo que Jesús logró toda fase de su ministerio. Ahora su obra cumbre, su muerte expiatoria en la cruz, también queda asociada con el poder capacitador del Espíritu.[4]

[4]O'Donnell, «In Him» (36), argumenta que cuando Jesús «inclinó la cabeza y entregó el espíritu» en la cruz (Jn 19:30), la correcta interpretación es que Jesús entregó el Espíritu Santo, con el que había sido investido. Una traducción estricta permite que se ponga «entregó el Espíritu». El significado sería entonces que Jesús entregó, o devolvió, al Padre el Espíritu Santo, porque ya no necesitaba la capacitación de este. Lucas, sin embargo, registra que Jesús dijo: «Padre, en tus manos encomiendo mi espíritu» (23:46). El pronombre posesivo *mou* (mí) se halla en el texto griego. La interpretación más sencilla y con certeza la más correcta es que la muerte de Jesús significaba la separación de su cuerpo y de su espíritu humano, que volvía a Dios.

Su resurrección

El Espíritu Santo participó en el estupendo milagro de la resurrección de Cristo de entre los muertos. Pablo declaró que Jesús «según el Espíritu de santidad fue designado con poder Hijo de Dios por la resurrección» (Ro 1:4;[5] vea también 8:11). Dice en otra parte que Jesús «fue vindicado por el Espíritu» (1 Ti 3:16). Las afirmaciones de Jesús de ser el Hijo de Dios quedaron vindicadas, o justificadas, por la poderosa operación del Espíritu de Dios al levantarle de los muertos. Si Jesús hubiera permanecido en la tumba, sus afirmaciones de deidad habrían sido negadas. Además, Pedro dice que Cristo «sufrió la muerte en su cuerpo, pero el Espíritu hizo que volviera a la vida» (1 P 3:18).

El Espíritu no solo volvió a la vida al cuerpo muerto de Jesús, sino que también lo transformó de un cuerpo natural y físico a un cuerpo espiritual (1 Co 15:44-45). A este cambio se debe que el Señor resucitado se les pudiera aparecer a los discípulos aunque estos se encontraran tras puertas cerradas (Jn 20:19).

El Señor resucitado

Durante su vida terrenal la relación de Jesús con el Espíritu Santo fue de dependencia. Para cumplir su misión necesitaba ser ungido por el Espíritu. Pero después de su resurrección ocurrió un cambio en los papeles de estas dos personas de la Deidad. Como Señor resucitado Jesús es quien envía al Espíritu a sus discípulos, que están esperando.

Los Evangelios indican desde el principio de su ministerio público que tal cambio iba a suceder. En su bautismo el Espíritu vino sobre Jesús y lo capacitó para su obra. El Padre mismo le dijo a Juan el Bautista que aquel sobre quien él viera descender al Espíritu era quien bautizaría en el Espíritu Santo (Jn 1:32-33). ¡Aquel a quien le fue enviado el Espíritu sería ahora el que enviaría al Espíritu!

Hay una inversión de papeles en la relación del Hijo con el Espíritu Santo. El Hijo ya no es pasivo ante los impulsos del

---

[5]La frase «Espíritu de santidad» es el modo hebreo de decir «Espíritu Santo».

Espíritu, sino que activamente derrama este sobre la Iglesia.[6] El Evangelio de Juan registra las promesas de Jesús de enviar al Espíritu. Jesús dijo: «Les conviene que me vaya porque, si no lo hago, el Consolador no vendrá a ustedes; en cambio, si me voy, se lo enviaré a ustedes» (Jn 16:7). La venida del Espíritu en el día de Pentecostés fue una evidencia de que Jesús había ascendido en verdad al Padre. Pedro, al defender a su Señor, dijo de él: «Exaltado por el poder de Dios, y habiendo recibido del Padre el Espíritu Santo prometido, ha derramado esto que ustedes ahora ven y oyen» (Hch 2:33).

Jesús había prometido enviar al Paráclito (Jn 15:26) para que fuera su representante terrenal. El Espíritu Santo está separado del Señor Jesucristo, pero siempre obra juntamente con él. No hace nada por autoridad propia (Jn 16:13-14). Juan menciona tres actividades del Espíritu Santo que tienen que ver específicamente con Cristo.

(1) Les recordará a los discípulos todo lo que dijo Jesús (Jn 14:26).

(2) Testificará de Jesús (15:26). Cuando Pedro predicó a Cristo ante el sanedrín concluyó diciendo: «Nosotros somos testigos de estos acontecimientos, y también lo es el Espíritu Santo que Dios ha dado a quienes le obedecen» (Hch 5:32). Los tres medios primarios por los cuales el Espíritu Santo da testimonio de Cristo son (a) comunicación verbal de la palabra, sea predicación, enseñanza o conversación informal; (b) señales y prodigios; y (c) vidas piadosas de los creyentes.

(3) Glorificará a Jesús (Jn 16:13-14). En otras palabras, dirigirá la atención a Jesús. La prueba de cualquier verdadera obra del Espíritu es si atrae la atención hacia el Señor. La traducción que la versión King James hace del versículo 13 («no hablará de sí mismo») a menudo se malinterpreta, como si quisiera decir que el Espíritu Santo no hablará *respecto* a sí mismo. Esto no puede ser el verdadero significado, puesto que sabemos que las Escrituras, inspiradas por el mismo Espíritu, dicen mucho acerca del Espíritu. La NVI ofrece una comprensión correcta del texto griego «no hablará por su propia cuenta». La NASB añade la palabra «iniciativa». Una traducción literaria diría:

---

[6]O'Donnell, «In Him», 38.

«No hablará de sí mismo». Jesús estaba hablando acerca de la *fuente*, no del *contenido*, de lo que el Espíritu diría.[7] Un asunto adicional pertenece a esta sección: el incidente de Jesús resucitado soplando sobre los discípulos (Jn 20:19-23), y especialmente el significado de sus palabras «Reciban el Espíritu Santo» (v. 22).[8]

Subordinación del Espíritu

Algunas afirmaciones de las Escrituras en cuanto al Espíritu Santo pueden dar la impresión de que este no es igual al Padre o al Hijo. Ya hemos señalado algunas de las afirmaciones hechas por Jesús mismo, tales como «a quien el Padre enviará en mi nombre» (Jn 14:26); «que yo les enviaré de parte del Padre, el Espíritu de verdad que procede del Padre» (15:26); «se lo enviaré a ustedes» (16:7); «no hablará por su propia cuenta» (Jn 16:13).

Es importante distinguir entre las ideas de subordinación e inferioridad. El Espíritu no es inferior al Padre o al Hijo. Las tres personas son igualmente Dios; no hay diferencia en su *esencia* o *naturaleza*. Pero hay diferencias en sus *funciones*. Las tres obran juntas armoniosamente, pero cada uno tiene funciones separadas. Al Espíritu a veces se le llama Ejecutivo de la Deidad porque por medio de él se median las bendiciones de Dios y su presencia para las personas.

Una analogía puede ayudar a aclarar este punto, aunque debemos recordar que ninguna analogía se puede aplicar en todo detalle particular. Todas las personas son creadas a imagen de Dios; por consiguiente, en lo que tiene que ver con la naturaleza más íntima, nadie es inferior a nadie, aunque una persona puede estar subordinada a otra en una situación dada. Lo mismo en la relación entre el Espíritu por un lado y el Padre y el Hijo por el otro.

---

[7]La frase griega es *af jeautou*, siendo la preposición genitivo y ablativo de fuente.

[8]En la parte 2 de este libro se estudia este pasaje, cap. 8, 111-115.

Capítulo 4

El Espíritu y la iglesia

El Espíritu Santo y la iglesia son inseparables. Dondequiera que esté la verdadera iglesia, allí también está obrando el Espíritu Santo. En su sentido más pleno, la iglesia no llegó a existir hasta el día de Pentecostés, porque esa fue la ocasión en que el Espíritu vino sobre el cuerpo unido de creyentes.[1] El Nuevo Testamento emplea dos figuras retóricas para ilustrar esta conexión entre el Espíritu y la iglesia: un templo y un cuerpo. La metáfora del templo recalca la relación entre la iglesia y Dios, y la metáfora del cuerpo recalca la relación de la iglesia con los creyentes y con los no creyentes.

Templo del Espíritu Santo

A la iglesia se la compara con un edificio; más específicamente, con un templo. Como lo muestra 1 Corintios 3:16-17, los términos «templo del Espíritu Santo» y «templo de Dios» son intercambiables. Los escritos de Pablo contienen varias referencias a esta imagen.

EVIDENCIA DEL NUEVO TESTAMENTO

Tal vez el pasaje más conocido sea 1 Corintios 6:19, donde Pablo habla del creyente individual, nó de la iglesia total, cuando dice: «¿Acaso no saben que su [singular] cuerpo es templo del Espíritu Santo, quien está en ustedes y al que han recibido de parte de Dios?» Su llamado es a una vida pura personal, como lo indica el contexto.

---

[1]El propósito de este capítulo es explorar la relación entre el Espíritu Santo y la Iglesia. No puede, por razones obvias, ser un tratado exhaustivo de la iglesia.

Pero hay otros tres pasajes paulinos que hablan de que todos los creyentes forman colectivamente un solo templo:

(1) «¿No saben que ustedes son templo de Dios y que el Espíritu de Dios habita en ustedes? Si alguno destruye el templo de Dios, él mismo será destruido por Dios; porque el templo de Dios es sagrado, y ustedes son ese templo» (1 Co 3:16-17). La advertencia se dirige a cualquier individuo que hace daño, o intenta hacer daño, a la iglesia, como lo muestra la primera parte del capítulo.[2]

(2) Pablo, al llamar al pueblo de Dios a apartarse de todo lo malo, dice: «¿En qué concuerdan el templo de Dios y los ídolos? Porque nosotros somos[3] templo del Dios viviente. Como él ha dicho: "Viviré con ellos y caminaré entre ellos. Yo seré su Dios, y ellos serán mi pueblo"» (2 Co 6:16).

(3) En otro pasaje dice que en Cristo «todo el edificio, bien armado, se va levantando para llegar a ser un templo santo en el Señor. En él también ustedes son edificados juntamente para ser morada de Dios por su Espíritu» (Ef 2:21-22).

Pedro también usa este simbolismo, pero no usa la palabra «templo». Dice: «también ustedes son como piedras vivas, con las cuales se está edificando una casa espiritual. De este modo llegan a ser un sacerdocio santo. Para ofrecer sacrificios espirituales que Dios acepta por medio de Jesucristo» (1 P 2:5).

TRASFONDO DEL ANTIGUO TESTAMENTO

La iglesia como templo del Espíritu Santo es el cumplimiento de lo que Dios instituyó en el Antiguo Testamento tanto en el tabernáculo como en el templo. Cuando se construyó el tabernáculo se nos dice que:

> En ese instante la nube cubrió la Tienda de reunión, y la gloria del SEÑOR llenó el santuario. Moisés no podía entrar en la Tienda de reunión porque la nube se había posado en ella y la gloria del SEÑOR llenaba el santuario (Éx 40:34-35).

[2]Obsérvese que el v. 9 dice: «Ustedes son ...edificio de Dios».

[3]La variante «ustedes son» no es importante para esta consideración.

De manera similar, cuando se dedicó el templo de Salomón, leemos:

Cuando los sacerdotes se retiraron del Lugar Santo, la nube llenó el templo del SEÑOR. Y por causa de la nube, los sacerdotes no pudieron celebrar el culto, pues la gloria del SEÑOR había llenado el templo (1 R 8:10-11; véase también (2 Cr 5:13-14; 7:1-2).

Aun cuando Dios está presente en todas partes, a veces decide manifestar su presencia en un lugar de una manera muy especial. Podemos decir que el tabernáculo y el templo son lugares de localización o focalización de la presencia de Dios. Él eligió morar allí de una manera especial. A esta manifestación particular de sí mismo a veces se le llama «shequiná»[4], que es una palabra hebrea que quiere decir «morada», y que a veces se usa como sinónimo de esta demostración de la gloria de Dios.

Ya he mencionado que el Espíritu Santo es el medio por el que Dios da a conocer su presencia. Dos pasajes de los Salmos destacan esto con claridad. En la poesía hebrea el autor a menudo dice la misma verdad de dos formas diferentes, haciendo uso de un recurso poético llamado paralelismo. El siguiente pasaje muestra que «Espíritu Santo» y «la presencia de Dios» se pueden usar indistintamente.

No me alejes de tu presencia ni me quites tu santo Espíritu (Sal 51:11). ¿Adónde podría alejarme de tu Espíritu? ¿Adónde podría huir de tu presencia? (Sal 139:7)

Cuando el Señor Jesús estaba en la tierra era la manifestación y focalización especial de la presencia de Dios entre la humanidad. «Y el Verbo se hizo hombre y habitó [puso su tabernáculo][5] entre nosotros. Y hemos contemplado su gloria, la gloria que corresponde al Hijo unigénito del Padre, lleno de

---

[4]Este no es un término bíblico, pero el concepto sí lo es.

[5]El verbo griego *eskenosén* (*eskenoo*) es la forma verbal de los sustantivos *eskené*, *eskenós* y *eskénoma* (tienta, carpa, cobertizo, alojamiento). En la mayoría de los pasajes del NT, *eskené* se refiere al tabernáculo del AT o tienda de reunión (Hch 7:44; He 8:2,5; 9:2-3,6,8,11,21; 13:10; Ap 15:5).

gracia y de verdad» (Jn 1:14). El mismo Jesús llamó a su cuerpo
«este templo» (2:19). Había venido a completar la ley; por consiguiente su venida supera al templo y al tabernáculo del
Antiguo Testamento. Esto trae a la memoria las palabras de Pablo y Pedro que se
citaron arriba. La iglesia ahora es el verdadero templo de Dios,
morada del Espíritu Santo. La presencia de Dios no está limitada a un edificio físico. Esteban les recordó esto a sus perseguidores cuando dijo que: «el Altísimo no habita en casas cons-
truidas por manos humanas» (Hch 7:48). Y Pablo, en la ciudad
de Atenas infestada por la idolatría, declaró: «El Dios que hizo
el mundo y todo lo que hay ... No vive en templos construidos
por hombres» (17:24). Incluso al profeta Isaías le fue dado este
mensaje para el pueblo de Dios, siglos antes de la venida de
Jesús (Is 66:1-2).

Volvemos a la importante idea de que la iglesia es un templo espiritual, la que es ahora el lugar especial de la morada de
Dios en la tierra. ¿Cuándo tuvo lugar este cambio de un tabernáculo y templo reales a un templo espiritual, la iglesia, como
lugar de morada de Dios en la tierra? Fue en el día de Pentecostés. Lucas no nos dice dónde estaban los discípulos reunidos
cuando el Espíritu Santo fue derramado; simplemente dice
que estaban reunidos «en el mismo lugar» (Hch 2:1). Muchos
infieren partiendo de 1:13 que se trataba del Aposento Alto.[6]

Pero también es posible que se encontraran en los recintos
del templo. Lucas termina su Evangelio diciendo que cuando
los discípulos volvieron a Jerusalén después de la ascensión de
Jesús «estaban continuamente en el templo, alabando a Dios»
(Lc 24:53). Sabemos por otros pasajes en Hechos que después
de Pentecostés los discípulos iban al templo a orar (2:46; 3:1).
Sería muy apropiado en verdad que el Señor escogiera el sitio
físico del templo como lugar para realizar su templo espiritual.[7]

[6]Se debe hacer la pregunta: «¿Cómo pudieron los oyentes distinguir los diferentes idiomas que se hablaron en el aposento alto?»

[7]Sin embargo, este punto de vista no está libre de dificultades. El registro dice
que ellos estaban sentados (kadsemai, Hch 2:2). Este verbo puede, en un limitado número de lugares, significar «quedarse, estar, vivir, residir, establecerse» (Mt 4:16; Lc
1:79; 21:35; Ap 14:6), pero en la mayoría de las veces que aparece tiene el significado

EL SACERDOCIO DE LOS CREYENTES

En el templo servían los sacerdotes, que era un cuerpo selecto de hombres que representaban al pueblo delante de Dios. Gran parte de su trabajo tenía que ver con el ofrecimiento de sacrificios por el pueblo. «El sacerdocio universal de los creyentes» fue una consigna de la Reforma protestante del siglo dieciséis. Martín Lutero enseñaba, como muestran las Escrituras, que todo creyente tiene acceso directo a Dios. El Señor Jesucristo es el único mediador (1 Ti 2:5). Pablo dice que por Jesucristo tanto judíos como gentiles tienen «acceso al Padre por un mismo Espíritu» (Ef 2:18). Este versículo es especialmente interesante porque, inmediatamente después de él, Pablo habla del templo espiritual. Así que el Espíritu establece contacto directo entre Dios y los creyentes. Debido a esta obra del Espíritu Santo, Pedro puede llamar a todos los creyentes «sacerdocio santo» (1 P 2:5). Luego pasa, en el versículo 9, a hablar de los creyentes como «real sacerdocio», pensamiento que aparece en el libro de Apocalipsis, en donde la idea del sacerdocio va ligada a la de reinar con Cristo (1:6; 5:10; 20:6).

El sacerdocio espiritual del templo espiritual debe, por consiguiente, ofrecer sacrificios espirituales aceptables a Dios (1 P 2:5). El Nuevo Testamento menciona claramente tres[8] de dichos sacrificios:

(1) Nuestros cuerpos. El sacrificio supremo único fue crucificado en la cruz, de modo que Dios ya no desea que se le ofrezcan sacrificios muertos; ahora busca sacrificios vivos. Pablo habla de esto cuando dice: «Por lo tanto, hermanos, tomando en cuenta la misericordia de Dios, les ruego que cada uno de ustedes, en adoración espiritual, ofrezca su cuerpo como sacrificio vivo, santo y agradable a Dios» (Ro 12:1).

---

básico de «sentarse». Lo mismo se puede decir de los verbos sinónimos *(kadsizo)*, que tiene el significado de «establecerse, quedarse, vivir» en dos pasajes (Lc 24:49; Hch 18:11), con el significado de «sentarse» predominando en el resto de ocurrencias. Sin embargo, la palabra «casa» a veces se usaba como sinónimo del templo (por ejemplo, 2 S 7:5,13; 1 Cr 22:6; Hch 7:47).

[8]El apóstol Pablo menciona un cuarto sacrificio espiritual, que resulta del ministerio que Dios le había dado: Los gentiles que vinieron a Cristo mediante su ministerio llegarían a ser «una ofrenda aceptable a Dios, santificada por el Espíritu Santo» (Ro 15:16).

(2) Nuestra alabanza. Los sacrificios de animales se ofrecían a diario en el templo, así que continuamente se quemaban sus cadáveres; el humo, y el aroma que resultaba de eso subía hasta Dios. Con este telón de fondo se nos dice a los creyentes que «ofrezcamos continuamente a Dios, por medio de Jesucristo, un sacrificio de alabanza, es decir, el fruto de los labios que confiesan su nombre» (He 13:15).

(3) Nuestras buenas obras. «No se olviden de hacer el bien y de compartir con otros lo que tienen, porque esos son los sacrificios que agradan a Dios» (He 13:16). Pablo elogia a los filipenses por enviarle cosas que le ayudaron a aliviar la dureza de la vida en la cárcel, lo que les caracterizó como «olor fragante, sacrificio acepto, agradable a Dios» (Fil 4:18).

Un cuerpo animado por el Espíritu

A diferencia de la idea del templo, la metáfora de la iglesia como cuerpo, y en particular el cuerpo de Cristo, no se basa en nada del Antiguo Testamento. Es más, Pablo es el único autor del Nuevo Testamento que emplea esta analogía. Es una de las maneras más significativas de hablar de la iglesia. Los pasajes clave son Romanos 12:3-8; 1 Corintios 12:12-27; y Efesios 4:4-13. Cada uno de ellos liga la idea de la iglesia como cuerpo con la obra del Espíritu Santo.[9] Así como el cuerpo humano solo puede existir cuando hay aliento que sustente su vida, del mismo modo, el Cuerpo de Cristo, la iglesia, solo puede existir cuando el Espíritu Santo la llena de energía.

EL ESPÍRITU FORMA LA IGLESIA

«Todos fuimos bautizados por[10] un solo Espíritu para constituir un solo cuerpo» (1 Co 12:13; vea también Ro 6:3; 12:5; Gá 3:27). En el momento de la conversión uno llega a ser miembro de este cuerpo. La persona es salvada como individuo pero

[9]Otros pasajes, por supuesto, usan la imagen del cuerpo para la iglesia (especialmente en Colosenses y en otros pasajes de Efesios), pero lo que aquí nos interesa es la conexión entre el cuerpo y el Espíritu Santo.

[10]Para una consideración de lo apropiado de traducir «por» antes que «en», vea segunda parte, cap. 7, 100-105.

inmediatamente es incorporada al Cuerpo de Cristo por la operación del Espíritu Santo.

ÉL AÑADE A LA IGLESIA

El Espíritu Santo no solo es la vida interior de la iglesia, sino que también añade continuamente los nuevos miembros al cuerpo. Realiza esto obrando por medio del pueblo de Dios. El apóstol Juan dice: «El Espíritu y la novia [otra metáfora de la iglesia] dicen: "¡Ven!";... y el que quiera, tome gratuitamente del agua de la vida» (Ap 22:17).

El libro de los Hechos es un comentario sobre este punto. Solo por el poder del Espíritu Santo pudieron los discípulos testificar eficazmente (Hch 1:8). Como resultado de la predicación de Pedro inspirada por el Espíritu Santo (2:14),[11] sus oyentes «todos se sintieron profundamente conmovidos [el Espíritu Santo los hizo sentirse convictos]» (2:37), trayendo como resultado la adición de tres mil almas a la iglesia ese día (2:41). Lucas indica más adelante que «cada día el Señor añadía al grupo los que iban siendo salvos» (2:47).

No se puede exagerar lo fundamental que resultó el ser humano en el avance de la obra de Dios. Dios podía haberlo ordenado de otra manera, decidiendo soberanamente que las personas pudieran ser salvadas mediante la obra directa y sin mediación del Espíritu Santo. Pero ha escogido usar a los creyentes, conforme ellos se someten al Espíritu, para que sean instrumentos para añadir miembros al Cuerpo de Cristo. Así como el Señor Jesucristo necesitó de un cuerpo físico para cumplir el plan divino redentor para la humanidad, lo mismo sucede con la nueva implementación de este plan mediante su cuerpo espiritual, la iglesia.

ÉL UNE EL CUERPO

El Espíritu Santo es el único agente para lograr verdadera unidad entre los creyentes. Pablo les dijo a los creyentes en

[11]Para una consideración del término *apofdsengomai*, vea segunda parte, cap. 9, 140.

Éfeso: «Esfuércense por mantener la unidad del Espíritu mediante el vínculo de la paz». Luego añadió la significativa afirmación: «Hay un solo cuerpo y un solo Espíritu» (Ef 4:3-4). La iglesia de Corinto se fragmentó debido a varios elementos competidores de la congregación, cada uno aduciendo apego a un individuo específico. Pablo se ve obligado a preguntar: «¿Está dividido Cristo?» (1 Co 1:13). Debido a este espíritu divisivo en la congregación les dice que son carnales[12] (3:1-4). Todo lo que se opone a la obra del Espíritu es carnal; o sea, los creyentes que no permiten que el Espíritu de Dios los controle en su relación con otros creyentes están dominados por su naturaleza más baja, no santificada, que las Escrituras con frecuencia llaman «la carne» (vea Ro 8:5-9,13 y Gá 5:16-26).

Todos los que han nacido de nuevo por el Espíritu son miembros de un único cuerpo, aunque esto tal vez no siempre sea evidente por fuera. La Palabra de Dios insta a los creyentes a demostrar entre sí y ante el mundo que esta unidad es verdaderamente una realidad. Esto se logra solo cuando los creyentes son «siempre humildes y amables, pacientes, tolerantes unos con otros en amor» (Ef 4:2). Uno de los factores más importantes para el éxito de la iglesia apostólica se halla en la palabra griega *jomodsumadon*, que quiere decir «de un mismo sentir, propósito o impulso»[13] (Hch 1:14; 2:46; 4:24; 15:25; vea también 2:1 para ver una palabra relacionada con esta). Sin esta unidad entre ellos mismos, los primeros cristianos no habrían experimentado la presencia y el poder de Dios en medio de ellos y en su testimonio.

Él designa miembros del cuerpo para funciones específicas

Todo 1 Corintios 12 es un comentario sobre los miembros del cuerpo que son nombrados por el Espíritu para funciones

---

[12]La NVI dice «mundanales» para los adjetivos *sarkinoi* (1 Co 3:1) y *sarkikoi* (v. 3). La NASB dice «hombres de carne» (v. 1), y «carnal» (v. 3). Según Walter Bauer, el significado de ambos verbos en estos versículos es «carnal, perteneciente al campo de la carne», *A Greek-English Lexicon of the New Testament and Other Early Christian Literature*, traducido por William F. Arndt y F. Wilbur Gingrich; 2 ed. de la traducción revisada y aumentada por F. Wilbur Gingrich y Frederick W. Danker, University of Chicago Press, Chicago, 1979, 742-743. De aquí en adelante mencionado como BAGD.

[13]BAGD, 566.

específicas. Las siguientes son algunas lecciones importantes que se derivan de este pasaje.[14]

(1) Hay una amplia diversidad de dones y funciones que el Espíritu les asigna a los miembros como individuos. Las operaciones que a veces son llamadas «dones del Espíritu» se extienden desde una palabra de sabiduría hasta la interpretación de lenguas (1 Co 12:8-10). Pablo también incluye como dones a los ministerios asociados con el liderazgo: apóstoles, profetas, evangelistas, pastores, maestros (vv. 28-30; Ef 4:8,10-12). En Romanos menciona otros dones adicionales, tales como servicio, exhortación, liberalidad y misericordia (12:7-8).[15]

(2) Todos los miembros del cuerpo poseen algún don. «A cada uno se le da una manifestación especial del Espíritu» (1 Co 12:7). Ningún creyente puede decir: «No sirvo para nada en el Cuerpo de Cristo». Así como todo miembro de nuestro cuerpo físico tiene una tarea específica designada, así todo miembro del Cuerpo de Cristo tiene alguna función vital que cumplir para el bienestar del cuerpo. De nada sirve que una persona desee el don o talento de otra. Todos los miembros deben determinar individualmente, con oración, qué función quiere el Señor que desempeñen en el cuerpo.

(3) El Espíritu distribuye los dones de forma soberana: «quien reparte a cada uno según él lo determina» (1 Co 12:11). Pablo dice más adelante: «Dios colocó cada miembro del cuerpo como mejor le pareció» (v. 18). Repite la misma idea cuando en Romanos dice que «tenemos dones diferentes, según la gracia que se nos ha dado» (Ro 12:6). Los creyentes deben colocarse en posición de que el Espíritu Santo los utilice y de recibir dones espirituales, pero la concesión de dones específicos es prerrogativa del Espíritu. Dios, en su sabiduría y por razones que no siempre nos revela, concede a otros dones que a nosotros mismos nos gustaría manifestar.

(4) Todos los miembros del cuerpo dependen unos de otros. «El ojo no puede decirle a la mano: "No te necesito".

[14]Para una consideración más amplia del Cuerpo de Cristo y los dones espirituales, vea la tercera parte.
[15]Vea la tercera parte para una consideración de los dones espirituales individuales.

Ni puede la cabeza decirle a los pies: "No los necesito"» (1 Co 12:21). Ningún miembro puede considerarse superior a los demás. Principalmente hay dos razones para esto: (a) Tal miembro «superior» no puede existir separadamente de los demás miembros (incluso de los miembros «inferiores») así como la cabeza, «superior», de uno no puede existir separadamente de las manos, «inferiores», que suplen alimento para un estómago «inferior», que provee nutrición para todo el cuerpo, incluyendo la cabeza. (b) Los dones se distribuyen en base al mérito personal; los distribuye Dios en su soberanía. Esto descarta de inmediato toda base para la jactancia.

(5) Todos los miembros deben participar de la alegría o tristeza de cualquiera de los miembros. «Si uno de los miembros sufre, los demás comparten su sufrimiento; y si uno de ellos recibe honor, los demás se alegran con él» (1 Co 12:26). Cuando a alguien le duele el oído, el cuerpo entero sufre. Cuando una música hermosa cae en oídos de alguien, no se deleitan solo estos, sino que la disfruta todo el cuerpo. De la misma manera, idealmente, es el Cuerpo de Cristo. Alguien lo ha dicho muy bien: «Nuestras tristezas se dividen y nuestras alegrías se multiplican».

(6) El propósito global de la concesión divina de los diferentes dones a los miembros del cuerpo es la edificación de la iglesia. «A cada uno se le da una manifestación especial del Espíritu para el bien de los demás» (1 Co 12:7). Aunque a veces los dones, talentos y ministerios que Dios concede por su Espíritu pueden edificar al individuo que los manifiesta, son primordialmente para fortalecer y edificar a la iglesia. Además, pueden ministrar a las necesidades de los no creyentes (por ejemplo: evangelismo, sanidades, milagros).

La comunión del Espíritu

Pablo usa la expresión «la comunión [koinonía] del Espíritu Santo» (2 Co 13:14; cf. Fil 2:1). Este concepto es inseparable del de la iglesia como Cuerpo de Cristo. Koinonía también se puede traducir por «comunión» o «participación». Hay dos interpretaciones básicas, pero que no se excluyen mutuamente, de la frase «la comunión del Espíritu Santo». Una significa que los creyentes participan del Espíritu Santo.[16] La otra se refiere a la obra del Espíritu, que forma a los creyentes en una comunidad o comunión.[17] Ambas interpretaciones tienen una base firme en las Escrituras, y la una es imposible sin la otra. Eso se debe a que los pecadores arrepentidos participan del Espíritu Santo (1 Co 12:13; He 6:4) y reciben el privilegio de entrar en la comunión que él crea, la iglesia. Sin embargo, esta idea de la comunión del Espíritu no se halla en el Antiguo Testamento, porque solo ciertos individuos participaron del Espíritu antes del derramamiento el día de Pentecostés.

---

[16]Genitivo partitivo.

[17]Genitivo ablativo de fuente, o genitivo subjetivo.

Capítulo 5

El Espíritu y el creyente

Jesús, en su condición terrenal, fue un hombre controlado completamente por el Espíritu Santo. Desde el momento de su concepción milagrosa hasta su resurrección de entre los muertos y exaltación a la diestra del Padre, el Espíritu de Dios obró poderosamente en él. Así debe ser con el creyente; desde el principio hasta el fin, la vida cristiana es posible solo por el poder del Espíritu Santo que mora en él.

Este capítulo estudia la actividad del Espíritu en la experiencia del creyente, desde el nuevo nacimiento hasta la resurrección de entre los muertos.

El Espíritu y el pecador

Los no regenerados están muertos espiritualmente en sus delitos y pecados (Ef 2:1), y como consecuencia de eso son insensibles a las cosas espirituales. Solo cuando el Espíritu Santo se mueve en ellos pueden llegar a darse cuenta de su necesidad espiritual. Entonces deberán decidir si continuar en su estado de pecado o responder positivamente a la voz del Espíritu. A lo largo de todo el libro de los Hechos se nos ofrece un cuadro muy gráfico de esto. Algunos, como los que se opusieron a Esteban, resistieron al Espíritu Santo (Hch 7:51); otros, como los tres mil del día de Pentecostés, aceptaron el mensaje de Pedro, ungido por el Espíritu (2:41).

La convicción del Espíritu

Jesús les dijo a sus discípulos que cuando el Espíritu Santo viniera, «convencerá al mundo de su error en cuanto al pecado, a la justicia y al juicio» (Jn 16:8).

El Espíritu convence a los pecadores de su necesidad espiritual; la mera lógica o retórica no puede persuadirlos. El pecado básico de la humanidad es el rechazo de Jesucristo (Jn 16:9); este rechazo se debe a no querer admitir su estado de pecado y creer que él es el único que puede efectuar los cambios necesarios.

El Espíritu convence además de justicia (Jn 16:10). Esto tiene que ver con la resurrección de Jesús y su ascensión al Padre; eventos que demostraron que él era en verdad el Hijo de Dios y que lo que decía era cierto o justo (Ro 1:4; 1 Tim 3:16). Este concepto de justicia también incluye la idea de la «rectitud» de Dios al castigar a los pecadores no arrepentidos (Ro 1:18). Pero también incluye la justificación de los pecadores, su «posición justa» ante Dios cuando se arrepienten y creen (Ro 4:25).[1]

Finalmente, el Espíritu convence de juicio (Jn 16:11). El príncipe de este mundo, Satanás, sufrió una serie de derrotas aplastantes a manos de Jesús, que culminaron en la resurrección de Jesús de entre los muertos. Jesús derrotó a Satanás en el desierto (Mt 4:1-11; Mr 1:12-13; Lc 4:1-13). Lo derrotó además al expulsar demonios y al sanar enfermos (Hch 10:38). Satanás ya ha sido juzgado, y todo pecador que verdaderamente cree en Jesucristo sirve como evidencia continua de esta derrota de Satanás.

LOS MEDIOS DE CONVICCIÓN

La convicción de pecado viene solo por medio del Espíritu Santo. Pero rara vez soslaya la importancia humana para hablarle al corazón de los pecadores. El medio que usa es el mensaje del evangelio presentado por testigos fieles, cuya necesidad recalca Pablo en Romanos 10:9-17.

El libro de los Hechos presenta el mensaje de la iglesia primitiva. Consistía básicamente en el mensaje de Jesucristo como Salvador y la necesidad de creer en él sobre la base de su muerte y resurrección, para que el juicio de Dios no venga sobre los oyentes si lo rechazan. El resultado de esta clase de testimonio inspirado por el Espíritu fue que los oyentes se sintieron profundamente

---

[1]Una interpretación bastante frecuente de que el Espíritu convence a los hombres «de justicia» es que los convence de su justicia propia, tal como en la frase previa la palabra «de pecado» quiere decir su propio pecado y en la siguiente frase la palabra «de juicio» quiere decir su propia condenación (vea Jn 16:9-11).

«conmovidos y preguntaron: Hermanos, ¿qué debemos hacer?» (Hch 2:37). Solo el Espíritu Santo puede convencer a las personas de su necesidad de salvación. La responsabilidad del creyente es declarar y proclamar el mensaje de salvación, y dejar los resultados en manos del Señor, que habla a los corazones por medio de su Espíritu. Las palabras de Pablo en este punto son tan apropiadas que es preciso oírlas con detenimiento:

> Así que, hermanos, cuando fui a vosotros para anunciaros el testimonio de Dios, no fui con excelencia de palabras o de sabiduría. Pues me propuse no saber entre vosotros cosa alguna sino a Jesucristo, y a éste crucificado. Y estuve entre vosotros con debilidad, y mucho temor y temblor; y ni mi palabra ni mi predicación fue con palabras persuasivas de humana sabiduría, sino con demostración del Espíritu y de poder, para que vuestra fe no esté fundada en la sabiduría de los hombres, sino en el poder de Dios. (1 Co 2:1-5, RVR60).

A veces Dios decide hablar al corazón del pecador mediante la manifestación de algún don espiritual, muy a menudo la palabra profética. Pablo dice que mediante la profecía el pecador puede ser «convencido» y «juzgado» por todos, y así «los secretos de su corazón quedarán al descubierto. Así que se postrará ante Dios y lo adorará, exclamando: "¡Realmente Dios está entre ustedes!"» (1 Co 14:24-25).

Salvación

TERMINOLOGÍA

La obra de la salvación es tan extensa que los autores del Nuevo Testamento la presentan de varias formas diferentes, destacando cada una faceta especial. Varias de estas se relacionan específicamente con la obra del Espíritu.

Regeneración

Jesús le dijo a Nicodemo que: «quien no nazca de agua y del

Espíritu, no puede entrar en el reino de Dios ... Lo que nace del cuerpo es cuerpo; lo que nace del Espíritu es espíritu» (Jn 3:5-6). Pedro dice que los creyentes son partícipes de la naturaleza divina (2 P 1:4); y Hebreos 6:4 dice que los creyentes participan del Espíritu Santo.

Uno puede ver la similitud[2] con la concepción y nacimiento de Jesús. Él fue concebido por el Espíritu Santo; fue una obra milagrosa. Era imposible que el nacimiento virginal tuviera lugar mediante esfuerzo humano. Lo mismo con el nuevo nacimiento; solo se puede explicar en términos de un milagro. Es un misterio que se puede experimentar, pero la forma precisa en que tiene lugar desafía toda explicación. Jesús indicó esto cuando dijo: «El viento sopla por donde quiere, y lo oyes silbar, aunque ignoras de dónde viene y a dónde va. Lo mismo pasa con todo el que nace del Espíritu» (Jn 3:8).

Lo que dice Pablo al hablar del «lavamiento de la regeneración y de la renovación por el Espíritu Santo» (Tit 3:5) es paralelo a lo que afirma Jesús en cuanto a «nacer del agua y del Espíritu» (Jn 3:5). Hay varias interpretaciones respecto a lo que quiso decir Jesús con «agua», pero es muy posible que pensara en el agua como símbolo del Espíritu Santo, tal como lo hizo cuando hablaba de ríos de agua viva (Jn 7:37-39). La palabra «y» (gr. *kai*) en la frase «agua y el Espíritu» en Juan 3:5 se puede traducir alternativamente como «incluso», «es decir», «o sea», de modo que Jesús tal vez estaba diciendo «quien no nazca del agua, es decir, del Espíritu».[3]

---

[2]No me atrevo a usar una palabra más fuerte, tal como «analogía» o «paradigma».

[3]Otras interpretaciones significativas entienden que el agua es (1) el bautismo; (2) símbolo de la Palabra de Dios; (3) el fluido amniótico que rodea al feto. Mi propia respuesta breve a cada una de estas alternativas: (1) Dada la importancia que el NT asigna al bautismo, uno no debe descartar esta interpretación de buenas a primeras. Pero tampoco puede uno insistir en la necesidad absoluta del bautismo para la salvación. (2) La Palabra de Dios es indispensable para la salvación. Sin embargo, es difícil ver por qué en el sintagma «agua y el Espíritu» Jesús usaría la primera palabra simbólicamente y la segunda, literalmente. Podría haber dicho perfectamente «la palabra y el Espíritu». (3) El fluido amniótico no produce el nacimiento del niño. Es más, Jesús contrasta el Espíritu con la carne, no con agua (Jn 3:6).

Otra alternativa es considerar «agua y el Espíritu» como una hendíasis: «agua espiritual».

Resurrección espiritual y nueva creación

Estrechamente relacionados con la palabra «regeneración» se encuentran los términos «resurrección espiritual» y «nueva creación». Todos ellos recalcan la idea de una vida nueva. Ya he mencionado al Espíritu Santo en su obra de creación y del levantamiento de Jesús de entre los muertos. El pecador está muerto espiritualmente y necesita ser resucitado espiritualmente (Ef 2:1-2; Col. 3:1-2). Visto desde otra perspectiva, el pecador necesita ser creado de nuevo (2 Co 5:17; Gá 6:15).

Siguiendo estas mismas líneas, Pablo dice que el no regenerado ha sido cegado espiritualmente por Satanás, pero que «Dios, que ordenó que la luz resplandeciera en las tinieblas, hizo brillar su luz en nuestro corazón para que conociéramos la gloria de Dios que resplandece en el rostro de Cristo» (2 Co 4:6). Cuando Jesús dijo que la persona no regenerada no puede ver el Reino de Dios (Jn 3:5), estaba hablando de visión espiritual. La persona no regenerada no puede percibir las cosas espirituales (1 Co 2:14); tal noción está disponible solo para el regenerado (vv. 9-11).

Adopción

Visto desde otra perspectiva, los creyentes han sido adoptados en la familia de Dios por la obra del Espíritu Santo. Han recibido «el Espíritu que los adopta como hijos y les permite clamar: "¡Abba! ¡Padre!"» (Ro 8:15; vea también Gá 4:6). La adopción en días del Nuevo Testamento quería decir básicamente lo mismo que hoy. El hijo adoptivo tenía derecho a todos los privilegios que los hijos biológicos recibirían de sus padres. Lo mismo con los creyentes. Una vez fueron hijos de Satanás (Jn 8:44; Ef 2:2), pero ahora han sido adoptados por Dios.

LA MORADA DEL ESPÍRITU SANTO

El Espíritu Santo viene a morar en todo creyente. «Si alguno no tiene el Espíritu de Cristo, no es de Cristo» (Ro 8:9; vea también 1 Co 6:19). El Espíritu de Dios entra en el corazón de la persona en el momento del arrepentimiento y la fe, produciendo la regeneración. El Espíritu se queda con los hijos de Dios siempre y cuando estos anden en obediencia a su voluntad. Está siempre presente para guiar y ayudar a los que se han entregado al Señor.

Esta morada del Espíritu tiene que ser distinguida de la llenura del Espíritu.[4] La morada del Espíritu es necesaria para la comunión con Dios y la adoración (Jn 4:23-24; Fil 3:3). Además, es el Espíritu quien sostiene diariamente al creyente, porque él es la fuente de nuestra vida espiritual. Esta morada del Espíritu fue predicha por el profeta Ezequiel (Ez 36:25-27).

Hay otra indicación de esta maravillosa verdad en la imagen del templo. Todo creyente es templo del Espíritu (1 Co 6:19); como consecuencia, los creyentes deben glorificar a Dios en sus cuerpos, puesto que en ellos mora el Espíritu.

El testimonio del Espíritu

¿Cómo puede alguien saber que verdaderamente ha nacido de nuevo? Una manera obvia es darse cuenta de que ha tenido lugar un cambio espiritual. Al arrepentirse de los pecados y creer en Cristo como Salvador personal (Hch 20:21), las cosas viejas pasaron y uno llega a ser una nueva creación en Cristo (2 Co 5:17; Gá 6:15). Pero puede haber momentos de incertidumbre con respecto a esta nueva relación con Dios. A fin de cuentas, los nuevos creyentes deben descansar en las promesas de Dios, de que si verdaderamente reúnen sus condiciones, entonces son salvos, independientemente de que haya o no emoción alguna que lo acompañe.

Sin embargo, Dios ha ofrecido una provisión adicional. «El Espíritu mismo le asegura a nuestro espíritu que somos hijos de Dios» (Ro 8:16; vea también 1 Jn 3:24). Todo creyente tiene a su disposición un testigo interno que le asegura que verdaderamente es hijo de Dios. De algún modo tranquilo e inexplicable, el Espíritu de Dios le comunica a nuestro espíritu que no hay barrera entre Dios y nosotros, porque por el Espíritu tenemos acceso al Padre (Ef 2:18).

---

[4]Vea segunda parte, cap. 8.

Santificación

La santificación es una de las obras más importantes del Espíritu Santo (Ro 15:16; 1 Co 6:11-12; 2 Ts 2:13-14; 1 P 1:2). Esta es la voluntad de Dios para todo creyente (1 Ts 4:3).

EL SIGNIFICADO DEL TÉRMINO

La palabra «santificación» (gr. *jagiasmós,* o *jagiosune*) procede de la misma raíz que la palabra griega para «santo» *(jagios).* En el Nuevo Testamento las palabras «santificación» y «santidad» traducen la misma palabra griega y se usan indistintamente. La idea básica de la palabra griega es separación. Cuando los creyentes son llamados a ser santos (o santificados), se les están diciendo que se separen de todo lo que no es santo y que se dediquen a Dios. Las palabras «dedicación» y «consagración» también se pueden usar para traducir la palabra griega.

CONCEPTOS ERRADOS DE LA SANTIFICACIÓN

Hay que evitar tres perspectivas extremas en cuanto a la santificación:

Legalismo

El legalismo enseña que la persona puede ser santificada solo viviendo en completa obediencia a la ley. Para tales personas la santificación consiste en observar las regulaciones prescritas. En efecto, enseñan que la salvación y la retención de la salvación dependen de las obras, antes que de la fe. A menudo tal enseñanza toma forma de largas listas tipo «hay que hacer esto» y «no hay que hacer esto otro». Pablo trata este problema en su epístola a los Gálatas. Les plantea la pregunta: «¿Tan torpes son? Después de haber comenzado con el Espíritu, ¿pretenden ahora perfeccionarse con esfuerzos humanos?» (Gá 3:3). Este enfoque legalista no toma en cuenta las serias palabras que Pablo cita de Deuteronomio 27:26: «Maldito sea quien no practique fielmente todo lo que está escrito en el libro de la ley» (Gá 3:10).

De principio a fin la vida cristiana se vive por fe, no por obras, sino por el Espíritu que mora en el creyente. La verdadera fe producirá en verdad obras cristianas genuinas (Ef 2:8-10), pero es un error sostener que hacer buenas obras garantiza por sí solo la salvación.

Antinomianismo

El antinomianismo es la opinión opuesta, y enseña que no importa cómo viva el creyente. Presenta una noción errónea de la libertad cristiana, diciendo que como los creyentes han sido hechos libres por Cristo, pueden hacer lo que se les antoje. Pero Pablo contesta del modo siguiente: «no se valgan de esa libertad para dar rienda suelta a sus pasiones» (Gá 5:13).[5] De nuevo, los que han sido verdaderamente regenerados por el Espíritu de Dios demostrarán amor por sus acciones hacia Dios y hacia otros.

Perfeccionismo

Algunos enseñan que los regenerados pueden tener una experiencia de crisis que los deja perfectos y sin pecado. A veces se le llama «santificación completa», y se basa en la premisa de que la santificación debe incluir necesariamente el concepto de pecado. Pero la palabra griega, como ya he indicado, significa separación. El pecado no interviene necesariamente, porque el mismo Hijo de Dios que nunca tuvo pecado dijo: «Me santifico a mí mismo» (Jn 17:19). Es más, no hay ningún ejemplo bíblico de persona alguna que haya tenido alguna experiencia que le hiciera perfecto y sin pecado.[6]

LA SANTIFICACIÓN COMO EXPERIENCIA PROGRESIVA

«Santos» (literalmente, «los santos») es una designación que se repite en el Nuevo Testamento para los creyentes (por

---

[5]Todo Gálatas 5 destaca la antipatía entre la carne y el Espíritu.

[6]Esto no es negar que algunos pueden tener una crisis que producirá en ellos un efecto profundo, incluso limpiador. Pero en ninguna parte de las Escrituras se sugiere que tales experiencias hagan perfecto a nadie.

ejemplo: 1 Co 14:33; Ef 1:1,18; Fil 1:1; Col 1:2). No se la reserva para una categoría especial de creyentes, ni muertos ni vivos. Más bien, todo creyente es santo. Esto no presenta ninguna dificultad si recordamos que «santos» quiere decir «separados». Los creyentes son personas que se han apartado para el servicio a Dios.

Por eso las Escrituras a veces hablan de la santificación como una experiencia pasada (1 Co 6:11) que sucedió en el momento de la salvación (1 Co 1:30). Pero también hay un aspecto de santificación continua. A los creyentes se les llama a ser «perfectos» (gr. *teleios*), palabra que se debe entender como «entero» o «maduro».[7] Deben crecer en gracia (2 P 3:18), y no quedarse satisfechos con el progreso o nivel de madurez que ya hayan alcanzado. Pablo mismo dijo que no era perfecto (totalmente maduro) y que seguía esforzándose por avanzar hacia esa meta (Fil 3:10-14).

Pero la santificación no es un proyecto de hágalo usted mismo. Los creyentes maduran espiritualmente solo en la medida en que se sometan cada vez más al Espíritu Santo. El llamado es: «purifiquémonos de todo lo que contamina el cuerpo y el espíritu, para completar en el temor de Dios la obra de nuestra santificación» (2 Co 7:1), pero solo por el Espíritu podemos en verdad hacer morir las malas obras del cuerpo (Ro 8:13).

Pablo dice además que los creyentes deben experimentar una transformación continua de su entendimiento, o actitud (Ro 12:2), y que esto es resultado de la obra del Espíritu del Señor (2 Co 3:18).[8]

La santificación entera (o madurez espiritual total) es un ideal hacia el cual debemos esforzarnos con la ayuda del Espíritu Santo. Pero los creyentes no deben condenarse por no haberla obtenido. La medida importante de nuestra santificación es el *progreso* hacia la meta.

---

[7]Vea, por ejemplo Mt 5:48; 19:21; 1 Co 14:20; Ef 4:13; Col 4:12; Stg 1:4; 3:2.

[8]La palabra *metamorfoo* (transformar) se halla en ambos vv. en tiempo presente, lo que indica una acción continua: «sigan siendo transformados», «estamos siendo transformados».

EL FRUTO DEL ESPÍRITU

Las Escrituras presentan un contraste importante entre la carne y el Espíritu (Ro 8:5-9; Gá 5:16—6:10). Por la forma en que Pablo usa en estos pasajes el término «carne» quiere decir cualquier cosa que milita contra el Espíritu de Dios. Las obras de la carne (Gá 5:19-21) son lo opuesto de lo que produce el Espíritu, como por ejemplo el fruto del Espíritu (vv. 22-23). El creyente puede sincera y legítimamente preguntar: «¿Cómo puedo saber que estoy logrando algún progreso espiritual? ¿Cómo sé si verdaderamente estoy andando en el Espíritu [Gá 5:16,25]?» Una medida muy significativa es el grado en el cual manifestamos el fruto del Espíritu. ¿Se caracteriza nuestra vida más y más por «amor, alegría, paz, paciencia, amabilidad, bondad, fidelidad, humildad y dominio propio» (Gá 5:22-23)? Una medida de tal progreso es la disposición de la persona a ayudar a restaurar a otro creyente que ha pecado, procurando hacerlo con un espíritu de amabilidad (Gá 6:1), que es fruto del Espíritu. La persona espiritual siembra para el Espíritu, procurando una conducta que honre a Dios. Esto toma con frecuencia la forma de hacer el bien a tantas personas como sea posible (Gá 6:1-10). Todo esto está en completo contraste con la persona carnal que busca solo gratificación personal.

EL ANDAR DIARIO

El Espíritu ayuda al creyente en la vida diaria. Él es:

El Maestro del creyente

Jesús les dijo a sus discípulos que el Espíritu Santo les enseñaría todas las cosas (Jn 14:26). A veces esto se lleva a cabo por medio de seres humanos, ya que el Espíritu ha instituido en la iglesia a pastores y maestros (1 Co 12:28; Ef 4:11). Pero también existe el ministerio directo del Espíritu como Maestro divino.

El Espíritu guiará al pueblo de Dios a toda verdad (Jn 16:13). Cuando llega el momento de tomar una decisión crucial que tiene que ver con aspectos doctrinales de la obra de Dios, el Espíritu está allí para instruir. A modo de ilustración: La iglesia primitiva tenía que tomar una decisión importante con respecto a la situación de los gentiles en la iglesia (Hch 15). Cuando los dirigentes de la iglesia llegaron a una decisión, dijeron: «Nos pareció bien al Espíritu Santo y a nosotros» (v. 28). Jesús también les dijo a sus discípulos que el Espíritu les mostraría todas las cosas por venir (Jn 16:13). Todo el libro de Apocalipsis es un testimonio de esto. Allí al Espíritu se le llama Espíritu de profecía (19:10), y el libro fue escrito porque Juan estaba «en el Espíritu» (1:10). Pablo también le atribuye al Espíritu el conocimiento de hechos futuros, al decir: «El Espíritu dice claramente que, en los últimos tiempos, algunos abandonarán la fe» (1 Ti 4:1).

El guía del creyente

Las personas verdaderamente espirituales permiten que el Espíritu las guíe todo el tiempo. «Todos los que son guiados por el Espíritu de Dios son hijos de Dios» (Ro 8:14). Como Jesús, los creyentes pueden atravesar tiempos en que la dirección del Espíritu les conduce a pruebas severas (Mt 4:1). Pero cuando el Espíritu nos lleva a eso, podemos descansar en la seguridad de que también está a nuestro lado como nuestro Paráclito para que podamos salir adelante «en el poder del Espíritu» (Lc 4:14).

El Espíritu también guía al pueblo de Dios a los lugares de servicio. En el segundo viaje misionero de Pablo él quería predicar el evangelio en la provincia de Asia, pero «el Espíritu Santo les había impedido» (Hch 16:6) que lo hicieran; no era la voluntad de Dios. (Más tarde tendría el privilegio de predicar en esa región [vea Hch 19, especialmente vv. 8, 22]). Luego Lucas dice que Pablo y sus compañeros quisieron ir a Bitinia, «pero el Espíritu de Jesús no se lo permitió» (16:7). La sensibilidad hacia la dirección del Espíritu era una de las características de Pablo como creyente maduro.

El Espíritu está presente asimismo para guiar a los creyentes en lo que ellos dirían que es una situación delicada. Jesús les enseñó a sus discípulos a no preocuparse de antemano por lo que debían decir cuando fueran llevados ante las autoridades. «Solo declaren lo que se les dé a decir en ese momento, porque no serán ustedes los que hablen, sino el Espíritu Santo» (Mr 13:11). Esta promesa se cumplió en vida de Pedro cuando él y Juan fueron llevados ante las autoridades religiosas. En esa ocasión Pedro experimentó una llenura especial del Espíritu (Hch 4:8) que le capacitó para hablar intrépidamente aunque él y Juan «eran gente sin estudios ni preparación».[9]

El cointercesor del creyente

Hay veces en que al creyente le resulta difícil articular una petición especial en oración. «No sabemos qué pedir, pero el Espíritu mismo intercede por nosotros con gemidos que no pueden expresarse con palabras» (Ro 8:26). Esto queda incluido indudablemente en lo que el Nuevo Testamento llama orar «en el Espíritu» (Ef 6:18; Jud 20), y probablemente es parecido a orar en lenguas (1 Co 14:2,14-15).[10]

Glorificación

La experiencia actual del Espíritu Santo por parte de los creyentes es solo un bocado de prueba de la gloria que les espera cuando finalmente entren en la presencia del Señor. La morada del Espíritu en los creyentes es la garantía divina de la consumación de su redención (Ro 8:22-23; 2 Co 1:21-22; 5:5; Ef 1:13-14; 4:30). Estos pasajes contienen varios puntos importantes:

(1) El Espíritu es la «garantía» (gr. *arrabón*) de nuestra herencia espiritual (Ef 1:14). El término griego se refiere al «enganche» que se da en una compra como promesa de parte del comprador de que se pagará el precio total. Pablo también llama a esta idea «las primicias (gr. *arqué*) del Espíritu» (Ro 8:23).

(2) El mismo Espíritu que levantó al pecador de la muerte espiritual a la vida espiritual, al final levantará el cuerpo mortal y corruptible del creyente para que sea un «cuerpo espiritual» (1 Co 15:44). El cuerpo del creyente será levantado por el

---

[9]Otras formas por las que se mueve el Espíritu en los individuos para hablar de un modo especial se tratan en la tercera parte.
[10]Vea tercera parte, cap. 14, 244.

poder del Espíritu. «El mismo que levantó a Cristo de entre los muertos también dará vida a sus cuerpos mortales por medio de su Espíritu, que vive en ustedes» (Ro 8:11). Esto es lo que significa la frase «la redención de nuestros cuerpos» (v. 23). (3) La resurrección del cuerpo del creyente será como la del Señor. Cuando el Señor aparezca «seremos semejantes a él», aunque «todavía no se ha manifestado lo que habremos de ser» (1 Jn 3:2). El mismo Señor «transformará nuestro cuerpo miserable para que sea como su cuerpo glorioso» (Fil 3:21). En ese momento la redención de los creyentes será completa en todo aspecto. No solo su naturaleza espiritual, sino también su naturaleza física será transformada por el poder del Espíritu.

W. H. Griffith Thomas resume la obra del Espíritu en el creyente dividiéndola en tres períodos: (1) En nuestra experiencia pasada o inicial él llegó a ser el Espíritu de filiación (Ro 8:15) y libertad (2 Co 3:17). (2) En nuestra experiencia presente él es el Espíritu de santidad cuya presencia garantiza fruto espiritual (Gá 5:22).[11] (3) En el futuro él será el Espíritu de adopción como garantía de nuestra herencia (Ro 8:23; Ef 1:14) y de nuestra resurrección (Ro 8:11).[12]

---

[11]Yo añadiría otros asuntos tales como dirección, fortaleza para testificar, etc.

[12]W. H. Griffith Thomas, *The Holy Spirit of God*, 4ª ed., Wm. B. Eerdmans, Grand Rapids, 1963, 28-29.

Capítulo 6

El Espíritu
y la Palabra de Dios

Dios les ha dado tanto su Palabra como su Espíritu a la iglesia y al creyente individual para dirección y edificación. El Espíritu y la Palabra obran armoniosamente para el avance de los propósitos de Dios. En efecto, a veces las Escrituras usan los dos términos indistintamente. Por ejemplo, leemos en algunos lugares que «el Espíritu del Señor vino» sobre ciertas personas y estas profetizaron; en otros lugares leemos que «la palabra del Señor vino» y la persona profetizó (vea 2 S 23:2; Ez 11:5; y 2 S 24:11-12; 2 R 7:1).

El Espíritu Santo y las Escrituras siempre están de acuerdo. En toda la historia la iglesia cristiana ha sufrido cuando se enfatiza uno de los elementos hasta excluir prácticamente al otro. Si solo se enfatiza el Espíritu, las consecuencias son con frecuencia el fanatismo y un enfoque subjetivo basado en las emociones o experiencias del individuo. Si solo se enfatiza la Biblia el resultado será lo que a veces se llama «ortodoxia muerta», según la cual puede darse una adherencia estricta a la creencia doctrinal correcta, pero nada de vida espiritual y vibrante que la acompañe.

Entre el Espíritu y la Palabra existe una relación íntima y complementaria. Esta relación amerita que se la explore.

Revelación

Los seres humanos, debido a su estado caído y de pecado, son incapaces de llegar a conocer a Dios por iniciativa propia (1 Co 1:18-21). Por eso fue necesario que Dios se revelara a sí mismo (1 Co 2:11). La revelación es el acto por el que Dios se da a conocer a las personas.

Dios se ha revelado a sí mismo y ha revelado su voluntad a la humanidad de varias maneras. La naturaleza ofrece una de las revelaciones de Dios (Sal 19:1; Ro 1:19-21), pero esto no es suficiente para la salvación. También existe una revelación de Dios en la conciencia (Ro 2:14-16), puesto que la humanidad ha sido dotada de capacidad para discriminar entre el bien y el mal. La creación y la conciencia pertenecen a la revelación «general». Pero Dios también ha concedido una revelación «especial», es decir, el develar específico de su propósito redentor en Jesucristo. Él escogió hacer esto mediante su Palabra, las Escrituras. El Agente divino de esta obra de revelación es el Espíritu Santo.

Inspiración

La inspiración es la influencia del Espíritu que capacitó a los autores de las Escrituras para registrar el mensaje de Dios de forma que se pudiera asegurar su infalibilidad.

2 Timoteo 3:16-17

«Toda la Escritura es inspirada por Dios [*teopneustos*]» (2 Ti 3:16). Puesto que el aliento de Dios es símbolo del Espíritu Santo, Pablo indica aquí que la Tercera Persona de la Deidad tomó parte en la transmisión de la palabra de Dios al ser humano. En esta conexión hay que destacar también la afirmación de Pedro de que «la profecía no ha tenido su origen en la voluntad humana, sino que los profetas hablaron de parte de Dios, impulsados por el Espíritu Santo» (2 P 1:21). A la luz de estos pasajes se puede afirmar que Dios es la *fuente* de las Escrituras, el Espíritu Santo es el *agente* por medio del cual fueron dadas las Escrituras, y que las personas fueron los *instrumentos* que bajo la dirección del Espíritu escribieron las Escrituras.

Pablo dijo que *toda* la Escritura es inspirada por Dios. No hay partes no inspiradas de las Escrituras; todas son igualmente inspiradas. Esta noción a menudo se denomina «inspiración verbal y plenaria». Esta frase es un intento de presentar la idea de que las Escrituras de manera completa, tanto como toda palabra, fueron escritas por hombres guiados de tal forma al seleccionar asuntos y palabras que lo que escribieron son las palabras de Dios en el estilo literario del autor.

LA INSPIRACIÓN DEL ANTIGUO TESTAMENTO

Además de estas aseveraciones generales por parte de Pablo y Pedro (que se aplican específicamente al Antiguo Testamento), los autores del Nuevo Testamento afirman otras cosas sobre la inspiración de las Escrituras del Antiguo Testamento. Pedro, en el libro de los Hechos dice que el Espíritu Santo profetizó en las Escrituras por boca de David (1:16; 4:25). De manera similar, Pablo dice que el Espíritu habló por el profeta Isaías (28:25). El libro de Hebreos contiene referencias al Antiguo Testamento expresadas en términos tales como «el Espíritu Santo dice» (3:7), «el Espíritu Santo da a entender» (9:8), «el Espíritu Santo nos da testimonio de ello» (10:15). Pedro, en su primera epístola, dice que los profetas del Antiguo Testamento «estudiaron y observaron esta salvación. Querían descubrir a qué tiempo y a cuáles circunstancias se refería el Espíritu de Cristo, que estaba en ellos» (1 P 1:10-11). Estos pasajes son muy claros en cuanto al papel activo del Espíritu Santo al dar las Escrituras del Antiguo Testamento.

LA INSPIRACIÓN DEL NUEVO TESTAMENTO

El Nuevo Testamento da testimonio interno de su propia inspiración divina. Pedro menciona las cartas de Pablo y luego se refiere a «las *otras* Escrituras» (2 P 3:15-16).[1] En la mente de Pablo no hay duda respecto a la autoridad con que escribió sus cartas y presentó su mensaje (por ejemplo: 1 Co 2:13,16; 2 Co 2:17; 4:2; Gá 1:8-9; 1 Ts 2:3-4,13). Es más, él citó Lucas 10:7 (en 1 Co 9:14)[2] junto con Deuteronomio 25:4 (en 1 Co 9:9; 1 Ti 5:18) como teniendo la misma autoridad.[3]

[1]La NASB dice, «el resto de las Escrituras» (v. 16).

[2]Se entiende que 1 Corintios fue escrita con anterioridad al Evangelio de Lucas, pero Pablo de todas maneras cita los dichos de Jesús que se registran en el Evangelio de Lucas.

[3]Resulta de gran interés la afirmación de René Pache de que antes de que Jesús dejara a sus discípulos «no dejó de prometerles toda la ayuda sobrenatural que

EL PAPEL HUMANO EN LA INSPIRACIÓN

Dios escogió transmitir su Palabra por medio de instrumentos humanos, deleitándose en usar medios humanos, siempre que fuera posible, para lograr sus propósitos. Este mismo principio es evidente respecto a la predicación del evangelio, que él les encargó a los seres humanos y no a ángeles u otros agentes. La importancia humana para darnos las Escrituras da origen a unas cuantas preguntas importantes:

(1) ¿Se dieron cuenta los autores bíblicos del significado de lo que escribieron? No es necesario contestar afirmativamente esta pregunta. Hablando en términos generales, ellos comprendieron lo que hablaron y escribieron; pero en ocasiones anotaron mensajes bajo la inspiración directa del Espíritu, sin captar la dimensión completa del mensaje. Esto sería especialmente cierto en las profecías de predicción.

(2) Debido a la intervención del factor humano, ¿no significa esto que las Escrituras están sujetas a error? Esto sería cierto si fueran producto puramente humano. Pero afirmaciones tales como «por boca de David, había predicho el Espíritu Santo» (Hch 1:16; vea también 4:25) indican que el Espíritu Santo es el autor final de las Escrituras. Él guió a los autores bíblicos de tal forma en su selección de material y de palabras que ellos no habrían podido anotar algo erróneo.

(3) ¿Acaso lo anterior no despoja a los autores bíblicos de su libre albedrío e individualidad? Esto sería cierto si Dios hubiera dictado las Escrituras y los autores hubieran copiado meramente palabra por palabra. Pero existe una considerable variedad de

---

necesitarían para la composición del Nuevo Testamento». Dice que en Jn 14:26; 15:26-27; y 16:12-15, Jesús especificó las diferentes partes del Nuevo Testamento:

Los Evangelios: «El Espíritu Santo ... les hará recordar todo lo que les he dicho» (14:26).

El Libro de los Hechos: «El Espíritu de verdad ... él testificará acerca de mí. Y también ustedes darán testimonio» (15:26-27).

Las Epístolas: «el Espíritu de la verdad, él los guiará a toda la verdad ... Él me glorificará porque tomará de lo mío y se lo dará a conocer a ustedes» (16:13-14). «El Espíritu Santo ... les enseñará todas las cosas» (14:26).

Apocalipsis: «les anunciará las cosas por venir» (16:13). (René Pache, *The Inspiration and Authority of Scripture*, Moody Press, Chicago, 1969, 90). No todos, por supuesto, concordarán con la aseveración de Pache.

estilos literarios y de vocabulario entre los autores bíblicos. Esto
indica que fueron libres para expresarse en su estilo propio y distintivo. Pero si en algún punto existía la posibilidad de error, el
Espíritu Santo estaba presente y activo para corregir su pensamiento.

(4) ¿Por qué es tan importante tener una Biblia sin errores? Rene Pache escribe: «La inspiración plena es necesaria
debido a la caída del hombre. Si la Biblia fuera una mezcla
de verdad y error, tendríamos que tratar de decidir por nosotros mismos lo que habría de reconocerse como de origen
divino, o rechazarse por contener una amalgama de errores
humanos. Si el hombre no ha recibido de lo alto una norma
exacta, ¿cómo podemos distinguir entre lo que es divino y lo
que es humano?[4]

Los autores del Antiguo Testamento afirmaron que estaban
transmitiendo las mismas palabras de Dios. Cientos de veces
en el Antiguo Testamento los autores dicen que están dando el
mensaje de Dios (por ejemplo: Dt 4:2; 6:1-2,6-9; 12:32; Sal 19:7;
119:42,96,140,142,151,160,172). Por todas partes uno halla expresiones tales como «así dice el Señor» y «la palabra del Señor
vino, diciendo» (vea Is 7:7; Jer 1:13). Esto indica que como estos
mensajes vinieron directamente de Dios, estaban libres de
errores.

El Señor Jesucristo también atestiguó la completa exactitud
e inerrabilidad de las Escrituras en pasajes tales como Mateo
5:18, «mientras existan el cielo y la tierra, ni una letra ni una til-
de de la ley desaparecerán hasta que todo se haya cumplido»,
y Juan 10:35: «la Escritura no puede ser quebrantada».

Iluminación

Hay que distinguir entre iluminación e inspiración. Iluminación es la actividad del Espíritu Santo en la mente y espíritu de una persona, capacitándola para comprender la
verdad espiritual. He dicho que el Espíritu Santo es el autor
y agente de las Escrituras. También es el intérprete de las
Escrituras.

[4]Ibid., 78.

NECESIDAD DE UN INTÉRPRETE DIVINO

El ser humano, separado de la gracia divina salvadora, es ciego espiritualmente (2 Co 4:4); no puede ver ni entender el Reino de Dios ni las realidades espirituales (Jn 3:3). Solo después de la regeneración se le abren los ojos espirituales a la persona hacia las verdades de la Palabra de Dios. Pablo expresa la misma idea cuando dice: «El que no tiene el Espíritu no acepta lo que procede del Espíritu de Dios, pues para él es locura. No puede entenderlo, porque hay que discernirlo espiritualmente» (1 Co 2:14). Cuando una persona viene a Jesucristo en fe, el Espíritu Santo quita de su corazón el velo de incredulidad y falta de entendimiento (2 Co 3:14-18). La persona no regenerada puede estudiar la Biblia de la misma manera que estudia cualquier otra obra literaria, pero sus verdades más profundas están disponibles solo para las personas espiritualmente receptivas.

LA OBRA DEL INTÉRPRETE DIVINO

El Espíritu Santo guía a los creyentes a toda la verdad (Jn 16:13). El Autor del Libro es su mejor intérprete, pero tanto para el creyente como para el pecador, una comprensión de las Escrituras le viene solo a quien tiene un corazón receptivo. Los creyentes que viven «según la naturaleza pecaminosa» antes que «según el Espíritu» (Ro 8:4) son incapaces de llegar a un entendimiento maduro de la Palabra de Dios. Pueden digerir solo leche espiritual, cuando Dios quiere que tengan alimento sólido (1 Co 3:1-2; He 5:11-14).

EL MAESTRO DIVINO Y LOS MAESTROS HUMANOS

El Espíritu Santo nos enseñará todas las cosas (Jn 14:26). Con esto en mente, el apóstol Juan dice: «la unción que de él recibieron permanece en ustedes, y no necesitan que nadie les enseñe. Esa unción es auténtica —no es falsa— y les enseña todas las cosas» (1 Jn 2:27). El creyente debe, por tanto, abordar el estudio de las Escrituras en completa dependencia del Espíritu Santo. Al mismo tiempo, esta dependencia del Espíritu no hace innecesario el estudio serio de la Biblia; Dios les ha dado a los creyentes su Espíritu no para que el estudio de la Biblia sea superfluo, sino para hacerlo significativo y efectivo. La dependencia total del Espíritu para entender las Escrituras no excluye el ministerio de pastores y maestros nombrados por Dios. Hay un ministerio de enseñanza divinamente ordenado en la iglesia; pastor y maestro son dones para la iglesia (1 Co 12:28; Ef 4:11). Como consecuencia, son una fuente adicional de ayuda para llegar a una comprensión más plena de la Palabra de Dios.

GRADOS DE ILUMINACIÓN

Todas las partes de las Escrituras son igualmente inspiradas. De forma ideal, todos los creyentes espiritualmente iluminados deberían tener la misma interpretación de un pasaje dado de las Escrituras. Pero no todas las Escrituras son iluminadas por igual para los creyentes. Esto ayuda a explicar las distintas opiniones e interpretaciones de algunos puntos relativamente menores. Pero tranquiliza saber que los creyentes están de acuerdo en lo esencial de la fe cristiana, como la completa deidad del Señor Jesucristo, su muerte expiatoria en la cruz, su Resurrección y su Segunda Venida, así como respecto a la necesidad de arrepentimiento y fe para la salvación.

La predicación y la enseñanza de la Palabra de Dios

Las verdades de las Escrituras pueden ser proclamadas de una forma fría y estéril, o en el poder del Espíritu Santo. La promesa dada por Jesús fue que sus discípulos debían recibir primero el poder del Espíritu y después de eso serían testigos eficaces (Hch 1:8). Esto explica el éxito de la predicación apostólica del evangelio.

Esta combinación del poder del Espíritu, así como la proclamación del evangelio explican el éxito misionero del apóstol Pablo. Él les dice a los creyentes tesalonicenses: «nuestro evangelio les llegó no solo con palabras sino también con poder, es decir, con el Espíritu Santo y con profunda convicción» (1 Ts 1:5). Con palabras similares les dice a los corintios: «No les hablé ni les prediqué con palabras sabias y elocuentes sino con demostración del poder del Espíritu» (1 Co 2:4). Tal es el beneficio del Espíritu y la Palabra.

Segunda parte

El Bautismo en el Espíritu Santo

———————— ⟨⟩ ————————

Capítulo 7

Asuntos introductorios

Esta parte del libro explora aspectos de la enseñanza pentecostal sobre el bautismo en el Espíritu Santo. Será necesario tratar acerca de los dos asuntos relacionados de la experiencia como subsiguiente a la salvación y también su acompañamiento de hablar en lenguas. Asimismo nos fijaremos en el propósito del bautismo.[1] El enfoque será en la base bíblica de la experiencia.[2]

Este capítulo cubre consideraciones hermenéuticas básicas, la promesa del Espíritu en el Antiguo Testamento, y terminología alterna para el bautismo del Espíritu.

Consideraciones hermenéuticas

Se les debe prestar una atención seria a los asuntos hermenéuticos en lo que tiene que ver con la doctrina del bautismo del Espíritu por dos razones: (1) El explosivo movimiento que abarca a pentecostales, carismáticos y elementos de «la tercera oleada» no está unificado en su comprensión del bautismo del Espíritu. (2) De tres fuentes se han lanzado serios retos a la doctrina desde un punto de vista hermenéutico: (a) cesacionistas, que arguyen que los dones extraordinarios no continuaron después del siglo I; (b) no cesacionistas (continuacionistas), que conceden la continuación de los dones extraordinarios, pero que no son parte del movimiento amplio y rechazan la comprensión pentecostal del bautismo del Espíritu; y (c) algunos

[1] El término «bautismo del Espíritu» es una forma abreviada de decir bautismo en el Espíritu, y así se emplea en esta obra.

[2] La historia de la doctrina del bautismo del Espíritu, especialmente en los siglos diecinueve y veinte, es importante e iluminadora, pero su estudio nos llevaría más allá del propósito de esta obra.

exégetas dentro del movimiento que cuestionan la validez hermenéutica de la doctrina.

Las siguientes presuposiciones y puntos hermenéuticos clave han guiado la redacción de esta obra. Se ofrecen brevemente para proveer un trasfondo y marco de trabajo para entender el tratamiento que sigue.[3] En los apartados pertinentes de los capítulos que siguen se hará alusión a algunos de estos asuntos. Estos puntos no se mencionan necesariamente en orden de importancia o en orden lógico estricto, y hay algo de superposición y matiz de uno en otro.

1. Todas las Escrituras están inspiradas divinamente. El Espíritu Santo, el autor divino, no se contradice en las Escrituras. Por consiguiente, un autor o texto bíblico no está en conflicto con ningún otro.

2. La exégesis de las Escrituras debe ser controlada por un entendimiento apropiado de la disciplina de teología bíblica. Las definiciones de teología bíblica varían, pero su esencia es que las enseñanzas deben emerger del texto bíblico, sin ser embutidas en él.

3. A todo autor bíblico se le debe entender en sus propios términos. No se debe imponer una criba paulina sobre Lucas, ni la de Lucas sobre Pablo. Puesto que la Biblia no es una obra de teología dogmática o sistemática, los diferentes autores bíblicos a veces pueden usar terminología similar pero con significados variados. Por ejemplo, la expresión «reciban el Espíritu» puede tener diferentes matices en Lucas, Pablo, Juan, etc. ¿Qué quiere decir cada autor por la forma en que usa el término *él*?

4. Los diferentes autores bíblicos suelen enfatizar aspectos diferentes. El Evangelio de Juan, por ejemplo, recalca la deidad de Cristo, Pablo enfatiza la justificación por fe; Lucas (tanto en su Evangelio como en el libro de los Hechos) se concentra en el aspecto dinámico del ministerio del Espíritu Santo. Puesto que Lucas enfoca este aspecto de la obra del Espíritu es importante entender lo que *él* dice al respecto.

---

[3]Hay eruditos dentro de la tradición pentecostal clásica que han escrito bien y extensamente en cuanto a la hermenéutica. Entre ellos se cuentan French L. Arrington, Donald A. Johns, Robert P. Menzies, William W. Menzies, Douglas A. Oss, y Roger Stronstad.

5. Después de haber entendido primero a un autor bíblico en sus propios términos, se debe relacionar su enseñanza con la de otros autores y con todas las Escrituras.
6. La complementación, y no la competencia o contradicción, suele caracterizar lo que parecen ser diferencias irreconciliables. ¿Cuál es la perspectiva de ese autor en particular? Por ejemplo, ¿contradice Santiago a Pablo en cuanto a la relación entre fe y obras? ¿Acaso son sus afirmaciones guiadas por sus motivos para escribir sobre el asunto, y así hay que interpretarlas bajo esa luz? ¿Será que Pablo y Lucas se contradicen de verdad en cuanto al ministerio del Espíritu?
7. Los escritos de Lucas pertenecen al género histórico. Pero el libro de los Hechos es más que una historia de la iglesia primitiva. Estudios recientes acreditan a Lucas como teólogo por derecho propio, además de historiador. Este autor usa la historia como medio para presentar su teología.
8. Dentro del marco de trabajo del método histórico-crítico de interpretar las Escrituras, la disciplina llamada «crítica de la redacción» ha ganado una amplia aceptación en años recientes. Su premisa básica es que el autor bíblico es un editor, y que su escrito refleja su teología. Puede tomar el material que tiene a mano y modelarlo de manera que presente su agenda teológica predeterminada. En su empuje básico la crítica de la redacción es un esfuerzo legítimo y también necesario. Pero en su forma más radical permite que el autor altere y distorsione los hechos, e incluso cree y presente una historia como real, a fin de promover sus propósitos teológicos. Para ilustrar hasta qué punto puede razonar un redactor radical: Pablo no podía haberles preguntado a los hombres efesios: «Habiendo creído, ¿recibieron ustedes el Espíritu Santo?» (Hch 19:2, traducción mía), porque él enseña en sus cartas que la persona que cree recibe al Espíritu en ese mismo momento. Lucas, por consiguiente, creó el incidente, o alteró el significado de las palabras reales de Pablo, a fin de que la narración reflejara la forma en que Lucas entendía la obra del Espíritu. Esta forma radical de crítica de la redacción es inaceptable para quienes sostienen una opinión elevada de la inspiración bíblica. El Espíritu Santo, que supervisaba, no iba a permitir a un autor bíblico que presentara como un hecho algo que en realidad no sucedió.

9. Relacionado con el punto precedente está el hecho de que por naturaleza el hecho de escribir historia es algo selectivo y subjetivo, y el autor sufre la influencia de su punto de vista y predilecciones. Lo mismo sucede con el libro de los Hechos, pero con la salvaguardia de que la historiografía de Lucas a fin de cuentas no es suya propia sino del Espíritu Santo.

10. La teología narrativa es una forma relativamente reciente de abordar la hermenéutica. Uno de sus aspectos se llama «analogía narrativa».[4] Este aspecto de «analogía» de la teología narrativa tiene afinidades con el enfoque pentecostal tradicional de entender el bautismo del Espíritu sobre la base de las narraciones de Hechos.

11. Una objeción al entendimiento pentecostal del bautismo del Espíritu es que se basa en el «precedente histórico» que, se dice, no se puede usar para establecer doctrina. Según este punto de vista, puede ser cierto que Lucas registrara una experiencia del Espíritu subsiguiente a su obra en la regeneración, e incluso que la experiencia incluyera glosolalia, pero es impropio formular una doctrina partiendo de ese registro. Dicho con otras palabras, las narraciones son descriptivas, no prescriptivas, puesto que no hay afirmación proposicional que diga que las experiencias de los discípulos son para todos los creyentes, o que las lenguas acompañarán a la experiencia del bautismo del Espíritu. La inducción, sin embargo, es una forma legítima de lógica. Es la formación de una conclusión general partiendo del estudio de incidentes o afirmaciones particulares. ¿De qué otra manera se puede justificar la doctrina de la Trinidad o de la unión hipostática, es decir, que Cristo es tanto plenamente humano como plenamente Dios, y sin embargo una sola persona? El Nuevo Testamento no tiene declaraciones proposicionales de ninguna de estas doctrinas.

[4]Para un tratamiento más amplio de la teología narrativa, vea Douglas A. Oss, «A Pentecostal/Charismatic View», en *Are Miraculous Gifts for Today?* ed. Wayne A. Grudem, Zondervan Publishing House, Grand Rapids, 1996, 260-262; y Donald A. Johns, «Some New Dimensions in the Hermeneutics of Classical Pentecostalism's Doctrine of Initial Evidence», en *Initial Evidence: Historical and Biblical Perspectives on the Pentecostal Doctrine of Spirit Baptism*, ed. Gary B. McGee, Hendrickson Publishers, Peabody, Mass., 1991, 153-156.

Una objeción que los críticos levantan a menudo es que si los pentecostales insisten en el precedente histórico de una experiencia del Espíritu posterior a la conversión, deberían seguir consistentemente el precedente histórico, por ejemplo, combinar todos sus recursos financieros y echar suertes para tomar decisiones. Pero en ninguna parte le dijo Dios a la iglesia primitiva que hiciera esas cosas, ni la accionó a ello. Tampoco existe ningún patrón recurrente de ellas. Fueron actividades que las personas concibieron e hicieron por iniciativa propia. Pero estar llenos del Espíritu es una actividad iniciada por la divinidad y además, está ordenada por Dios.

12. Otra objeción a la posición pentecostal se basa en la «intención del autor». Uno se plantea la pregunta: ¿Cuál fue el propósito o intención de Lucas al escribir Hechos? La respuesta que se da es que fue narrar la propagación del evangelio por el mundo romano, no enseñar el bautismo del Espíritu. Sin embargo, ¿cómo se puede entender la propagación del evangelio separándolo del ímpetu que lo impulsó, el poder del Espíritu Santo? Hechos 1:8 se considera a menudo el versículo clave, una síntesis, del libro de los Hechos. Las dos cláusulas principales del versículo se relacionan estrechamente y no se las puede separar una de otra: «recibirán poder» y «serán mis testigos». Si el mandato de ir por todo el mundo sigue siendo cierto, entonces la capacitación para hacerlo debe ser la misma que Jesús les prometió a los discípulos.

13. Relacionada con la objeción previa es la idea de que solo grupos representativos en Hechos tuvieron una experiencia iniciadora especial del Espíritu para mostrar el esparcimiento y lo inclusivo del evangelio: judíos en Jerusalén (cap. 2), samaritanos (cap. 8), gentiles (cap. 10), discípulos de Juan el Bautista (cap. 19). Pero hay varias objeciones a esta posición: (1) Muy a menudo se ignora o se pasa por alto la experiencia posterior a la conversión *personal* de Pablo de ser lleno del Espíritu (9:17). No fue parte de una experiencia de grupo. (2) ¿Acaso los primeros predicadores no encontraron a ninguno de los discípulos de Juan el Bautista durante los veinticinco años existentes entre Hechos 2 y Hechos 19?

(3) Todavía más, ¿eran esos hombres realmente discípulos de Juan? ¿O eran discípulos de Jesús que necesitaban una instrucción adicional?

La promesa del Espíritu Santo en el Antiguo Testamento

El Antiguo Testamento es un preludio indispensable para la consideración del bautismo en el Espíritu Santo. Los eventos del día de Pentecostés (Hch 2) fueron el clímax de las promesas que Dios hizo siglos antes en cuanto a la institución del nuevo pacto y la inauguración de la era del Espíritu. Hay dos pasajes especialmente importantes: Ezequiel 36:25-27 y Joel 2:28-29.

El pasaje de Ezequiel habla de ser rociados con agua limpia, y así ser limpiados de toda inmundicia espiritual. Luego pasa a decir que el Señor quitará el corazón de piedra de su pueblo y les dará «un nuevo corazón» y «un corazón de carne», y también pondrá en ellos «un nuevo espíritu» (36:26). La morada del Espíritu es el medio por el cual este cambio tiene lugar: «Infundiré mi Espíritu en ustedes». Como resultado, dice el Señor, «haré que sigan mis preceptos y obedezcan mis leyes» (v. 27).

La promesa se relaciona claramente con el concepto de regeneración presentado en el Nuevo Testamento. Pablo habla del «lavamiento de la regeneración y de la renovación por el Espíritu Santo» (Tit 3:5), haciéndose eco de la afirmación de Jesús de la necesidad de nacer «de agua y del Espíritu» (Jn 3:5). La transformación que tiene lugar con el nuevo nacimiento da como resultado un estilo de vida diferente, hecho posible por el Espíritu Santo que mora en el creyente. El Espíritu mora en todo los creyentes (Ro 8:9,14-16; 1 Co 6:19); por consiguiente, la idea de un creyente sin el Espíritu Santo es una contradicción de términos.

La profecía de Joel es muy diferente a la de Ezequiel. No habla de una transformación interior, de un estilo de vida cambiado, o del Espíritu Santo morando en el creyente. Más bien, dice el Señor: «Derramaré mi Espíritu sobre todo el género humano» (2:28). El resultado será muy espectacular: quienes lo reciben profetizarán, verán sueños y visiones. Esta profecía trae a la memoria el intenso deseo de Moisés:

«¡Cómo quisiera que todo el pueblo del SEÑOR profetizara, y que el SEÑOR pusiera su Espíritu en todos ellos!» (Nm 11:29). La narración destaca, o predice, el énfasis en Joel y en el Nuevo Testamento de que el derramamiento del Espíritu no está restringido a individuos selectos o a un lugar determinado. Los paralelismos entre la profecía de Joel y el deseo de Moisés son inconfundibles.

En Joel los resultados de la actividad del Espíritu son muy diferentes de los de Ezequiel; son dramáticos y «carismáticos» por naturaleza. El término «carismático» ha llegado a significar actividad especial del Espíritu de una naturaleza dinámica, y así se usará en esta obra. Se entiende, sin embargo, que la palabra griega *carisma* tiene una variedad más amplia de significados en el Nuevo Testamento. Sin embargo, el uso actual determina el significado actual. En la profecía de Joel el Espíritu viene sobre el pueblo de Dios primordialmente para darles poder para profetizar. Esto resulta evidente en la cita que hace Pedro de Joel en su discurso en Pentecostés (Hch 2:16-21). En el día de Pentecostés los discípulos fueron «llenos del Espíritu Santo» (Hch 2:4); no fueron regenerados por esa experiencia.

¿Debemos concluir, entonces, dadas las considerables diferencias entre las profecías de Ezequiel y Joel, que se trata de dos venidas separadas del Espíritu Santo? La respuesta debe ser que no. Es mejor hablar de una promesa global del Espíritu, que incluye tanto su morada y su llenura o capacitación del pueblo de Dios. Son dos aspectos de la obra prometida del Espíritu Santo en la nueva era. (Vea la tabla más adelante «La doble promesa del Padre».)

La promesa del Espíritu no se cumplió por completo hasta el día de Pentecostés (Hch 2). La actividad del Espíritu es prominente en las narraciones del nacimiento de Juan el Bautista y de Jesús (Lc 1 y 2); estos eventos marcaron el principio del cumplimiento. El descenso del Espíritu sobre Jesús en su bautismo, junto con la actividad del Espíritu por medio de él en todo su ministerio terrenal, sirve como modelo o paradigma para todos los creyentes, a quienes en el Antiguo Testamento el Señor prometió la morada y capacitación del Espíritu Santo.

La doble promesa del Padre

Profecías del Antiguo Testamento

Ezequiel	Joel/Moisés
Limpieza	dotación
Nuevo corazón, nuevo espíritu	Profetizar, sueños, visiones
Espíritu dentro	Espíritu derramado/sobre
Cambio moral	No se menciona conducta
Obra interna del Espíritu	Obra observable del Espíritu
Naturaleza: morar	Naturaleza: carismática

Homólogos del Nuevo Testamento

Jn 3:3-6; 14:17; Tit 3:5; 1 Co 6:19	Lc 24:49; Hch 1:8; 2:4
Bautizado *por* el Espíritu	Bautizado *en* el Espíritu
Incorporación en el cuerpo	Capacitación

Terminología del bautismo del Espíritu

El libro de los Hechos contiene más de setenta referencias al Espíritu Santo. Puesto que registra la venida del Espíritu y ofrece ejemplos de los encuentros del Espíritu con ciertas personas, es natural acudir a este libro en busca de una terminología específica para el bautismo del Espíritu.[5] Las siguientes expresiones fueron usadas indistintamente:

Bautizado en el Espíritu Santo (Hch 1:5; 11:16). Como metáfora, el punto de correspondencia es que se trata de una inmersión en el Espíritu. Un autor interpreta incorrectamente este bautismo a la luz de la metáfora de «derramar», diciendo que no significa inmersión en un líquido sino más bien ser «inundado» o «salpicado» con un líquido que se derrama desde arriba».[6]

[5]Como lectura adicional recomiendo los siguientes artículos: M. Max B. Turner, «Spirit Endowment in Luke-Acts: Some Linguistic Considerations», *Vox Evangelica* 12 (1981): 45-63; y Tak-Ming Cheung, «Understandings of Spirit Baptism», *Journal of Pentecostal Theology* 8 (1996): 115-128.

[6]I. Howard Marshall, «Significance of Pentecost», *Scottish Journal of Theology* 8 (abril 1996): 115-128. Este autor procede a transferir el significado de esta metáfora

El Espíritu viniendo, o cayendo, sobre (1:8; 8:16; 10:44; 11:15; 19:6; vea también Lc 1:35; 3:22). «Venir sobre» es una imagen espacial; es una «manera vívida de decir que algo empieza (tal vez de súbito) a suceder, imaginándoselo (localmente) como "llegando"».[7]

Espíritu derramado (2:17-18; 10:45). Esta es ciertamente la terminología empleada en Joel 2:28-29 y Zacarías 12:10. La misma idea, aunque no la misma palabra, aparece en Isaías 32:15 y 44:3.

Promesa del Padre (1:4). El Padre da la promesa (gr. subjuntivo genitivo) o es la fuente de la promesa (gr. ablativo de fuente).

Promesa del Espíritu (2:33,39). El Espíritu *es* la promesa (gr. genitivo de aposición). Él es «el Espíritu Santo prometido» (Ef 1:13).

Don del Espíritu (2:38; 10:45; 11:17). El Espíritu *es* el don (gr. genitivo de aposición).

Don de Dios (8:20). El don es de Dios (gr. ablativo de fuente)

Recibir el Espíritu (8:15-20; 10:47; 19:2; vea también 11:17; 15:8). Con 1:8 este es el único término que ocurre en todos los relatos principales, excluyendo el de Saulo. «Esta continuidad de terminología corresponde a la continuidad de manifestación entre Pentecostés y las tres recepciones del Espíritu posteriores».[8] Max Turner tiene razón al afirmar que es «una metáfora relativamente ambigua», y su significado preciso depende de un examen del contexto en cada instancia, especialmente cuando la usan diferentes autores, e incluso el mismo autor en diferentes contextos.[9]

---

aplicada al bautismo en agua, optando por efusión (derramamiento) como método del bautismo en agua. Su metodología es cuestionable, y no se debería tratar de explicar la metáfora mediante otra metáfora; mucho menos se debe transferir el resultado de algo diferente (el bautismo en agua, en este caso). El NT nunca usa la expresión «derramar» (gr. *ekqueo* o *ekcunnomai*) en conexión con el bautismo en agua. Vea también su «The Meaning of the Verb "To Baptize"», *The Evangelical Quarterly* 45 (1973): 140.

[7]Turner, «Spirit Endowment», 49.

[8]Walt Russell, «The Anointing with the Holy Spirit in Luke-Acts», *Trinity Journal*, n.s., 7, n°. 1 (primavera 1986): 61.

[9]Vea los instructivos comentarios de Turner en «The Concept of Receiving the Spirit in John's Gospel», *Vox Evangelica* 10 (1977): 26; y «Espirit Endowment», 59-60.

Lleno con el Espíritu (2:4; 9:17; vea también Lc 1:15,41,67). Junto con «lleno del Espíritu», «lleno con el Espíritu» tiene una aplicación más amplia en los escritos de Lucas. En los escritos de Pablo (Ef 5:18) no se refiere a la llenura inicial del Espíritu.[10]

«Bautizado en el Espíritu Santo» aparece con más frecuencia si incluimos los Evangelios (Mt 3:11; Mr 1:8; Lc 3:16; Jn 1:33). La expresión «bautismo en el Espíritu Santo», equivalente sustantivado de la expresión verbal «bautizado en el Espíritu Santo», no se da en el Nuevo Testamento, pero para facilidad de expresión e identificación se usa a menudo en su lugar. El término «bautismo del Espíritu» también resulta útil.

La amplia variedad de términos indica que ninguno de ellos indica por completo todo lo que involucra la experiencia. No hay que forzar los términos literalmente, puesto que los autores bíblicos emplean toda una variedad de ellos como metáforas para ayudar a los lectores a comprender mejor la naturaleza y significado de la experiencia. Expresiones tales como «bautizado», «lleno» y «derramado», por ejemplo, no se deben tomar cuantitativamente o de forma espacial, ni tampoco debemos tratar de conciliar, por ejemplo, ser inmerso en el Espíritu (siendo externo el Espíritu) con ser lleno con el Espíritu (siendo interno el Espíritu). Más bien, estas expresiones enfatizan que se trata de una experiencia en la que el creyente es dominado por completo o abrumado por el Espíritu Santo. No dan a entender que el creyente estaba anteriormente privado de toda actividad del Espíritu Santo, sino que la experiencia recalca e intensifica la obra del Espíritu que ya moraba en él.

Bautizado «por» y «en» el Espíritu Santo

¿Distingue el Nuevo Testamento entre ser bautizado *por* el Espíritu Santo y ser bautizado *en* el Espíritu Santo? Hay siete pasajes que contienen el verbo «bautizar», la preposición griega *en*, y el sintagma «Espíritu Santo» o «Espíritu». ¿Enseñan todos estos versículos lo mismo en cuanto a la relación entre «bautizar» y «Espíritu (Santo)»?

---

[10]Vea en el cap. 10 una consideración adicional de estos términos.

Los autores del Nuevo Testamento hablan del bautismo *del* Espíritu Santo. El término es ambivalente, y se puede usar en cualquiera de las dos experiencias del Espíritu: (1) bautismo *por* el Espíritu, que incorpora a la persona al Cuerpo de Cristo (1 Co 12:13), y (2) bautismo *en* el Espíritu, que primordialmente capacita a la persona (Mt 3:11; Mr 1:8; Lc 3:16; Jn 1:33; Hch 1:5; 11:16; vea también Lc 24:49; Hch 1:8). ¿Es válida esta distinción?

La experiencia pentecostal se describe apropiadamente como siendo «bautizado *en* [gr. *en*] el Espíritu Santo». Esta expresión traduce más claramente el griego y presenta en forma muy adecuada el significado de la experiencia. La traducción «en» es preferible por dos razones.

Primera, la preposición griega *en* es la más versátil de las preposiciones griegas del Nuevo Testamento y se puede traducir de forma variada, dependiendo del contexto. «En un momento u otro habrá que echar mano de la mayoría de las preposiciones del castellano, excepto algunas como *de* y *además*, para traducirla».[11]

De todas las opciones disponibles para la traducción, las más viables son «por», «con» y «en». Podemos eliminar «por» en los Evangelios y pasajes de los Hechos, puesto que Juan el Bautista dijo que Jesús es quien bautiza. Es un bautismo *por* Jesús *en* el Espíritu Santo.

Segundo, «en» es preferible a «con» porque indica apropiadamente la imagen del bautismo. El verbo griego *baptizo* quiere decir sumergir o hundir. Sería muy torpe decir «Él les sumergirá (o hundirá) *con* el Espíritu Santo»; resulta más natural decir «*en* el Espíritu Santo». La preferencia por «*en* el Espíritu Santo» se fortalece por la analogía de Juan el Bautista de la experiencia con el bautismo que él administraba, que tenía lugar *en* agua.

Una preferencia por «en» como traducción correcta de los pasajes de los Evangelios y Hechos incluye más que nimiedades semánticas. Refleja un entendimiento correcto de la naturaleza del bautismo en el Espíritu Santo, enfatizando que es

---

[11]C. F. D. Maule, *An Idiom-Book of New Testament Greek*, 2ª ed., University Press, Cambridge, Inglaterra, 1959, 75.

una experiencia en la que el creyente es sumergido por completo en el Espíritu.

Hay que distinguir entre ser bautizado en el Espíritu Santo y ser bautizado *por* el Espíritu *en* el Cuerpo de Cristo (1 Co 12:13). La misma preposición griega, *en*, aparece en este versículo, la primera parte del cual dice: «Todos fuimos bautizados por [en] un solo Espíritu para constituir un solo cuerpo». «Por» designa al Espíritu Santo como medio o instrumento por el cual tiene lugar este bautismo. La experiencia de la que habla Pablo es diferente de la experiencia mencionada por Juan el Bautista, Jesús y Pedro en los otros seis pasajes.

Los dos grupos de pasajes que se están considerando (los seis de los Evangelios y Hechos, y el de 1 Corintios) tienen realmente varios términos similares. Pero es cuestionable insistir en que debido a que en diferentes pasajes ocurren ciertas combinaciones de palabras, su traducción y significado deba ser igual en todos. Aparte de las similitudes, existen entre los dos grupos de pasajes algunas diferencias y disparidades.[12] Por ejemplo, en 1 Corintios 12 Pablo menciona «un» Espíritu»; no usa la designación completa de dos palabras, «Espíritu Santo»; y habla de ser bautizado «en un cuerpo» (v. 13). Es más, en el texto griego la frase preposicional «*en* el un Espíritu» precede al verbo «bautizar»; en todos los demás pasajes sigue al verbo. La única excepción es Hechos 1:5, donde, curiosamente para algunos, el verbo se encuentra entre «Espíritu» y «Santo».

El contexto determina a menudo la selección al traducir una palabra o expresión. Por consiguiente necesitamos ver cómo el mismo Pablo usa expresiones similares o idénticas a «*en* el un Espíritu». El contexto inmediato de 1 Corintios 12, que contiene cuatro de tales frases, es fundamental.

El versículo 3 dice: «Nadie que esté hablando por [en] el Espíritu de Dios puede maldecir a Jesús; ni nadie puede decir: "Jesús es el Señor" sino por [en] el Espíritu Santo». El versículo 9, que continúa la lista de dones espirituales que ofrece Pablo,

[12]John R. W. Stott dice, incorrectamente: «La expresión griega es precisamente la misma en todas las siete ocurrencias». *The Baptism and Fullness of the Holy Spirit*, 2ª ed., InterVarsity Press, Downers Grove, Ill., 1976, 40.

dice: «A otros, fe por *[en]* medio del mismo Espíritu; a otros, y por *[en]* ese mismo Espíritu, dones para sanar enfermos». En el texto griego esta última frase es idéntica a la del versículo 13, con la excepción de que contiene la palabra «el». En todas estas veces en el contexto inmediato de 1 Corintios 12:13 donde *en* se liga al Espíritu Santo, la traducción «por» viene mucho más naturalmente y se entiende con mucha más facilidad que cualquier otra. Todavía más, el capítulo entero habla de la actividad del Espíritu Santo. Por consiguiente, es preferible la lectura «por un Espíritu».[13]

Este concepto de ser bautizado en el Cuerpo de Cristo aparece de una forma un tanto diferente en Romanos 6:3, que habla de ser «bautizado en Cristo Jesús», y en Gálatas 3:27, que habla de ser «bautizado en Cristo». Este bautismo es por tanto diferente del bautismo mencionado por Juan el Bautista, Jesús y Pedro en los Evangelios y Hechos. Según Juan el Bautista, es Jesús quien bautiza en el Espíritu Santo. Según Pablo, es el Espíritu quien bautiza en Cristo, o en el Cuerpo de Cristo. Si no se mantiene esta distinción, tendremos la extraña idea de que Cristo bautiza en Cristo.

Presentamos a continuación las principales opciones para traducir 1 Corintios 12:13, que ofrecen distintas personas:

- Bautizado por el Espíritu en el cuerpo (opinión de la mayoría de los pentecostales y no pentecostales)
- Bautizado por el Espíritu para[14] el cuerpo
- Bautizado en (la esfera del) Espíritu en el cuerpo[15]
- Bautizado en (la esfera del) Espíritu para el cuerpo
- Bautizado (carismáticamente) en el Espíritu para (el propósito) del cuerpo[16]

[13]E. Michael Green, *I Believe in the Holy Spirit*, Wm. B. Eerdmans, Grand Rapids, 1975, 141; y David Petts, «Baptism of the Spirit in Pauline Thought: A Pentecostal Perspective», *European Pentecostal Theological Association Bulletin* 7, n°. 3 (1988): 93.

[14]Gr. *eis*, «con propósito de, o con vista a»; «con respecto a». Petts, «Baptism of the Spirit», 93-94.

[15]Turner, «Spirit Endowment», 52.

[16]Donald A. Johns explica: «Ser bautizado en el Espíritu es la iniciación en el ministerio carismático, que se dirige al cuerpo, la iglesia local, promoviendo función y unidad saludables». «Some New Dimensions», 161.

El significado preciso de la frase «en (o por) el Espíritu» continúa siendo debatido. Aun si Pablo quiso decir «en» (esfera), la frase no necesariamente significaría lo que significa en los otros seis pasajes. Pablo y Lucas pudieron usar términos similares pero con diferentes matices de significado. Pero en ningún caso el significado de Pablo debe determinar el significado de Lucas.[17]

La distinción entre ser bautizado «por» el Espíritu y ser bautizado «en» el Espíritu no es atribuible a una preferencia pentecostal hermenéutica o doctrinal. Una comparación de *en* en 1 Corintios 12:13 en las principales versiones de la Biblia muestra una preferencia decidida incluso de parte de eruditos no pentecostales por la traducción «por».

¿Cómo se relacionan entre sí las dos cláusulas de 1 Corintios 12:13: «Todos fuimos bautizados por un solo Espíritu para constituir un solo cuerpo» y «a todos se nos dio a beber de un mismo Espíritu»?[18]

Las principales interpretaciones son las siguientes:

1. La primera cláusula se refiere al bautismo en agua, y la segunda a la Cena del Señor. Pero «se nos dio a beber» está en aoristo (pasado simple), e indica una acción terminada, y así elimina una alusión a la Cena del Señor.

2. Ambas cláusulas se refieren a la conversión y están en la forma literaria hebrea de paralelismo sinónimo; es decir, el mismo pensamiento se expresa de dos formas diferentes. El bautismo es el bautismo que predijo Juan el Bautista. Esto parece ser el criterio de muchos eruditos. La mayoría de los pentecostales lo rechazan.

3. Las cláusulas se refieren a la conversión y son un ejemplo del paralelismo sinónimo hebreo, pero no se refieren al bautismo que predijo Juan el Bautista. Esta es la posición de muchos pentecostales, tal vez la mayoría. A mi juicio, es la más factible.

[17]Oss, «Pentecostal/Charismatic View», 259. Algunos, sin embargo, insisten en que el significado de Pablo es primordial porque es «didáctico». Stott, *Baptism and Fulness*, 15; Anthony A. Hoekema, *Holy Spirit Baptism*, Wm B. Eerdmans, Grand Rapids, 1972, 23-24.

[18]«Se nos dio a beber» es una sola palabra en el texto griego: *epotisdsemen*, aoristo indicativo de *potizo*. Para una consideración de si la palabra en 1 Co 12:13 significa «beber» o «regar, irrigar», vea E. R. Rogers, «EPOTISTHEMEN Again», *New Testament Studies* 29 (1983): 141 (prefiere «beber»); y G. J. Cuming, «EPOTISTHEMEN (1 Corintios 12.13)», *New Testament Studies* 27 (1981): 285 (prefiere «regar/irrigar»).

4. La primera cláusula se refiere a la conversión, y la segunda a la obra posterior del Espíritu. Es la posición de algunos pentecostales y carismáticos.[19]

5. Ambas cláusulas se refieren a la obra del Espíritu posterior a la conversión. Esta es la posición de algunos pentecostales.

---

[19]Vea Howard M. Ervin, *Conversion-Initiation and the Baptism in the Holy Spirit,* Hendrickson Publishers, Peabody, Mass., 1984, 98-102.

Capítulo 8

Posterioridad
y separación

¿Existe, para el creyente, un tipo carismático identificable de experiencia del Espíritu separable de la obra de este en la regeneración? Muchos contestarán negativamente.[1]

Las siguientes citas son muestras del criterio típico de la «no posterioridad»: «Para los primeros creyentes el ser salvados, lo que incluía el arrepentimiento y el perdón obviamente, quería decir especialmente ser lleno del Espíritu».[2] «El NT se refiere a muchas y variadas experiencias del Espíritu y acciones del Espíritu en la vida cristiana, pero ninguna de ellas es una experiencia distintivamente ulterior o segunda que a todo nuevo creyente se le deba animar a buscar».[3]

Al mismo tiempo, otros eruditos (aparte de los que se identifican como pentecostales) establecen una distinción entre la conversión y el bautismo del Espíritu. Comentarios típicos: «Para Hechos es común que ser creyente y ser controlado por el Espíritu son eventos separados».[4] Eduard Schweizer comenta que en Hechos «la salvación ... nunca se adscribe al Espíritu.

[1]Un notorio opositor de la teoría de subsecuencia y separación es Gordon D. Fee, *Gospel and Spirit: Issues in New Testament Hermeneutics*, Hendrickson Publishers, Peabody, Mass., 1991, 105-119. La respuesta de Robert P Menzies a Fee es típica de la creencia pentecostal tradicional: «Coming to Terms with an Evangelical Heritage-Part 1: Pentecostals and the Issue of Subsequence», *Paraclete* 28, no. 3 (verano 1994): 18-28.

[2]Fee, *Gospel and Spirit*, 115.

[3]James D. G. Dunn, «Baptism in the Spirit: A Response to Pentecostal Scholarship on Luke-Acts», *Journal of Pentecostal Theology* 3 (1993): 5.

[4]Hermann Gunkel, *The Influence of the Holy Spirit*, trad. R. A. Harrisville and P. A. Quanbeck II, Fortress Press, Filadelfia, 1979, 17.

Según Hch 2:38 el Espíritu es impartido a los que ya se han convertido y bautizado».[5]

La tesis presentada aquí es doble: (1) El Nuevo Testamento enseña la existencia, disponibilidad, y conveniencia de tal experiencia para todo creyente. (2) Esta experiencia es lógica y teológicamente separada de la experiencia de conversión, aunque puede tener lugar bien inmediatamente, luego de la conversión o algún tiempo después. El enfoque recae en el *hecho* de tal experiencia. En capítulos posteriores se considerarán asuntos relativos a su propósito, evidencia o evidencias que la acompañan, etc.

En los estudios bíblicos es axiomático que para un aspecto dado de la teología, debemos dirigirnos primordialmente a los autores bíblicos y a los pasajes que tratan más extensamente el tema. Por ejemplo, los escritos de Pablo, especialmente Romanos y Gálatas, explican la doctrina de la justificación por fe. La frase ni siquiera ocurre en la mayoría de los libros del Nuevo Testamento. A Jesús se le llama *Logos* (Verbo) solo en los escritos de Juan. Al Espíritu Santo se le designa como *Paráclito* solo en el Evangelio de Juan. Lo mismo sucede con asuntos relativos al bautismo en el Espíritu. Los escritos de Lucas contribuyen mucho más que los de cualquier otro autor del Nuevo Testamento. Como consecuencia de ello, el punto de partida para entender el bautismo del Espíritu debe ser Hechos y el Evangelio de Lucas.

La reputación de Lucas como historiador preciso y exacto se ha establecido adecuadamente; por consiguiente, los incidentes que él registró deben considerarse verdaderos. Todavía más, también es teólogo por derecho propio, que se vale de la historia para indicar una verdad teológica.[6] Subyaciendo a todo esto está el hecho de que sus escritos fueron inspirados por el Espíritu Santo. Por lo tanto, lo que Lucas dice y enseña se debe colocar junto a otros escritos bíblicos, sin considerarlo antitético a ellos. Los autores bíblicos se complementan en lugar de contradecirse unos a otros. El procedimiento

[5]Eduard Schweizer, «*pneuma*, et al.», en *TDNT*, 6:412.

[6]Vea I. Howard Marshall, *Luke: Historian and Theologian*, Zondervan Publishing House, Grand Rapids, 1971.

propio es determinar primero lo que dice un autor o escritor concreto, y luego correlacionarlo con otras partes de las Escrituras.

Ejemplos narrativos en Hechos

El libro de los Hechos es más que un historial objetivo de la iglesia primitiva. A decir verdad, ningún escrito histórico puede ser puramente objetivo. Por su naturaleza, escribir historia es a la vez subjetivo y selectivo. El autor determina el propósito de su escrito y luego incluye materiales que lo respaldarán. Su propósito determina el énfasis que aparece en el escrito. En un sentido real una obra histórica refleja la inclinación, conciente o inconsciente, del autor. Por ejemplo, ¿concordarán en todo detalle las historias de La Reforma protestante escritas por eruditos protestantes o católico romanos? ¡Difícilmente!

Con respecto al libro de los Hechos, muchos de los eventos que registra tienen un propósito teológico: mostrar la propagación del evangelio por el mundo mediterráneo debido a la influencia del Espíritu Santo (1:8). Los dos temas de la evangelización y la capacitación del Espíritu están tan entrelazados que el uno no puede ser entendido sin el otro. «Pero cuando venga el Espíritu Santo sobre ustedes, recibirán poder y serán mis testigos...» (1:8). Lucas era consciente sin duda de otros aspectos de la obra del Espíritu. Su estrecha asociación con Pablo le habría expuesto a muchos de los pensamientos del apóstol respecto al Espíritu Santo. Pero en el libro de los Hechos escogió enfocar el aspecto dinámico, algunos dirían «carismático», del ministerio del Espíritu, pero no a costa de la completa exclusión de las otras obras del Espíritu.

El primer ejemplo de los discípulos recibiendo una experiencia carismática tuvo lugar el día de Pentecostés (Hch 2:1-4). Lucas relata más adelante otros cuatro ejemplos en los que los nuevos convertidos tuvieron experiencias iniciales con el Espíritu similares a la de los discípulos en Pentecostés (8:14-20; 9:17; 10:44-48; 19:1-7). Resultará muy instructivo revisar e investigar estos cinco casos.

El día de Pentecostés (Hch 2:1-4)

La venida del Espíritu Santo sobre los discípulos el día de Pentecostés fue algo sin precedentes. En un sentido muy importante, fue un evento único, histórico, irrepetible. Esta venida del Espíritu fue profetizada especialmente por Joel (Jl 2:28-29) y fue concedida por el Jesús ascendido (Hch 2:33). Fue un evento histórico-redentor. El término «histórico-redentor» (o «salvación-histórico») es la forma adjetivada de «historia de la salvación», concepto importante en la teología bíblica. Enfatiza la actividad de Dios en y mediante la historia para lograr sus propósitos redentores para la humanidad. Don A. Carson afirma: «Pentecostés en la perspectiva de Lucas es ante todo un evento salvación-histórico clímax».[7]

I. Howard Marshall cita a Leonhard Goppelt, quien considera que Hechos 2 es programático del libro de Hechos.[8] Max Turner coincide con él, diciendo que «Hechos 2, que es programático para Hechos en general, y para la pneumatología lucana en particular, depende de la cita de la promesa de Joel» que hizo Pedro en Hch 2:16-21.[9] Luego añade: «La explicación de Pedro en el evento de Pentecostés en Hch 2.14-29 tiene tal vez mayor reclamo que Lucas 4:16-30 para ser llamada "texto programático" de Lucas-Hechos».[10] C. W. H. Lampe dice que: «En todo momento decisivo de la empresa misionera [en el libro de los Hechos] vuelve a suceder algo según la naturaleza de una manifestación pentecostal del Espíritu. La clave para la interpretación de estos episodios parece estar aquí».[11]

[7]Don A. Carson, *Showing the Spirit: A Theological Exposition of 1 Corinhians* 12-14, Baker Book House, Grand Rapids, 1987, 140.

[8]«El término «programático» se usa a veces en los estudios bíblicos para un evento que prepara el escenario, por así decirlo, para eventos posteriores. La referencia de Marshall es a la obra de Leonhard Goppelt, *Apostolic and Post-Apostolic Times*, trad. Robert A. Guelich, Harper & Row, Nueva York, 1970, 20-24, en Marshall, «Significance of Pentecost», *Scottish Journal of Theology* 30, no. 4 (1977): 365 nº. 2.

[9]M. Max B. Turner, «Spirit Endowment in Luke-Acts: Some Linguistic Considerations», *Vox Evangelica* 12 (1981): 57.

[10]M. Max B. Turner, *Power from on High: The Spirit in Israel's Restoration and Witness in Luke-Acts*, Sheffield Academic Press, Sheffield, Inglaterra, 1996, 261.

[11]G. W. H. Lampe, *The Seal of the Spirit*, 2ª ed., SPCK, Londres, 1967, 72.

Un entendimiento relacionado considera el evento de Hechos 2 como paradigmático, concepto estrechamente relacionado con «programático»; y los dos términos a veces se usan
indistintamente. Un paradigma es un patrón; la narración de
Pentecostés es el patrón al que se conforman los posteriores
derramamientos del Espíritu.[12]
Algunos consideran el día de Pentecostés como contraparte
del otorgamiento de la ley, y por consiguiente la institución del
nuevo pacto. Otros lo ven como el día del nacimiento de la iglesia. Y aún otros lo consideran una situación inversa a la confusión
de lenguas en Babel (Gn 11:6-9);[13] un autor destaca especialmente
las afinidades verbales entre los dos eventos.[14] Nuestro interés en
este punto es la significación personal del día de Pentecostés para
los discípulos sobre los que vino el Espíritu.
¿Fue la experiencia de Pentecostés «posterior» a su conversión? Si esos discípulos hubieran muerto antes del derramamiento del Espíritu, ¿habrían ido a estar con el Señor? La respuesta es obvia. Casi nadie discutiría lo contrario. En una
ocasión Jesús les dijo a setenta y dos[15] de sus discípulos: «alé-
grense de que sus nombres están escritos en el cielo» (Lc 10:20).
Pero, ¿experimentaron los seguidores de Jesús la regeneración
antes de la experiencia del día de Pentecostés en el sentido de
la expresión según el Nuevo Testamento?[16]

JUAN 20:21-23

Los pentecostales a menudo interpretan la acción de Jesús en
Jn 20:22 como el momento en que los discípulos experimentaron

---

[12]Roger Stronstad, *The Charismatic Theology of St. Luke*, Hendrickson Publishers,
Peabody, Mass., 1984, 61.

[13]Vea, por ejemplo, F. F. Bruce, «Luke's Presentation of the Spiriti in Acts», *Criswell Theological Review* 5 (otoño 1990): 19.

[14]J. G. Davies, «Pentecost and Glossolalia», *Journal of Theological Studies*, n.s., 3
(1952): 228-229.

[15]Algunos manuscritos antiguos dicen setenta.

[16]Stott no titubea para decir que en su caso, pero solo en su caso, «los 120 ya eran
regenerados, y recibieron el bautismo del Espíritu solo después de esperar a Dios durante diez días». No apoya ni la naturaleza programática ni paradigmática del evento. John R. W. Stott, *The Baptism and Fullness of the Holy Spirit*, 2ª ed., InterVarsity
Press, Downers Grove, Ill., 1976, 28-29.

la regeneración: Jesús «sopló sobre ellos y les dijo: "Reciban el Espíritu Santo"». El incidente, sin embargo, está abierto a varias interpretaciones principales:

1. Esto es lo que se ha llamado el Pentecostés juanino. Es la versión de Juan del día de Pentecostés.[17] Según esta interpretación, o bien Juan o Lucas están errados, debido a que el tiempo de los dos eventos es irreconciliable. Harold D. Hunter, en verdad, comenta que «la reconciliación con Hechos 2 es fútil».[18] A mi juicio, para los que defienden la infalibilidad de las Escrituras, esta interpretación es insostenible. Lucas y Juan no pueden estar hablando del mismo evento, aunque sea nada más sobre la base de que los dos eventos tuvieron lugar con siete semanas de diferencia el uno del otro.

2. Fueron dos otorgamientos separados del Espíritu. El de Juan se suele interpretar en términos del nuevo nacimiento. La opinión pentecostal común de este incidente halla un inesperado aliado en James Dunn, quien dice que «la tesis pentecostal en este punto no se puede rechazar por completo», aunque añade que fue una situación única y no se puede considerar normativa.[19]

3. El incidente es proléptico por naturaleza; es decir, anticipa lo que sucedió en el día de Pentecostés. Dicho con otras palabras, es una parábola actuada, «promisoria y de esperanza de la venida real del Espíritu en Pentecostés».[20] Según esto, en realidad nada les sucedió a los discípulos en Juan 20:22.

Es dudoso que el evento relatado en Juan 20:19-23 se deba identificar como el nuevo nacimiento. Los siguientes puntos son importantes:

[17]Según Lyon, que sostiene esta creencia, así como también C. K. Barrett, C. H. Dodd, R. H. Fuller, C. F. D. Moule, y Adolph Schlatter. Robert W. Lyon, «John 20:22, Once More», *Asbury Theological Journal* 43 (primavera 1988): 75. Bruner dice que Juan 20:22 es equivalente a la experiencia pentecostal relatada en Hechos. Frederick Dale Bruner, *A Theology of the Holy Spirit: The Pentecostal Experience and the New Testament Witness*, Wm. B. Eerdmans, Grand Rapids, 1970, 214.

[18]Harold D. Hunter, *Spirit-Baptism: A Pentecostal Alternative*, University Press of America, Lanham, Md., 1983, 108-109.

[19]James D. G. Dunn, *Baptism in the Holy Spirit*, SCM Press, Londres, 1970, 178, 181-182.

[20]George E. Ladd, *A Theology of the New Testament*, ed. rev., Wm. B. Eerdmans, Grand Rapids, 1993, 325.

1. El poco común verbo que se traduce «soplar» *(enfusao)* solo se da en este pasaje en el Nuevo Testamento, pero está en la Septuaginta en conexión con la creación del hombre: «Dios el SEÑOR ..., y sopló en su nariz [del hombre] hálito de vida» (Gn 2:7). Algunos arguyen que así como el hálito de Dios le dio vida a Adán (vea también Ez 37:9), el soplo de Jesús les dio vida espiritual a los diez apóstoles. Aunque existe un paralelismo verbal entre estos dos pasajes, eso en sí mismo no puede sostener la posición de que los discípulos «nacieron de nuevo». Los autores del Nuevo Testamento usan a menudo lenguaje del Antiguo Testamento casi inconscientemente, tal como nosotros a menudo usamos expresiones que se hallan, por ejemplo, en los escritos de Shakespeare sin tener su contexto en mente. Max Turner comenta: «Un evento de significación tan tremenda [el nuevo nacimiento de los diez discípulos] muy difícilmente habría escapado de la pluma de Juan con apenas el más tenue eco de un pasaje del AT para derivar atención a su importancia».[21]

La palabra griega *enfusao* no necesariamente quiere decir impartir vida. Como Robert W. Lyon destaca, también puede tener connotación destructiva (Job 4:21; Ez 21:26; 22:21).[22]

2. Una traducción alterna sería: «Él sopló [exhaló] y les dijo: "Reciban el Espíritu Santo"» (traducción mía). El orden del texto griego es: «él sopló y dijo a ellos». «A ellos» es *autois*. Si se coloca inmediatamente después de «sopló» puede significar «sobre ellos»; pero puesto que ocurre inmediatamente después de «dijo», la traducción es «a ellos». Turner concede que «el *enfusesen* absoluto puede simplemente ser «exhaló profundamente» antes que «inflar [exhalar en] ellos».[23] El fenómeno de «un ruido como el de una violenta ráfaga de viento» (Hch 2:2) es probable que les hiciera recordar la acción de Jesús al soplar sobre ellos siete semanas antes.

3. Solo diez personas habrían «nacido de nuevo» en esa ocasión. ¿Cuándo habrían nacido de nuevo los demás creyentes?

[21]M. Max B. Turner, «The Concept of Receiving the Spirit in John's *Gospel*», *Vox Evangelica* 10 (1977): 33.

[22]Lyon, «John 20:22, Once More», 80.

[23]Turner, «Concept of Receiving», 29.

4. El contexto no narra nada que les hubiera sucedido a esos discípulos en esa ocasión. Los que proponen el punto de vista del «nuevo nacimiento» insisten a menudo en que el aoristo del verbo «recibir» *(labete)* exige que algo debe haber sucedido de inmediato. Esto no puede ser verdad, por lo menos por dos razones: (1) Otros mandamientos o peticiones del Evangelio de Juan están en aoristo y obviamente no debían ser, o no podían ser, obedecidos al instante. Por ejemplo, Jesús oró: «Y ahora, Padre, glorifícame en tu presencia con la gloria que tuve contigo antes de que el mundo existiera» (17:5).[24] Claramente, esa oración no fue contestada sino en la resurrección y ascensión de Jesús.[25] (2) El contexto inmediato, tanto anterior como posterior, tiene que ver con lo que Jesús dijo en cuanto al servicio, no a la salvación: «Como el Padre me envió a mí, así yo los envío a ustedes» (Jn 20:21). Esto es muy similar al dicho posterior de Jesús de que «recibirán poder y serán mis testigos» (Hch 1:8). Lyon comenta: «Es asombroso lo similar que es el contexto aquí con el de Hechos 2:4 [Yo añadiría Hch 1:8], donde la llenura del Espíritu se liga a la misión y al poder para dedicarse a la misión».[26]

5. Las promesas de Jesús de la venida del Espíritu (Jn 14 al 16), tanto como las afirmaciones de Juan de que los discípulos de Jesús recibirían el Espíritu después de que él fuera glorificado (Jn 7:39), militan contra el concepto de «nacer de nuevo». La glorificación de Jesús tiene que relacionarse con su ascensión al Padre, lo que es otro vínculo con Hechos 1 (vv. 4-10).

Una alternativa que sugiero es que no se nos exige precisar al detalle el momento en que los discípulos de Jesús experimentaron el nuevo nacimiento en el sentido novotestamentario de esa expresión. Es posible fraguar una hipótesis, en vista de la situación única histórica del momento, tipificada por el

[24]Los tiempos gr. disponibles para órdenes son el presente y el aoristo. Si Jesús hubiera usado el tiempo presente en Jn 20:22, habría querido decir: «Sigan recibiendo el Espíritu Santo», como si ya hubieran estado recibiéndolo. La alternativa tendría que ser el aoristo.

[25]Soy consciente de que en el Evangelio de Juan a veces se usa el concepto de gloria con un sentido doble, uno de ellos teniendo que ver con la pasión de Jesús. Pero la oración de Jesús en 17:5, sin ningún tipo de ambigüedad mira a un cumplimiento futuro.

[26]Lyon, «John 20:22, Once More», 79.

viento (Jn 3:8), que *precedió* a la experiencia de ser llenos del Espíritu. Pero debemos destacar que el viento y el fuego no fueron parte de su llenura del Espíritu.

El período de diez días de espera

Pero uno se sigue preguntando lo siguiente: ¿por qué transcurrió un intervalo de diez días entre la ascensión de Jesús y el descenso del Espíritu Santo? Jesús les había instruido a los discípulos que se quedaran «en la ciudad hasta que sean revestidos del poder de lo alto» (Lc 24:49). La explicación más satisfactoria es que la fiesta de Pentecostés tenía una significación tipológica que se cumplió el día de Pentecostés, tal como la fiesta de la Pascua se cumplió en la muerte de Jesús. En otras palabras, tanto la muerte de Jesús como el descenso del Espíritu fueron programados divinamente para que coincidieran con las fiestas del Antiguo Testamento que las presagiaban. La fiesta del Pentecostés era un festival de cosecha, en el cual se ofrecían al Señor las primicias de la siega. Hechos 2 celebra una cosecha de tres mil personas que fueron añadidas al Reino de Dios. Y vale la pena darse cuenta de que en Jerusalén habría peregrinos de todas partes del Imperio Romano.

El Pentecostés samaritano (Hch 8:14-20)

Un claro ejemplo de posterioridad

Si uno debe buscar un incidente que ilustre más que cualquier otro la doctrina de la posterioridad, ninguno es más decisivo que la experiencia de los convertidos samaritanos. Este pasaje es el más claro de todos para el pentecostal, y el más problemático para los no pentecostales. Marshall llama a Hechos 8:16 «tal vez la afirmación más extraordinaria de Hechos».[27] Los versículos 15 y 16 dicen que Pedro y Juan oraron por los samaritanos, «para que recibieran el Espíritu Santo, porque el Espíritu aún no había descendido sobre ninguno de

---

[27] I. Howard Marshall, *The Acts of the Apostles*, Will. B. Eerdmans, Grand Rapids, 1980, 157.

ellos; solamente habían sido bautizados en el nombre del Señor Jesús». Muchos exégetas se ven aquí frente a un problema porque no distinguen entre la terminología de Lucas y la de Pablo en este asunto. Ya hemos observado previamente que para Lucas el recibir el Espíritu es un término técnico que se refiere a una experiencia carismática, mientras que Pablo por lo general lo identifica con la experiencia de la salvación.

Otro problema surge de la idea de algunos de que la fe genuina y el arrepentimiento, seguidos del bautismo en agua, automáticamente resultan en la recepción del Espíritu. Debemos recordar de nuevo, que Lucas no niega en ninguna parte la obra del Espíritu en la regeneración; sencillamente no la recalca. Es más, los pentecostales responsables siempre han enseñado que el Espíritu viene a morar en nosotros en el momento de la conversión (Ro 8:9; 1 Co 6:19), pero que el bautismo en el Espíritu es una experiencia distinta a su morada.

No obstante, cierto opositor vigoroso llega tan lejos como para decir que este incidente es la excepción que demuestra la regla, siendo la regla que los creyentes reciben el Espíritu en el momento de la conversión. Su afirmación, que más bien aturde, es que el otorgamiento del Espíritu queda suspendido temporalmente del bautismo en esta instancia para que «la enseñanza de la iglesia en su juntura más prejuiciada [respecto a la animosidad entre judíos y samaritanos], y su movimiento misionero inicial estratégico vaya más allá de Jerusalén, esa suspensión no puede ocurrir».[28] Ernst Haenchen dice en forma similar que «los pocos casos en Hechos en que la recepción del Espíritu va separada del bautismo son excepciones justificadas».[29] (Los lectores deben entender que en el pensamiento de comentaristas como estos, el bautismo en agua resulta en la recepción del Espíritu.)

Algunos insisten en que los samaritanos a los que Pedro y Juan les impusieron las manos para que recibieran el Espíritu Santo no se habían convertido genuinamente. Un prominente

---

[28]Bruner, *Theology of the Holy Spirit*, 178.

[29]Ernst Haenchen, *The Acts of the Apostles*, trad. Bernard Noble y Gerald Shinn, ed. rev., Westminster Press, Filadelfia, 1971, 184.

defensor de esta posición sostiene que la fe de los samaritanos era superficial porque Lucas dice que «creyeron a Felipe» (Hch 8:12) en lugar de creer en Jesús. Pero en otras partes se afirman hechos similares en el contexto de oyentes que llegaron a ser convertidos genuinos, tales como Lidia (Hch 16:14).[30] James Dunn y Anthony Hoekema son ejemplos típicos de los que sostienen opinión de que los samaritanos no se convirtieron hasta que no llegaron Pedro y Juan.[31] Howard Ervin y Harold Hunter hablan por los que sostienen que los samaritanos se habían convertido genuinamente antes de que llegaran Pedro y Juan.[32]

Lucas dice que los apóstoles de Jerusalén oyeron que Samaria «habían aceptado la palabra de Dios» (*dejomai ton logon*, 8:14). Un estudio de esa expresión muestra que es sinónima con una conversión genuina.[33] Aparece de nuevo en 11:1, que se refiere a la conversión de Cornelio y su casa, y en 17:11, que habla de los bereanos, que «recibieron el mensaje con toda avidez». El siguiente versículo habla de la fe de estas personas. Además, 2:41 habla de las personas que aceptaron el mensaje de Pedro y se bautizaron. La expresión en el griego tiene una forma compuesta del verbo: *apodejomai ton logon autou* («ellos recibieron su palabra o mensaje»).

Otros enseñan que debemos usar un enfoque histórico-redentor al interpretar este pasaje. Era necesario un derramamiento especial del Espíritu sobre los samaritanos, se dice, a fin de que el liderazgo de Jerusalén mostrara que endosaba la inclusión de los alienados samaritanos en la iglesia. Eso habría sido el medio para sanar la brecha entre samaritanos y judíos.[34] Un enfoque puramente histórico-redentor, sin

---

[30]La construcción gr. *pisteuein* en («creen en») se usa en otras partes de Hechos para describir una fe genuina en Dios (16:34; 18:8). Robert P. Menzies. «The Distinctive Character of Lucas's Pneumatology», *Paraclete* 25, n°. 4 (otoño 1991): 24.

[31]Dunn, *Baptism in the Holy Spirit*, 55-68; Anthony A. Hoekema, *Holy Spirit Baptism*, WID. B. Eerdmans, Grand Rapids, 1972, 36-37.

[32]Howard M. Ervin, *Conversion-Initiation and the Baptismin the Holy Spirit*, Hendrickson Publishers, Peabody, Mass., 1984, 25-28; Hunter, *Espirit Baptism*, 83-84.

[33]Turner, *Power from on High*, 365.

[34]Stott, *Baptism and Fullness*, 157-158; Lampe, *Seal of the Spirit*, 70; E. Michael Green, *I Believe in the Holy Spirit*, Wm. B. Eerdmans, Grand Rapids, 1975, 168.

embargo, tiende a relegar la recepción carismática del Espíritu solo al libro de los Hechos.

LA IMPOSICIÓN DE MANOS

«Entonces Pedro y Juan les impusieron las manos, y ellos recibieron el Espíritu Santo» (Hch 8:17). En otras dos ocasiones en el libro de los Hechos se asocia la imposición de manos con la recepción del Espíritu (Saulo, 9:17; los efesios, 19:6). La práctica también se halla en 6:6 en conexión con el nombramiento de los siete hombres para servir a las viudas helenísticas, y en 13:3 en conexión con el envío de Bernabé y Saulo. (Vea también 1 Ti 4:14 y 2 Ti 1:6.) Daie disputa seriamente la opinión de que Pedro y Juan representaran al liderazgo de Jerusalén para darles la bienvenida a los convertidos samaritanos a la comunión de la iglesia, que el punto de vista salvación-histórico. Pero este incidente también señala que Dios a veces usa a seres humanos para impartir sus bendiciones.[35]

Algunos sostienen que la imposición de manos en estos tres incidentes (de los samaritanos, de Saulo y de los efesios) es parte de la ceremonia de comisión u ordenación.[36] Aunque quizá esto sea cierto en el caso de Pablo (si bien ya había recibido su comisión directamente del Señor en el camino a Damasco), no hay nada en los otros dos relatos que sugieran una comisión. Es mejor entender los tres relatos en términos de recepción de una bendición; incluso, tal vez, una transferencia de poder, que es mediada por un instrumento humano.[37] Esto no es negar que en algunos casos del Nuevo Testamento se

---

[35]El relato de Hechos no justifica la creencia católico romana de la confirmación, que administra el obispo imponiendo las manos, a fin de que el Espíritu Santo sea impartido de alguna manera. Ananías no estaba en la «sucesión apostólica» y sin embargo le impuso las manos a Saulo para que fuera lleno del Espíritu. Para ver una explicación de la posición oficial católico romana en cuanto al rito o sacramento de la confirmación, vea *Catechism of the Catholic Church*, Liguori Publications, Liguori, Mo., 1994, 325-333.

[36]Robert P. Menzies, *Empowered for Witness: The Spirit in Luke-Acts*, Sheffield Academic Press, Sheffield, Inglaterra, 1994, 212; Lampe, *Seal of the Spirit*, 69-77. M. Max B. Turner no está de acuerdo con él: «"Empowerment for Mission"? The Pneumatology of Luke-Acts: An Appreciation and Critique of James B. Shelton's *Mighty in Word and Deed* [1991]», *Vox Evangelica* 24 (1994): 116.

[37]Turner, «"Empowerment"», 16.

mencione la imposición de manos en conexión con una comisión u ordenación. Resumimos y hacemos los siguientes comentarios:

1. El mensaje de Felipe a los samaritanos en Hechos 8 fue claro. Les proclamó a Cristo (v. 5); les predicó las buenas noticias del Reino de Dios y el nombre de Jesucristo (v. 12).

2. El ministerio de Felipe fue atestiguado por «las señales milagrosas que realizaba» (v. 6), que incluían expulsión de demonios y sanidades.

3. Los samaritanos que creyeron fueron bautizados. Es inconcebible que Felipe los hubiera bautizado si no se hubieran convertido genuinamente.

4. Los apóstoles que estaban en Jerusalén oyeron que Samaria había «aceptado la palabra» (v. 14). Esta expresión es sinónima de convertirse (Hch 2:41; 11:1; 17:11-12).

5. El respaldo del liderazgo de Jerusalén en verdad era deseable, casi imperativo, en vista de la antipatía largamente sostenida entre judíos y samaritanos. Pero sea cual sea la razón o razones, este incidente muestra claramente que ni la conversión ni el bautismo en agua suponen la recepción del Espíritu en el sentido en que Lucas usa la expresión.

6. Las Escrituras no enseñan o implican en ninguna parte que la *salvación* se reciba por la imposición de manos (Hch 8:17). El libro de los Hechos muestra, sin embargo, que a veces una *experiencia postconversión* del Espíritu se recibe por la imposición de manos (9:17; 19:6).

7. Esta experiencia del Espíritu por parte de los samaritanos no fue el cambio interior que viene en la conversión. Tuvo un aspecto externo, observable. (Recuerde nuestra consideración de la diferencia entre las profecías de Ezequiel y Joel en lo que tienen que ver con el Espíritu Santo prometido.)

Es cierto que «una golondrina no hace al verano». Sin embargo, la experiencia nada usual e identificable de los samaritanos con el Espíritu algún tiempo *después* de su conversión y bautismo es un argumento fuerte a favor de la doctrina de la posterioridad.[38]

---

[38]Sugiero, como área de un estudio mayor, la conexión de este pasaje con el relato de la samaritana (Jn 4) y el viaje de Jesús por Samaria (Lc 9:51-56).

Saulo de Tarso (Hch 9:17)

El encuentro inicial de Saulo con el Jesús resucitado se relata en Hechos 9:1-8; 22:4-11; y 26:12-18. Tres días después lo visitó en Damasco el piadoso Ananías, que le impuso las manos y le dijo: «Hermano Saulo, el Señor Jesús, que se te apareció en el camino, me ha enviado para que recobres la vista y seas lleno del Espíritu Santo» (9:17). Algunos aducen que este evento marca la experiencia de la conversión de Saulo; posición que sostienen los que dicen que la primera llenura del Espíritu es un elemento de la experiencia de la conversión.

Contra esta opinión de que Saulo se convirtió en Damasco y no en el camino a Damasco, resultan apropiadas las siguientes observaciones y comentarios:

1. Ananías le llamó «hermano Saulo». Aunque hay que conceder que esto podría ser sencillamente una manera de dirigirse a un compatriota judío sin implicaciones cristianas, es más natural verlo como un creyente dirigiéndose a otro.

2. Ananías no le dijo a Saulo que debía arrepentirse y creer en Jesús, sino que le dijo que debía bautizarse, lo que simbolizaría el lavamiento de sus pecados (Hch 22:16).

3. La imposición de manos de Ananías fue para que Saulo fuera lleno con el Espíritu, no para que fuera salvado. En ninguna parte de las Escrituras se presenta la imposición de manos como medio de impartir salvación.

4. La terminología de ser lleno del Espíritu se da en el libro de los Hechos por primera vez en 2:4, y antes de eso respecto a Juan el Bautista (Lc 1:15). Las Escrituras en ninguna parte usan esta terminología como sinónimo de ser salvo.

5. La experiencia de Saulo en el camino de Damasco incluía el nombramiento de parte de Jesús para su gran ministerio misionero (Hch 26:16-18). Es muy difícil que tal comisión se le hubiera dado a alguien que todavía no se había convertido.

6. Hubo un período de tres días entre la conversión de Saulo y su llenura del Espíritu.

7. Un individuo, y no un grupo, es lleno del Espíritu. A menudo los que enfatizan el enfoque histórico-redentor enfocan solo a grupos (que, dicen, son representativos) sobre

los cuales Dios otorgó el Espíritu de una forma especial cuando los incorporó a la Iglesia.

Cornelio y su casa (Hch 10:44-48)

El intrigante relato de Cornelio llega a su clímax con el derramamiento del Espíritu sobre él y su casa. Cornelio no era creyente antes de la visita de Pedro; era un gentil que había dejado su paganismo y había abrazado el judaísmo hasta el punto de ser temeroso de Dios. En el momento en que Pedro habló de Jesús como el único por medio de quien «todo el que cree en él recibe, por medio de su nombre, el perdón de los pecados» (v. 43), Cornelio y su casa evidentemente respondieron en fe. Simultáneamente, parece, experimentaron un derramamiento especial del Espíritu, similar al que recibieron los discípulos en Pentecostés, como Pedro les dijera más tarde a los líderes que estaban en Jerusalén (11:17; 15:8-9).

La terminología empleada por Lucas para describir su experiencia del Espíritu no se usa en ninguna otra parte del libro de los Hechos para describir la conversión: «el Espíritu Santo descendió sobre» (10:45), «bautizados con el Espíritu Santo» (11:16). Estas expresiones se podrían usar en lugar de sintagmas tales como «lleno del Espíritu Santo», que se halla en conexión con Pentecostés y con Saulo (2:4; 9:17), y «recibir el Espíritu», que se encuentra en el relato de los samaritanos (8:15,17,19). Además, el incidente de Samaria habla del Espíritu Santo «cayendo sobre» los creyentes (8:16), tanto como la experiencia de ser un «don» (8:20), dos conexiones terminológicas adicionales al relato de Cesarea.

Harold Hunter, pentecostal, habla de que los de Cesarea tuvieron «una experiencia unificada».[39] Entiendo que no quiere decir que las dos experiencias no se pudieran distinguir entre sí, sino que no se pudo discernir ningún lapso de tiempo entre ellas, porque luego pasa a decir que Pedro identificó la experiencia de ellos con la de los creyentes judíos de Jerusalén.

French Arrington, también pentecostal, presenta una opinión de minoría, al sugerir que estos gentiles ya habían sido

---

[39]Hunter, *Spirit-Baptism*, 86.

salvados antes de la visita de Pedro.[40] Basa su posición en lo siguiente: (1) Pedro no los llamó al arrepentimiento y conversión; (2) el evangelista Felipe vivía en Cesarea (8:40; 21:8), y él o algún otro evangelista podría haberles presentado el evangelio; (3) ellos ya sabían lo básico en cuanto al ministerio ungido de Jesús (Hch 10:37-38).

La interpretación de la mayoría de los no pentecostales es que estos gentiles experimentaron la conversión y recepción del Espíritu simultáneamente, equiparando la recepción del Espíritu a la obra del Espíritu en la regeneración. Su posición se basa en la creencia de que no puede haber una «recepción» del Espíritu más allá de lo que ocurre en la conversión.[41]

La experiencia del Espíritu de los nuevos creyentes en Cesarea es paralela a la de sus predecesores en Jerusalén, Damasco y Samaria. Pero a diferencia de la experiencia de los samaritanos y de Saulo, su ocurrencia fue prácticamente simultánea con su experiencia de la salvación.

Los efesios (Hch 19:1-7)

Existen dos preguntas importantes y relacionadas entre sí que son cruciales para entender apropiadamente el pasaje sobre los efesios: (1) Cuando Pablo conoció a estos hombres, ¿eran discípulos de Jesús o de Juan el Bautista? (2) ¿Qué quiso decir Pablo al preguntarles: «¿Recibieron ustedes el Espíritu Santo cuando creyeron?» (v. 2). Debemos recordar que Lucas, escribiendo bajo la inspiración del Espíritu, da con exactitud la esencia de la pregunta de Pablo.

¿DE QUIÉN ERAN DISCÍPULOS?

Cuando Pablo llegó a Éfeso halló «a algunos discípulos»

---

[40]French I. Arrington, *The Acts of the Apostles*, Hendrickson Publishers, Peabody, Mass., 1988, 112-113. En una nota al pie, no obstante, presenta de una manera justa la interpretación pentecostal, generalmente aceptada, de que fueron salvados durante o al final del mensaje de Pedro y recibieron el derramamiento del Espíritu inmediatamente después (113 n. 1).

[41]Dunn, *Baptism in the Holy Spirit*, 79; Bruner, *Theology of the Holy Spirit*, 192.

(v. 1). La palabra «discípulo» (gr. *madsetes*) aparece treinta veces en el libro de los Hechos. Tanto antes como después de este pasaje siempre se refiere a un discípulo de Jesús. La única excepción es 9:25, donde la palabra lleva el calificativo de «sus», y quiere decir que eran discípulos de Pablo (la traducción que da la NVI es «sus seguidores»). No hay razón para que Lucas, en 19:1, se hubiera desviado de su aplicación consistente de la palabra para los discípulos de Jesús.

Algunos arguyen que el uso de Lucas de la palabra «algunos» (gr. *tinas*, acusativo masculino pl. del pronombre indefinido *tis*) implica que no eran discípulos de Jesús. Desdichadamente, algunas versiones traducen la palabra como «ciertos», que puede producir cierta confusión en su significado. Lucas usa la misma palabra en singular cuando habla de personas que claramente eran discípulos: Ananías, Dorcas y Timoteo (Hch 9:10,36; 16:1; la NVI traduce estos simplemente como «un discípulo»). Incluso Max Turner, que rechaza la idea de la posterioridad, concede la posibilidad de esta interpretación cuando dice que «*tines madsetai* [algunos discípulos] no *necesariamente* se refiere a creyentes (como se referiría el absoluto *madsetai*), aunque tal vez pudiera (como en 9:10; 16:1)».[42] La explicación más sencilla es que el uso de Lucas de «algunos» se halla en 19:7, que dice que eran «unos [*josei*] doce hombres»; Lucas no estaba seguro del número exacto.[43] Una paráfrasis válida diría que Pablo halló en Éfeso «un reducido grupo de discípulos».

Existe una considerable discrepancia respecto a la situación espiritual de estos hombres. La siguiente lista ilustra la diversidad de interpretaciones:

1. Eran meramente discípulos de Juan el Bautista, y no creyentes en ningún sentido de la palabra.[44] Eran «sectarios sin

---

[42]Turner, *Power from on High*, 391 n. 133, énfasis de Turner.

[43]«Más de dos pero menos que muchos» se sugiere en BAGD, 899. Vea 1:15 y 2:41 para otros ejemplos. Otra autoridad dice que antes de las expresiones numéricas la palabra significa «aproximadamente»; vea Friedrich Blass and Albert Debrunner, *A Greek Grammar of the New Testament and Other Early Christian Literature*, trad. y rev. Robert W. Funk, University of Chicago Press, Chicago, 1961, 236. De aquí en adelante mencionado como BDF.

[44]Marshall, *Acts of the Apostles*, 305.

ninguna dedicación a Jesús».[45] «Estas personas no estaban realmente regeneradas».[46] El razonamiento circular de algunos es que no podían haber sido discípulos porque «no habían recibido el don del Espíritu».[47] Dunn está de acuerdo con eso, y afirma que «el discipulado sin el espíritu es evidentemente en sí mismo una contradicción de términos» y que «su completa ignorancia del Espíritu pone un signo de interrogación contra la situación de su discipulado».[48] Esta es la posición de muchos que identifican «el don del Espíritu» con la obra del Espíritu en la regeneración.

2. Eran seguidores de Juan el Bautista, pero también creyentes en un sentido limitado. Eran «personas afectadas por el cristianismo y llamados discípulos, pero revelaban severas debilidades respecto a su entendimiento de la doctrina cristiana».[49]

3. Son creyentes de verdad. «Que en verdad eran discípulos de Jesús queda implicado en la primera pregunta que les hace Pablo: «¿Recibieron ustedes el Espíritu Santo cuando creyeron?»[50] «Si Lucas hubiera querido implicar que eran discípulos de Juan el Bautista ... lo habría dicho explícitamente».[51] Estos hombres eran creyentes «de una clase prepentecostal. Se habían convertido pero no habían sido llenos del Espíritu».[52]

4. Aunque la palabra «discípulos» denota a los creyentes, E. Michael Green dice que «Pablo claramente los confundió con creyentes, pero pronto descubrió su error» y está «claro como el agua que estos discípulos no eran creyentes en ningún

---

[45]Richard N. Longenecker, *The Acts of the Apostles*, Zondervan Publishing House, Grand Rapids, 1981, 493.

[46]William J. Larkin, Jr., *Acts*, InterVarsity Press, Downers Grove, Ill., 1995, 272.

[47]Marshall, *Acts of the Apostles*, 305.

[48]James D. G. Dunn, *The Acts of the Apostles*, Trinity Press International, Valley Forge, 1996, 254-255. En breve comentaré sobre si en verdad fue una «completa ignorancia del Espíritu» por parte de ellos.

[49]Johannes Munck, *The Acts of the Apostles*, rev. William F. Albright and C. S. Mann, Doubleday, Garden City, N.Y., 1967, 188.

[50]Bruce, «Luke's Presentation», 25.

[51]F. F. Bruce, *The Acts of the Apostles: The Greek Text with Introduction and Commentary*, Wm. B. Eerdmans, Grand Rapids, 1983, 363.

[52]Arrington, *Acts of the Apostles*, 191. Carson de manera similar dice que eran como discípulos pre-pentecostales. *Showing the Spirit*, 148-149.

sentido».[53] Marshall afirma: «Pablo halló a algunos hombres que *le parecieron que eran* discípulos ... Lucas no está diciendo que estos hombres fueran discípulos».[54] La situación de estos hombres se puede comparar con la de Apolos (Hch 18:24-28), un creyente que «había sido instruido en el camino del Señor, y con gran fervor hablaba y enseñaba con la mayor exactitud acerca de Jesús, aunque conocía solo el bautismo de Juan» (v. 25). Priscila y Aquila «lo tomaron a su cargo y le explicaron con mayor precisión el camino de Dios» (v. 26). Era un creyente que necesitaba más instrucción; lo mismo que los hombres efesios. A decir verdad, ¿qué creyente ha logrado jamás superar la necesidad de más instrucción?

¿Recibieron ustedes el Espíritu Santo?

Existe un debate considerable que gira en torno a la pregunta de Pablo: «¿Recibieron ustedes el Espíritu Santo cuando creyeron?» (Hch 19:2). Algunas traducciones dicen «puesto» o «después», en lugar de «cuando». Una traducción estricta, y que reduce el sesgo teológico, es: «¿Recibieron ustedes el Espíritu Santo, habiendo creído?» (traducción mía). En el libro de los Hechos la terminología «recibir el Espíritu Santo» se halla en los relatos de Samaria y Cesarea (8:15,17,19; 10:47; vea también 2:38). Pablo, por tanto, les está preguntando a los hombres efesios si habían tenido una experiencia con el Espíritu comparable a la de los creyentes samaritanos o de Cesarea.

Pablo no está haciendo un juego de palabras teológicas con estos hombres, aunque un autor dice que Pablo «por alguna razón dudaba de la realidad de su fe, porque de lo contrario nunca les habría hecho tal pregunta».[55] Pablo reconoció que ellos en verdad habían creído; si hubiera tenido alguna duda respecto a lo genuino o adecuado de su fe, era perfectamente capaz de expresarlo.

Mucho se ha escrito respecto a los tiempos de estos dos verbos (*elabete*, «recibieron», y *pisteusantes*, «habiendo creído») en

---

[53]Green, *I Believe*, 134-135.

[54]Marshall, *Acts of the Apostles*, 306.

[55]Stott, *Baptism and Fullness*, 35.

la pregunta de Pablo. *Elabete* es el verbo principal de la oración; *pisteusantes* es un participio aoristo cuya acción se relaciona a la del verbo principal. Desde un punto de vista gramático, ¿debería entenderse «recibieron» como teniendo lugar en el momento de «habiendo creído» o, como alternativa, en un tiempo posterior a creer? Para usar terminología gramatical: ¿Son estas acciones de creer y recibir *coincidentes* la una con la otra, o es creer *antecedente*, o antes de, recibir? Los que arguyen por la coincidencia prefieren la traducción «cuando creyeron».[56] F. F. Bruce dice que la idea de coincidencia es «doctrinalmente importante».[57] Otros arguyen a favor del antecedente y prefieren el significado «después, o puesto que, creyeron».[58] Stanley M. Horton ofrece ejemplos de las Escrituras en que el participio aoristo indica claramente una acción anterior a la del verbo principal.[59] Dunn, en un diálogo posterior con colegas eruditos pentecostales, concede que es «técnicamente posible ... que el participio ["habiendo creído"] se traduzca como "después de que creyeron"».[60] Yo añado que, basándome en las gramáticas griegas, no solo es técnicamente posible, sino enteramente probable.

En cierto punto Dunn dice que cualquiera que arguye por la acción antecedente «traiciona una comprensión adecuada de la gramática griega».[61] Solo puedo citar autoridades confiables de la gramática griega que dicen que la idea principal que subyace detrás del participio aoristo es que ordinariamente indica una acción previa a la del verbo principal.[62] Por otro lado, una

[56]Por ejemplo, Dunn, *Acts of the Apostles*, 255; y *Baptism in the Holy Spirit*, 86, 158-159; Bruce, «Luke's Presentation», 25; M. Max B. Turner, «The Significance of Receiving the Spirit in Luke-Acts: A Survey of Modern Scholarship», *Trinity Journal*, n.s., 2 (otoño 1981): 131 n. 1.

[57]Bruce, *Acts of the Apostles*, 353.

[58]Stanley M. Horton, *What the Bible Says About the Holy Spirit*, Gospel Publishing House, Springfield, Mo., 1976, 160-161; Arrington, *Acts of the Apostles*, 191-192; vea también Ervin, *Conversion-Initiation*, 52; James B. Shelton, *Mighty in Word and Deed*, Hendrickson Publishers, Peabody, Mass., 1991, 132.

[59]Horton, *What the Bible Says*, 160-161.

[60]Dunn, «Baptism in the Spirit: A Response», 23.

[61]Dunn, *Baptism in the Holy Spirit*, 86-87.

[62]H. E. Dana y Julius R. Mantey, *A Manual Grammar of the Greek New Testament*, Macmillan Co., Nueva York, 1957, 230; BDF, 174-175; H. P.V. Nunn, *A Short Syntax of*

acción simultánea relativa al verbo principal se suele expresar con el presente.

Una nota de interés es que la misma construcción gramatical griega aparece dos veces más en este relato. En ambas instancias indica una acción que sigue, y no que acompaña o no es coincidente con la acción del participio. Los hombres fueron bautizados en el nombre de Jesús *después* de que oyeron (Hch 19:5). El Espíritu vino sobre ellos *después* de que Pablo les impuso las manos (v. 6).

El tratamiento extenso que antecede de la gramática de la pregunta de Pablo en 19:2 es importante, pero a fin de cuentas el contexto decide la relación de tiempo del participio aoristo con el verbo principal.[63] Robert Menzies dice correctamente que «el matiz temporal específico del participio es a fin de cuentas irrelevante, porque la pregunta misma presupone la potencial separación de la creencia de la recepción del Espíritu».[64]

Max Turner concuerda con él, aunque arguye a favor de la probabilidad de una acción coincidente, antes que antecedente, de «habiendo creído»; dice que «uno no hace la pregunta que hizo Pablo a menos que sea concebible una separación entre creer y la recepción del Espíritu».[65]

El contexto, por tanto, provee la mejor respuesta. La experiencia del Espíritu respecto a la cual Pablo preguntó es la experiencia carismática relatada en el versículo 6, que en esta instancia vino por la imposición de manos y fue acompañada por manifestaciones externas similares a las experimentadas previamente por los creyentes (2:4; 10:46). La experiencia de los efesios relatada en 19:6 no coincidió con su salvación. Incluso si alguien está convencido de que Pablo, por su pregunta, tenía reservas en cuanto a lo genuino de su salvación, permanece el hecho de que esta experiencia del Espíritu *siguió* tanto a su

---

New Testament Greek, University Press, Cambridge, 1956, 124; Nigel Turner, *Syntax*, vol. 3 de *A Grammar of New Testament Greek*, ed. James Hope Moulton, T. & T. Clark, Edimburgo, Escocia, 1963, 79.

[63]Vea BDF, 174-175.

[64]Robert P. Menzies, «Luke and the Spirit: A Reply to James Dunn», *Journal of Pentecostal Theology* 4 (1994): 122-123.

[65]Turner, «Significance of Receiving», 131 n. 1.

bautismo en el nombre del Señor Jesús como a la imposición de las manos de Pablo.

Con frecuencia se afirma que la forma en que Lucas presenta al Espíritu Santo, especialmente en referencia a ser lleno del Espíritu, difiere de la de Pablo en sus cartas. Este incidente, sin embargo, muestra que Pablo, como Lucas, creía en una experiencia del Espíritu por parte de los creyentes que era distinta de la obra del Espíritu en la salvación. A veces uno se plantea si la pregunta de Hechos 19:2 fue hecha por Pablo. Los críticos extremos de la redacción dirían que Lucas creó el incidente por entero a fin de aceitar su presentación del Espíritu en términos carismáticos. Otros redactores dirían que tal incidente existió, pero que las palabras son realmente de Lucas, y no de Pablo. No obstante, si Lucas en verdad es un historiador y teólogo responsable, entonces se debe entender la pregunta como siendo formulada por Pablo. Los estudiosos de las Escrituras entienden por lo general que en los tiempos bíblicos las citas atribuidas a una persona no tenían que ser registradas literalmente. Pero desde un punto de vista bíblico es importante indicar que las citas que las Escrituras le atribuyen a un individuo deben ser entendidas como un reflejo acertado de lo que dijo esa persona, aunque la cita no sea palabra por palabra. Dicho con otras palabras, fue Pablo, y no Lucas, quien en realidad hizo la pregunta que, para la mayoría de los pentecostales y otros, indica una separación entre la conversión y el bautismo del Espíritu.

La obra carismática del Espíritu se halla en muchas de las epístolas de Pablo, y es lógicamente razonable que si él no vio evidencias de esa obra en estos hombres efesios, les preguntara si habían recibido el Espíritu.

Lo más probable es que Pablo le relatara a Lucas este incidente cuando los dos volvieron a reunirse (Hch 20:5—21:18). La verdad es que sería extraño que los dos hombres no hablaran de teología en los días en que Lucas estuvo en compañía de Pablo (16:10-17; 20:5—21:18; 27:1—28:16; los pasajes «nosotros» en Hechos; vea también Col 4:14; 2 Ti 4:11; Flm 24).

Algunos comentarios están en orden en cuanto a la respuesta de los hombres efesios: «No, ni siquiera hemos oído hablar del Espíritu Santo» (Hch 19:2). No puede querer decir que no sabían de la existencia del Espíritu. Aun concediendo, mínimamente, que fueran solo discípulos de Juan el Bautista (no necesariamente en forma literal sino seguidores que se identificaban con él), sabrían por cierto del papel del Espíritu Santo en la vida y ministerio de Juan, incluyendo la declaración de Juan de que Jesús bautizaría en el Espíritu Santo. Su respuesta se debe interpretar a la luz de una afirmación similar que se halla en el Evangelio de Juan. Cuando Jesús prometió ríos de agua viva, el autor editorializa con la siguiente afirmación: «Con esto se refería al Espíritu que habrían de recibir más tarde los que creyeran en él. Hasta ese momento el Espíritu no había sido dado, porque Jesús no había sido glorificado todavía» (Jn 7:39). La palabra «dado» no está en el texto griego, pero se la suple, justificadamente, para dar sentido a lo que Jesús dijo. En forma similar, en Hechos 19:2 la afirmación se debe entender como queriendo decir: «Ni siquiera hemos oído que el Espíritu Santo había sido dado».

Es significativo que este incidente ocurriera unos veinticinco años después de Pentecostés. Enseña, entre otras cosas, que la experiencia pentecostal estaba todavía disponible para creyentes bien alejados de ese día tanto cronológica como geográficamente.

En resumen

La experiencia postconversión de ser bautizado en el Espíritu es una obra del Espíritu distinta a la de la regeneración, pero no implica que la salvación sea un proceso en dos etapas.

En tres de los cinco casos (Samaria, Damasco y Éfeso) las personas que tuvieron una experiencia identificable del Espíritu ya eran creyentes. En Cesarea esa experiencia fue virtualmente simultánea con la fe salvadora de Cornelio y su casa. En Jerusalén quienes lo recibieron ya eran creyentes en Cristo, aunque es difícil (e incluso innecesario) determinar con absoluta precisión el punto en que nacieron otra vez en el sentido del Nuevo Testamento.

Existe una gran variedad de terminología que se usa indistintamente para la experiencia, como por ejemplo «bautizado en el Espíritu», «recibir el Espíritu», «lleno del Espíritu», «el Espíritu descendió sobre», etc.

La experiencia se relata tanto en cuanto a grupos (Jerusalén, Samaria, Cesarea y Éfeso) como para individuos (Pablo, en Damasco).

La imposición de manos se menciona en tres casos (Samaria, Damasco y Éfeso); dos veces por los apóstoles (Samaria y Éfeso), y una por uno que no era apóstol (Damasco).

En tres casos hubo un claro lapso de tiempo entre la conversión y ser bautizado en el Espíritu (Samaria, Damasco y Éfeso). El intervalo de espera para el derramamiento en Jerusalén fue necesario a fin de que se cumpliera la significación tipológica del día de Pentecostés. En el caso de Cornelio no hubo lapso de tiempo.

A esta experiencia del Espíritu postconversión se le llama «don» (2:38; 8:20; 10:45; 11:17). Por tanto, no se puede ganar; ni tampoco es recompensa de santidad o etiqueta de ella.

Es un don, pero es inapropiado llamarla «segunda obra de gracia». Tal lenguaje implica que el creyente puede no tener una experiencia de la gracia de Dios entre la fe inicial en Cristo y la llenura inicial del Espíritu. Sin embargo, toda bendición recibida viene del Señor como resultado de su gracia.

Esta obra distintiva del Espíritu postconversión no descarta otras experiencias del Espíritu que pueden precederla o seguirla.

De este estudio inductivo ha surgido un patrón, destacando la realidad de una obra del Espíritu postconversión e identificable en la vida del creyente, que a veces es llamada «bautismo en el Espíritu Santo».[66] Algunos ven el nacimiento de Jesús por el poder del Espíritu y su posterior unción por el mismo, como paradigma para los creyentes del Nuevo Testamento, que nacen del Espíritu y deben ser ungidos

---

[66]Dos escritores no pentecostales o carismáticos de alguna estatura, entre otros, optan por una experiencia del Espíritu posterior y separable, aunque no conceden el acompañamiento necesario de lenguas. Vea D. Martyn Lloyd-Jones, *The Baptism and Gifts of the Spirit*, ed. Christopher Catherwood, Baker Books, Grand Rapids, 1984; y Hendrikus Berkhof, *The Doctrine of the Holy Spirit*, Jn Knox Press, Richmond, 1964, 84-87. Además, Berkhof dice que Karl Barth, en *Church Dogmatics*, 4:3, «se da cuenta de una tercera dimensión en la pneumatología», a la que Barth se refiere como «llamado» (Berkhof, 90).

por él posteriormente. A mi juicio, esta analogía es solo parcialmente correcta. Me cuesta trabajo ver el nuevo nacimiento de los creyentes como análogo al nacimiento de Jesús. Gordon F. Fee arguye en contra de que ambos eventos sean analogías.[67]

La promesa de Jesús en Lucas 11:13 se puede aplicar aquí, pues dice: «¡Cuánto más el Padre celestial dará el Espíritu Santo a quienes se lo pidan!» Bruce sugiere: «Posiblemente Lucas entiende el tiempo futuro "dará" de la situación postpentecostal».[68] Turner discrepa, entendiendo que Jesús «se refería a una clase de recepción del Espíritu que estaba disponible para los discípulos durante el ministerio [terrenal de Jesús]».[69] Debemos señalar que «dar el Espíritu Santo» (Lc. 11:13) es la contraparte verbal de «el don del Espíritu» del que habla Lucas en el libro de los Hechos, identificándolo con el bautismo en el Espíritu Santo.

Efesios 4:5 habla de «un bautismo». A menudo se critica a los pentecostales por creer en tres bautismos: el bautismo por el Espíritu en el Cuerpo de Cristo, el bautismo en agua, y el bautismo en el Espíritu. Es importante entender el contexto de la afirmación de Pablo en cuanto a un solo bautismo. Él está tratando del amplio tema de la unidad (vv. 4-6), y está refiriéndose a la obra singular del Espíritu Santo que lleva a los pecadores arrepentidos al Cuerpo de Cristo. Este bautismo (1 Co 12:13) es el único bautismo indispensable.[70]

Aparte de los segmentos del cristianismo que ven el bautismo en agua como esencial para la inclusión en el Cuerpo de Cristo, prácticamente todos los demás cristianos creen por lo menos en dos bautismos: el bautismo en el Cuerpo de Cristo, seguido luego por el bautismo en agua.

El punto de vista pentecostal, y yo pienso que es el bíblicamente correcto, respecto a este asunto de posterioridad y separación se resume en la afirmación de que «el paradigma "ideal" para la fe del Nuevo Testamento era que el nuevo

---

[67]Fee, *Gospel and Spirit*, 108-109.

[68]Bruce, «Luke's Presentation», 17.

[69]Turner, «Spirit Endowment in Luke-Acts», 63 n. 68.

[70]Vea French L. Arrington, «The Indwelling, Baptism, and Infilling with the Holy Spirit: A Differentiation of Terms», *Pneuma* 3, nº. 2 (otoño 1981), 3 n. 1, 5 n. 1.

convertido también sea bautizado en el Espíritu Santo al comienzo de su vida cristiana».[71] Añado que el énfasis de los pentecostales responsables siempre ha sido la separación teológica, y no la posterioridad temporal.

[71]Douglas A. Oss, «A Pentecostal/Charismatic View», en *Are Miraculous Gifts for Today?* ed. Wayne A. Grudem, Zondervan Publishing House, Grand Rapids, 1996, 255.

Capítulo 9

Evidencia física inicial

Según las profecías del Antiguo Testamento la venida del Espíritu de una manera inusual anunciaría la aurora de una nueva era (por ejemplo, Is 32:15; Ez 36:25-27; Jl 2:28-29). Durante el período de cuatro siglos intertestamentario Israel había estado sin una voz profética significativa; para todo propósito práctico no había actividad abierta del Espíritu Santo entre el pueblo de Dios. Pero esa situación cambia dramáticamente cuando observamos los eventos iniciales de la era del Nuevo Testamento, que muestran al Espíritu Santo obrando de nuevo entre el pueblo de Dios.

Los eventos relacionados con el nacimiento de Jesús, tanto antes como después de su concepción virginal por el Espíritu Santo (Mt 1:18,20; Lc 1:35), señalaron que había sido inaugurado el nuevo pacto. El ángel le dijo a Zacarías que el niño prometido (Juan el Bautista) sería lleno del Espíritu «aun desde su nacimiento» (Lc 1:15). Lo más probable es que esto tuviera lu- . gar cuando su madre, Isabel, fue llena del Espíritu, momento en que el niño saltó en su vientre (Lc 1:41). Además, la erudición sobre el Nuevo Testamento considera el canto de alabanza entonado por María como un pronunciamiento inspirado por el Espíritu (Lc 1:46-55). Zacarías fue lleno del Espíritu después del nacimiento de Juan (1:67). El Espíritu Santo también estuvo sobre el justo y piadoso Simeón, quien vivía bajo la dirección del Espíritu (2:25-27). Lucas también menciona que Ana era una profetisa (Lc 2:36). Se estaba iniciando la nueva época, la era del Espíritu.

No es aconsejable intentar identificar el momento preciso en que se inició esta. Es mejor considerarla un período incluyente que abarca desde el anuncio del nacimiento de Juan hasta el derramamiento del Espíritu el día de Pentecostés. El

vínculo en todo este período es Jesucristo. Juan el Bautista fue
su precursor. Jesús mismo fue ungido por el Espíritu en su
bautismo para su misión mesiánica (Mt 3:13-17; Mr 1:9-11; Lc
3:21-22). Llevó a cabo su ministerio en el poder del Espíritu (Lc
4:16-19; Hch 10:38). Él mismo derramó el Espíritu sobre los que
continuarían y extenderían su ministerio ungido (Lc 24:49;
Hch 1:4-5,8; 2:33).

Pronunciamientos inspirados por el Espíritu anteriores a Pentecostés

En el Antiguo Testamento el Espíritu Santo se manifestó
de una variedad de maneras. A decir verdad, prácticamente
todo lo que el Nuevo Testamento dice en cuanto a su obra y
ministerio se halla ya, de alguna forma, en el Antiguo Testamento.[1] Pero en el Antiguo Testamento la obra más característica y más frecuente del Espíritu es la de dar pronunciamientos inspirados. Los libros proféticos, tanto mayores
como menores, se basan en que dan por sentado que el Espíritu inspiró a los autores: «Porque la profecía no ha tenido su
origen en la voluntad humana, sino que los profetas hablaron de parte de Dios, impulsados por el Espíritu Santo» (2 P
1:21). Además, hay muchos casos en los que los individuos
profetizaron oralmente por impulso del Espíritu. Repetidas
veces hallamos relatos de personas que profetizaron cuando
el Espíritu del Señor vino sobre ellos (por ejemplo, Nm
11:25-26; 24:2-3; 1 S 10:6,10; 19:20-21). Esta inspiración *oral*
del Espíritu para profetizar es el eslabón que conecta pronunciamientos orales del Antiguo Testamento como (1) la
predicción de Joel de que un día *todo* el pueblo de Dios
profetizaría (Jl 2:28-29) y (2) el intenso deseo de Moisés,
siendo profeta él mismo, de que todo el pueblo de Dios
profetizara (Nm 11:29).

A la luz de todo esto vemos una conexión clara entre los
pronunciamientos inspirados por el Espíritu en el Antiguo

[1] Por ejemplo, su papel en la creación (Gn 1:2); al contender con los hombres por el pecado (Gn 6:3); al guiar a los obreros en la construcción del tabernáculo (Éx 35:31); al transportar físicamente a personas (Ez 8:3; 11:1); al dar vida (Job 33:4); y en lo que el NT identifica como dones espirituales, tales como profecía, etc.

Testamento y experiencias comparables de personas en incidentes del Nuevo Testamento, antes de Pentecostés, relatados en Lucas 1 al 4. Esto es con el correcto entendimiento de que el concepto de profetizar en sí enfoca la fuente y el medio de un pronunciamiento, y no necesariamente incluye un elemento de predicción. Pero esos relatos del Evangelio de Lucas son un preludio de los derramamientos más amplios y más incluyentes del Espíritu relatados en Hechos. Será instructivo ver cómo las experiencias del Espíritu de los creyentes en Hechos se relacionan con las de sus predecesores. Este retorno al Antiguo Testamento y a Lucas 1—4 para entender el cumplimiento de la profecía de Joel es indispensable, porque establece un vínculo muy claro entre las experiencias de los creyentes del Nuevo Testamento y los de épocas anteriores.

Metodología

Los incidentes relatados en Hechos en los que los creyentes experimentan una llenura inicial del Espíritu tienen un efecto directo en el asunto de si hablar en lenguas es un componente necesario del bautismo en el Espíritu. Este método inductivo es un medio legítimo de tratar de llegar a una conclusión en el asunto. Esta metodología se ha empleado desde los primeros días del movimiento pentecostal para demostrar que, basados en los relatos de Hechos, las lenguas acompañan en verdad la llenura inicial del Espíritu.

Sin embargo, también debemos utilizar cualquier procedimiento metodológico legítimo que respalde nuestro entendimiento de los asuntos relativos a la actividad del Espíritu Santo en las Escrituras. Esto incluiría un enfoque pan-bíblico, tal como el que ya he considerado, y la utilización de disciplinas tales como la teología narrativa y la crítica de la redacción, empleadas correctamente. Después de todo, Lucas se especializa en la narración como medio de presentar una verdad teológica y, además, usa cuidadosamente fuentes que efectivamente pintan lo que él, bajo la dirección del Espíritu, quiere enfatizar.

Después de considerar los cinco incidentes relevantes de Hechos concluiré con observaciones y conclusiones apropiadas.

Los discípulos en Pentecostés (Hch 2:1-21)

LA PROMESA DEL PADRE (LC 24:49; HCH 1:4)

La expresión «promesa del Padre» puede significar bien la promesa que se origina en el Padre (gr. ablativo de fuente) o la promesa dada por el Padre (gr. genitivo subjetivo). El término se ha interpretado de varias formas. Pablo se refiere a «la promesa del Espíritu» (Gá 3:14) y «al Espíritu Santo prometido» (Ef 1:13). Generalmente se entiende que está hablando de la obra del Espíritu en la regeneración, y que el aspecto de la promesa debe incluir pasajes del Antiguo Testamento tales como Isaías 32:15; 44:3-5; Ezequiel 11:19-20; 36:26-27; 37:1-14; 39:29; y Zacarías 12:10. James Dunn anota que el lenguaje del Espíritu siendo derramado aparece en algunos de estos pasajes; lo que los vincularía con el derramamiento de Hechos 2. No niega que «la promesa del Padre» también incluya Joel 2:28-32.[2]

Una interpretación dice que la «observación de Jesús ["de la cual les he hablado", Hch 1:4] se debe referir a una de dos afirmaciones en cuanto al Espíritu ... Lc 11:13 ó 12:12. Ninguno de esos pasajes conecta la promesa del Espíritu con texto alguno del Antiguo Testamento».[3] En Lucas 11.13 Jesús habla de que su Padre concede el Espíritu Santo a los que lo piden. En 12:12, la promesa es que el Espíritu Santo enseñará a los discípulos lo que deben decir cuando sean llevados ante las autoridades religiosas o civiles; el pasaje paralelo de Mateo 10:20 específicamente menciona al Padre. No obstante, no podemos soslayar las afirmaciones de Jesús en cuanto al Paráclito prometido igualmente en Juan 14 al 16, puesto que existen algunos paralelismos impresionantes entre los pasajes del Paráclito y el libro de los Hechos.[4]

Nadie duda que la expresión «la promesa del Padre» debe incluir la predicción de Joel del derramamiento del Espíritu

---

[2]James D. G. Dunn, «Baptism in the Spirit: A Response to Pentecostal Scholarship on Luke-Acts», *Journal of Pentecostal Theology* 3 (1993): 22-23.

[3]Robert P. Menzies, *Empowered for Witness: The Spirit in Luke-Acts*, Sheffield Academic Press, Sheffield, Inglaterra, 1994, 171.

[4]I. Howard Marshall, «Significance of Pentecost», *Scottish Journal of Theology* 30, no. 4 (1977): 351.

(Jl 2:28-32). Esa es la interpretación primaria de la narración de Hechos 2, porque Pedro identificó el derramamiento con la profecía de Joel (vv. 17-21).

Debemos destacar la variedad de términos que se hallan en Hechos 1 y 2 para denominar la experiencia de los discípulos el día de Pentecostés: la promesa del Padre (1:4; 2:33); bautizado en el Espíritu Santo (1:5); recibir poder (1:8); el Espíritu viniendo sobre (1:8); ser llenos del Espíritu (2:4); el Espíritu siendo derramado (2:17); el don del Espíritu Santo (2:38).

EL VIENTO Y EL FUEGO

Tres fenómenos inusuales ocurrieron ese día: «un ruido como el de una violenta ráfaga de viento», «unas lenguas como de fuego» y hablar en lenguas (Hch 2:1-4). (Resulta tentador ver en la triple manifestación del Espíritu Santo indicaciones de su agencia en la salvación [viento], santificación [fuego] y servicio [lenguas].)

Al viento y al fuego se les llama en ocasiones teofanías, o sea, manifestaciones visibles de Dios. En ocasiones históricas como el otorgamiento de la ley hubo truenos, relámpagos, una nube espesa y un fuerte toque de trompeta (Éx 19:16); así que en este histórico día el Señor se manifestó de una forma totalmente inolvidable como viento y fuego enviado del cielo. Debemos señalar, sin embargo, que el viento y el fuego *precedieron* la llenura del Espíritu; no fueron parte de ella. Es más, en ninguna otra parte de Hechos se mencionan de nuevo en conjunción con creyentes siendo llenos del Espíritu. Fueron sucesos que se dieron una sola vez para marcar la plena iniciación de una nueva era en los tratos de Dios con su pueblo.

Los fenómenos audiovisuales de viento y fuego son reminiscencias del otorgamiento de la ley en el monte Sinaí (Éx 19:18; Dt 5:4); el viento no se menciona en conexión con ese evento, sino en el cruce del Mar Rojo (Éx 14:21), así como con otras manifestaciones especiales de la presencia de Dios en el Antiguo Testamento (2 S 22:16; Job 37:10; Ez 13:13; 37:9-14).[5]

---

[5]«Tempestades y fuego son motivos que se hallan en las historias de teofanías en el Antiguo Testamento (cf. 1 R 19:11). Yavéh "descendió" sobre el monte Sinaí "en fuego" (Éx 19:18) e Isaías proclamó: "¡Ya viene el Señor con fuego! ... con llamas de

El viento es un emblema del Espíritu Santo (Ez 37:9; Jn 3:8); en realidad, la palabra hebrea *ruaj* quiere decir tanto «viento» como «espíritu», al igual que la palabra griega comparable *pneuma*. La palabra griega que se traduce viento y que se usa en Hch 2:2 *(pnoe)* es una forma de la misma palabra griega. Al fuego también se lo asocia con el Espíritu Santo en el Antiguo Testamento (Jue 15:14), en la promesa de que Jesús bautizaría en el Espíritu Santo y fuego (Mt 3:11; Lc 3:16), y en la identificación de las «siete lámparas de fuego» con el Espíritu Santo (Ap 4:5). Obsérvese la mención del Espíritu Santo en relación con la visión de Zacarías de las siete lámparas (Zac 4:2-6). Max Turner sostiene que la descripción de la teofanía de Pentecostés está «llena de alusiones al Sinaí con las que la referencia a las "nubes de humo" en la cita de Joel [que hace Pedro] es especialmente coherente».[6]

Además, los fenómenos de viento y fuego en el día de Pentecostés deben relacionarse con la predicción de Juan el Bautista de que Jesús bautizaría en el Espíritu Santo y fuego; la metáfora del aventador que ofrece Juan después de su afirmación contiene ciertamente los elementos de viento, que separa el grano del tamo, y el fuego, que consume la paja (Mt 3:11-12; Lc 3:16-17). I. Howard Marshall comenta: «El fuego en Hechos hay que ligarlo con toda seguridad primordialmente con el fuego en la afirmación dicha por Juan el Bautista».[7]

Las interpretaciones de la afirmación de Juan el Bautista varían significativamente. Estas son algunas de ellas:

1. Juan predijo solo un bautismo de fuego, que debería ser de juicio. El griego probablemente se debería traducir «en el Espíritu Santo, es decir, fuego». El Espíritu Santo *es* el fuego.

2. Juan predijo solo un bautismo para el justo, que debería ser «en el Espíritu Santo, es decir, fuego».

3. Hay dos bautismos, uno en el Espíritu para el justo y uno en fuego para el malo. El primero se cumple en el libro de los

fuego ... estoy a punto de reunir a gente de toda nación y lengua" (Is 66:15, 18, LXX)». Gerhard A. Krodel, *Acts*, Augsburg Publishing House, Minneapolis, 1986, 75.

[6]M. Max B. Turner, *Power from on High: The Spirit in Israel's Restoration and Witness in Luke-Acts*, Sheffield Academic Press, Sheffield, Inglaterra, 1996, 274.

[7]Marshall, «Significance of Pentecost», 366; vea también F. F. Bruce, «Luke's Presentation of the Spirit in Acts», *Criswell Theological Review* 5 (otoño 1990): 19.

Hechos, el segundo es escatológico. Juan, como algunos de los profetas del Antiguo Testamento, miró como con telescopio los dos eventos; no distinguiendo entre el tiempo para el bautismo del Espíritu y el tiempo del bautismo de fuego.[8]

4. Hay un aspecto doble de un solo bautismo: Espíritu para el justo, fuego para el malo. Es un solo bautismo que, desde la perspectiva de Juan, todos experimentarían. El Espíritu es «purgante y refinador para los que se han arrepentido, destructivo ... para los que permanecen impenitentes».[9] Robert Menzies disiente de esto, y afirma que: «En vano buscamos una referencia a un otorgamiento mesiánico del Espíritu que purifica y transforma moralmente al individuo». En su opinión la limpieza es nacional, no personal.[10] Esta posición a veces se razona basándose en la sola proposición de dos objetos del texto griego: no «en el Espíritu Santo y en fuego», sino «en el Espíritu Santo y fuego».

Aunque el significado preciso de la afirmación de Juan el Bautista continúa siendo motivo de debate, no cabe duda que Jesús la invistió con el significado nuevo, o por lo menos adicional. Los discípulos, dijo, recibirían poder que estaría íntimamente conectado con su misión evangelizadora (Hch 1:8). Es más, el fuego en el día de Pentecostés no fue destructor en su naturaleza. Más bien se asemeja al fuego de la zarza que ardía (Éx 3:2-5; Hch 7:30) y habla de la presencia y santidad de Dios. Significativamente, la única otra referencia simbólica al fuego en el libro de los Hechos se relaciona con el incidente de la zarza que ardía, a menos que uno interprete simbólicamente el fuego de la profecía de Joel (Hch 2:19).[11]

[8]Esta es la creencia básica de Stanley M. Horton, *What the Bible Says About the Holy Spirit* (Gospel Publishing House, Springfield, Mo. 1976), 85-86; y, al parecer, de Roger Stronstad, quien dice: «La metáfora juaniana de la siega sugiere que este será tanto un bautismo de bendición ... y de juicio ... Jesús dice: "He venido a echar fuego en la tierra" (Lc 12:49-50)». *The Charismatic Theology of St. Luke*, Hendrickson Publishers, Peabody, Mass., 1984, 51.

[9]James D. G. Dunn, *Baptism in the Holy Spirit*, SCM Press, Londres, 1970, 9-10,13. Turner apela a Isaías 4:2-6, que promete la limpieza de Jerusalén «Con espíritu de juicio y espíritu abrasador». *Power from on High*, 184.

[10]Menzies, *Empowered for Witness*, 128.

[11]Vea F. F. Bruce, *The Book of Acts*, ed. rev., Wm. B. Eerdmans, Grand Rapids, 1988, 51.

Stanley M. Horton sugiere que en vista de este suceso durante la Fiesta de Pentecostés, el fuego significaba la aceptación divina del cuerpo de la iglesia como templo del Espíritu Santo (1 Co 3:16; Ef 2:21-22) y luego, la aceptación de los creyentes como individuos como siendo también templos del Espíritu Santo (1 Co 6:19). Llama la atención sobre incidentes del Antiguo Testamento en los que descendió fuego sobre un altar, como con Abraham, y en la dedicación tanto del tabernáculo como del templo de Salomón.[12]

Douglas A. Oss dice que el fuego va asociado en el Antiguo Testamento con la sanción divina de la actividad profética tales como el discurso profético (Jer 5:14; 23:29; Ez 1:4—2:8) y juicio (Ez 15:4-8; 19:12-13). Concluye: «Las "lenguas de fuego" de Hch 2:3 bien pueden haber simbolizado la sanción del propio Dios sobre la actividad profética de la iglesia».[13]

EL HABLAR EN LENGUAS (GLOSOLALIA)

«Glosolalia» es un término técnico que se usa para hablar en lenguas; es una combinación de las palabras griegas *lalia* («discurso», «hablar») y *glossa* («lengua», «idioma»). El fenómeno de hablar en lenguas, a diferencia del viento y del fuego, es parte integral del hecho de que los discípulos fueran llenos del Espíritu Santo. «Y todos fueron llenos del Espíritu Santo y comenzaron a hablar en otras lenguas, según el Espíritu les concedía habla inspirada» (Hch 2:4, traducción mía). La primera observación importante es que mi frase «habla inspirada» es traducción de la palabra griega *apofdsengomai*, que se usa en la Septuaginta para el discurso sobrenatural inspirado, sea divino (1 Cr 25:1) o demoníaco (Mi 5:12). Resulta especialmente importante la observación de que esta misma palabra inusual, que aparece solo tres veces en el Nuevo Testamento, se use en Hechos 2:14 para presentar el discurso de Pedro a la multitud (él les «dijo a voz en cuello»). El discurso de Pedro ese día fue

---

[12]Stanley M. Horton, *What the Bible Says*, 141; *The Book of Acts*, Gospel Publishing House, Springfield, Mo., 1981, 31.

[13]Douglas A. Oss, «A Pentecostal/Charismatic View», en *Are Miraculous Gifts for Today?* ed. Wayne A. Grudem, Zondervan Publishing House, Grand Rapids, 1996, 254 n. 25.

en realidad un pronunciamiento profético. La tercera vez que sucede en el Nuevo Testamento es en Hechos 26:25. Pablo le dice a Festo: «No estoy loco [gr. *mainomai*], excelentísimo Festo. Lo que digo [gr. *apofdsengomai*] es cierto y sensato». Festo le había acusado de estar loco, posiblemente porque la forma de hablar de Pablo era muy animada. Existe la posibilidad de que Pablo hablara bajo el ímpetu directo del Espíritu. El relato dice que los discípulos «comenzaron *[arjomai]* a hablar en diferentes lenguas» (Hch 2:4). No hay indicación de que los discípulos iniciaran, o que ellos mismos «comenzaran» eso de hablar en lenguas. Apelando a esta idea de «comenzaron», y enseñanza nada rara de algunos pentecostales bien intencionados, es: «Uno empieza, y entonces el Espíritu Santo se hace cargo». Pero *arjomai* en este versículo es un pleonasmo, peculiaridad gramatical del griego y de otros idiomas. A veces se le llama «auxiliar redundante». En esta construcción gramatical la traducción de *arjomai* se puede eliminar y el infinitivo «hablar» se convierte a modo indicativo. El significado de «ellos comenzaron a hablar en lenguas» simplemente es «ellos hablaron en lenguas».[14]

En otras partes de las Escrituras se hallan ejemplos de esta construcción gramatical. Un ejemplo particularmente aplicable es Hechos 11:15, donde Pedro dice, refiriéndose a su predicación en la casa de Cornelio: «Cuando comencé a hablarles, el Espíritu Santo descendió sobre ellos». Obviamente, el Espíritu no descendió sobre esas personas cuando Pedro empezó su mensaje; ya había avanzado bastante (Hch 10:34-44). Los discípulos en Pentecostés hablaron en lenguas «según el Espíritu les dada pronunciamiento inspirado» (traducción mía), no bajo su propio impulso. La conjunción «según» *(kadsos)* se puede traducir «al grado que», «puesto que», o «en tanto que».[15]

El fenómeno de hablar en lenguas se expresa de varios modos en el Nuevo Testamento:

[14]Vea C. F. D. Maule, *An Idiom-Book of New Testament Greek*, 2d ed., Cambridge University Press, Cambridge, Inglaterra, 1959, 181-182; Bruce, *Book of Acts*, 222 n. 13; Richard N. Longenecker, *The Acts of the Apostles*, Zondervan Publishing House, Grand Rapids, 1981, 395.
[15]BAGD, 391.

- Hablar en diferentes lenguas, Hch 2:4
- Hablar en lenguas, Hch 10:46; 19:6; 1 Co 12:30; 14:5-6, 18,23
- Hablar en lengua, 1 Co 14:2,4,13
- Hablar en lenguas de hombres y de ángeles, 1 Co 13:1
- Hablar en nueva lengua, Mr 16:17
- Clases de lenguas, 1 Co 12:10,28
- Lenguas, 1 Co 13:8; 14:22
- Una lengua, 1 Co 14:14,19,26

La terminología específica en Hechos («hablar en lenguas»; gr. *glosais lalein*) aparece en esa forma precisa, junto con algunas variaciones, en la consideración que hace Pablo de los dones espirituales en 1 Corintios 12 al 14. El término griego de dos palabras no aparece en ninguna otra parte de la literatura canónica o no canónica como término técnico para un suceso inusual por el que una persona, bajo el impulso del Espíritu Santo (o cualquier espíritu) habla en un idioma que desconoce. Como consecuencia, el fenómeno al que tanto Lucas y Pablo se refieren es esencialmente el mismo.

Se han dado diferentes interpretaciones en cuanto a la naturaleza de la glosolalia bíblica. Se presentarán las más importantes, manteniéndose al mínimo las variaciones en puntos de vista a fin de llegar a una comprensión más clara de la posición básica de estas escuelas.

Un milagro al oír

Esta creencia tiene que ver primordialmente con «otras lenguas», de Hechos 2:4 y recalca, no el «hablar» del versículo 4, sino el «oír» de los versículos 6, 8 y 11. «Lucas parece afirmar que el milagro no estuvo en la lengua de los que hablaban, sino en los oídos de los oyentes».[16] Philip Schaff, historiador de la iglesia, sostiene que la glosolalia en Pentecostés «fue al instante interpretada y aplicada por el Espíritu Santo mismo a los

---

[16]George Barton Cutten, *The Psychological Phenomena of Christianity*, Charles Scribner's Sons, Nueva York, 1909, 50. Vea también F. Godet, *Commentary on St. Paul's First Epistle to the Corinhinas*, trad. A. Cusin, T. & T. Clark, Edinburgo, Escocia, 1898, 2:320.

oyentes que creyeron y se convirtieron a cada uno en su propio dialecto vernáculo».[17] Max Turner responde que el evento en Pentecostés es la actividad de Dios «en los ciento veinte *creyentes*». Pasa a decir que Lucas no sugiere que «la banda apostólica parloteara incomprensiblemente, mientras que Dios obraba el milagro incluso mayor de interpretación de lenguas en los que *no* creían». Se hace eco del comentario de Juan Calvino de que si fue en verdad un milagro de oír, el Espíritu habría sido dado no tanto a los discípulos sino a los no discípulos.[18]

Sonidos sin sentido y en éxtasis

Este punto de vista casi siempre relaciona la glosolalia del Nuevo Testamento con fenómenos similares en el mundo no cristiano y pagano. El que habla, se sostiene, está en un estado de trance y pronuncia sonidos incoherentes.[19] Hablar en lenguas, opina un defensor de esta idea, incluye «la creencia del uso desconectado, sin significado, de la lengua para hacer sonidos».[20] James Dunn, interesantemente, adscribe este tipo de «pronunciamientos extáticos» a los creyentes corintios, pero procede a decir que la creencia que Pablo tiene es diferente porque dice que la glosolalia puede ser controlada.[21]

Es difícil entender, si esta creencia es correcta, cómo las Escrituras presentan el hablar en lenguas como un don del

[17]Philip Schaff, *History of the Christian Church*, vol. 1, Charles Scribner's Sons, Nueva York, 1882, 241. Vea también Jenny Everts, «Tongues or Languages? Contextual Consistency in the Translation of Acts 2», *Journal of Pentecostal Theology* 4 (1994): 71-80.

[18]M. Max B. Turner, *The Holy Spirit and Spiritual Gifts: In the New Testament Church and Today*, ed. rev., Hendrickson Publishers, Peabody, Mass., 1998, 222, énfasis de Turner; Juan Calvin, *Commentary upon the Acts of the Apostles*, ed. Henry Beveridge, Edimburgo Printing Co., Edimburgo, Escocia, 1844, 1:77.

[19]Una consideración extensa de este punto de vista iría más allá del propósito de la presente obra. La literatura, tanto en pro como en contra, es considerable. Para una obra que descuenta la similitud entre la glosolalia bíblica y los supuestos paralelos en el mundo helenístico, vea C. Forbes, *Prophecy and Inspired Speech in Early Christianity and Its Hellenistic Environment*, Hendrickson Publishers, Peabody, Mass., 1997.

[20]Alexander Mackie, *The Gift of Tongues*, George H. Doran Co., Nueva York, 1921, 24.

[21]James D. G. Dunn, *Jesus and the Spirit*, Westminster Press, Filadelfia, 1975, 243.

Espíritu Santo, puesto que parlotear difícilmente se podría identificar como una de sus obras. Por muy bajo que uno quiera colocar este don en la jerarquía de los carismas, sigue siendo un don del Espíritu y, como tal, no se debe hablar de él en forma ligera o despectiva.

Algunos aducen que el verbo *lalein*, usado continuamente en relación con glosolalia, sugiere la idea de que el fenómeno es de «laleo», o sea, parloteo. Pero en tiempos helenísticos el verbo ordinariamente no quería decir habla incoherente. Es más, Pablo lo usa también en conexión con profetizar (1 Co 14:29) y con las mujeres haciendo preguntas (14:34-35). Además, usa la palabra más común para hablar *(legein)* por lo menos una vez en conexión con glosolalia (14:16).[22]

Expresiones arcaicas

El *Greek-English Lexicon* de Liddell y Scott da, como significado de *glossa*, «*palabra obsoleta* o *foránea*, que necesita explicación». El diccionario de Bauer-Arndt-Gingrich-Danker sugiere un significado similar para el fenómeno de lenguas.[23] Relativo a esto tenemos el concepto de criptomnesia, que dice que en un estado de éxtasis o emoción inusual, o incluso borrachera, la gente puede soltar palabras o frases extranjeras desconocidas para ellos, que de alguna manera están su memoria. Comentando sobre la glosolalia de Pentecostés, Cyril G. Williams dice que los sonidos que pronunciaron los discípulos les parecieron a algunos oyentes judíos como «palabras identificables en idiomas que recordaban vagamente». Luego pasa a sugerir la posibilidad de que «entremezcladas entre los vocablos inarticulados habría palabras reales identificables».[24]

---

[22]Vea especialmente el artículo de Robert H. Gundry, a menudo citado, en el que ataca la traducción que se halla en la New English Bible «"Ecstatic Utterance" (N.E.B.)?» *Journal of Theological Studies*, n.s., 17 (1966): 299-307. Gerhard Delling ve una torcedura radical entre la glosolalia del Nuevo Testamento y el éxtasis de Dionisio en *Worship in the New Testament*, trad. Percy Scott, Westminster Press, Filadelfia, 1962, 39.

[23]Henry George Liddell y Robert Scott, *A Greek-English Lexicon*, 8ª ed., Clarendon Press, Oxford, Inglaterra, 1897, 312, énfasis en el original; BAGD, 162.

[24]Cyril G. Williams. «Glossolalia as a Religious Phenomenon: "Tongues" at Corinth and Pentecost», *Religion* 5 (primavera 1975): 25-26.

Es difícil entender cómo tal enfoque psicológico, sea cual sea su mérito, puede explicar adecuadamente toda la información bíblica que trata del don. Exige un uso más bien raro de la palabra *glosa*, y lo impone sobre el Nuevo Testamento. Es mucha mejor exégesis entender la palabra o término griego en su significado más común, nominal, a menos que exista evidencia imperiosa para interpretarlo de otra forma.

Idioma

Tal vez la opinión sostenida más ampliamente, por lo menos entre los comprometidos a un concepto alto de las Escrituras, ve la glosolalia como hablar idiomas diferentes.[25] Según esto, en general, las «clases de lenguas» (1 Co 12:10,28) son tipos o especies de idiomas.

Este punto de vista se sostiene por dos razones básicas:

1. Aunque la palabra griega *glosa* designa a menudo el órgano físico del habla, o, es en sentido técnico una expresión poética o arcaica, el significado que más fácilmente viene a la mente en conexión con la glosolalia es la de idioma. La palabra se usa en la Septuaginta para el relato de la confusión de lenguas (Gn 11:1,6-7,9) y es traducción del hebreo *lashon*. Se usa asimismo para traducir la palabra hebrea *safaj* (Gn 10:5,31) para indicar el idioma o idiomas que hablaban las diferentes familias de la tierra después de la dispersión del capítulo 11. Una aparición de la palabra que viene totalmente a cuento se halla en Isaías 28:11, que Pablo cita en 1 Corintios 14. La referencia es a los asirios, cuyo idioma no entenderían los israelitas.

2. Una consideración más es que la palabra griega *hermeneia* y sus cognados implican el significado de «idioma» para *glosa* en 1 Corintios 12—14, y que por consiguiente el verbo *jermeneuein* quiere decir «traducir» o «interpretar» un idioma ininteligible. Con una sola excepción (Lc 24:27), y exclusiva de 1 Corintios 12—14, donde se busca su significado, esta palabra y las relacionadas con ella del Nuevo Testamento se usan para

---

[25]Para una defensa de la glosolalia como sinónimo de idioma, sugiero los siguientes artículos de pentecostales clásicos: (1) Jon Ruthven, «Is Glossolalia Languages? A Survey of Biblical Data», *Paraclete* 2, n⁰. 2 (primavera 1968): 27-30; (2) William G. MacDonald, «Biblical Glossolalia: Thesis Four», *Paraclete* 27, n⁰. 3 (verano 1993): 32-45.

presentar el significado de palabras o expresiones foráneas (por ejemplo, Mr 5:41; 15:34; Hch 4:36). La preponderancia de evidencia en el Nuevo Testamento, por tanto, es que *jermeneia* y sus cognados conllevan la idea de traducir, o interpretar, un idioma desconocido para los oyentes o los lectores.

Es cierto que el concepto que uno tenga del don de interpretación de lenguas está a merced del concepto que se tenga de la naturaleza de la glosolalia, pero el uso bíblico de la familia de palabras de *jermeneia* es una fuerte indicación de que Pablo está hablando de traducción de idiomas.

La conclusión de que glosolalia es hablar en ciertos idiomas, sin embargo, requiere mayor investigación. ¿Cuál es la naturaleza de estos idiomas? Existen dos posibilidades. Pueden ser idiomas humanos, identificables, o pueden ser alguna clase de lenguaje no humano, angélico o celestial. Algunos ven una contradicción entre la presentación de Lucas (idiomas humanos) y la de Pablo (lenguajes angélicos o celestiales), y consecuentemente tratan de interpretar al uno en términos del otro.[26]

¿Es la glosolalia un lenguaje espiritual, celestial? Los que defienden este punto de vista dicen que así lo sugiere el tenor general de la enseñanza de 1 Corintios 14. Las lenguas parecen dirigirse en todo tiempo a Dios (v. 2); también se hace referencia a orar en lenguas (v. 14). Si, entonces, esto es un medio de comunicación entre el hombre y Dios, y si este hablar es impulsado por el Espíritu Santo, entonces un lenguaje celestial es más apropiado para la ocasión que simplemente otro idioma humano.[27] Se apela también a las «lenguas ... de ángeles» mencionadas en 1 Corintios 13:1.[28]

[26]Sin embargo, el asunto no está tan claro. No hay indicación alguna en los relatos de Hechos 10 y 19 de que las lenguas fueran lenguajes humanos; y Pablo da suficientes indicaciones, especialmente al citar Isaías 28.11, de la creencia de que por lo menos incluye idiomas humanos.

[27]Vea, por ejemplo, Johannes Behm, «*glossa, heteroglossos*», en *TDNY*, 1:726; y F. W. Grosheide, *Commentary on the First Epistle to the Corinthians*, Wm. B. Eerdmans, Grand Rapids, 1953, 288-289.

[28]De interés son las alusiones extra canónicas a «lenguas de ángeles», tales como el Enoc etíope 40 y El Testamento de 38 a 40. En este último pasaje las tres hijas de Job son capacitadas para hablar en los lenguajes de ángeles. La idea de lenguajes angélicos por lo menos estaba presente en el judaísmo del primer siglo.

¿Es glosolalia hablar en un lenguaje humano *(xenolalia)*? Hechos 2 resulta ciertamente decisivo en cuanto a esta posibilidad. Además, hay una afinidad lingüística entre Hechos 2:4 («otras lenguas» *heterais glossais*) y la cita de Pablo de Isaías 28.11, que contiene el compuesto *heteroglossois*, que también significa «otras lenguas».

La posición más sostenible es que glosolalia se debe entender como hablar en idiomas, pero que estos pueden ser humanos, angélicos o celestiales.[29]

La reunión de tantos representantes de varias naciones fue programada providencialmente, así que vemos en el habla glosolálica de los discípulos un presagio de su comisión de ir a todo el mundo (Hch 1:8). Aunque no todas las naciones del mundo estuvieron representadas, John R. W. Stott observa que Lucas incluyó en la lista descendientes de Sem, Cam y Jafet, y nos da una «"tabla de naciones" comparable a la de Génesis 10».[30]

El contenido de la glosolalia de los discípulos fue una glorificación de Dios. Ellos proclamaban «las maravillas de Dios» (Hch 2:11). Está claro que no predicaron en los idiomas inspirados divinamente. La predicación fue hecha por Pedro muy brevemente en arameo, que todos entendían. Sus pronunciamientos fueron en el orden de la alabanza y adoración.

Para el propósito específico de este capítulo una observación de lo más significativa en cuanto a Hechos 2 es que la palabra «todo», del versículo 4 es el sujeto de ambas cláusulas principales: Todos fueron llenos del Espíritu, todos hablaron en lenguas. Para parafrasearlo: *Todos* los que fueron llenos con el Espíritu hablaron en lenguas; no hubo excepciones.

[29]Los siguientes autores son representativos de este entendimiento incluyente de la naturaleza de la glosolalia: Gordon D. Fee, *God's Empowering Presence*, Hendrickson Publishers, Peabody, Mass., 1994, 890; E. E. Ellis, *Interpreter's Dictionary of the Bible Supplementary Volume*, Abingdon, Nashville, 1962, 908b; M. Max B. Turner, *Holy Spirit and Spiritual Gifts*, 229 («Pablo probablemente pensaba en la xenolalia y [posiblemente] en lenguajes celestiales») al referirse a hablar en lenguas; Robert Banks y Geoffrey Moon, «Speaking in Tongues: A Survey of the New Testament Evidence», *The Churchman* 80 (1966): 279.

[30]John R. W. Stott, *The Spirit, the Church, and the World: The Message of Acts*, InterVarsity Press, Downers Grove, Ill., 1990, 68; vea también J. W. Packer, *Acts of the Apostles*, University Press, Cambridge, Inglaterra, 1973, 27; William Neil, *The Acts of the Apostles*, Oliphants, Londres, 1973, 73.

Cumplimiento de la profecía de Joel

Pedro, en su discurso inspirado a la multitud, identificó la experiencia de los discípulos como el cumplimiento de la predicción de Joel de que el Señor derramaría su Espíritu sobre toda la humanidad (Hch 2:16-21). Hay variaciones entre la forma en que Pedro entiende este pasaje de Joel y el pasaje en sí mismo. Por lo menos hay dos que son significativas:

1. El «después de esto» de Joel 2:28 se convierte en el «en los últimos días» (Hch 2:17). En el marco judío de referencia solo había dos eras, divididas por la venida del Mesías. La era posterior se identificaba como la era del Espíritu, la era mesiánica, los últimos días, etc. Pedro dice en esta ocasión que había llegado la era mesiánica, con el prometido derramamiento del Espíritu.

2. La profecía de Joel decía: «Los hijos y las hijas de ustedes profetizarán». Sin embargo Pedro, después de mencionar la obra del Espíritu en jóvenes y viejos, y sobre criados y criadas, insertó en la profecía las palabras «y profetizarán» (fin del v. 18). Algunos dicen que las palabras fueron añadidas por Lucas, pero no hay razón para que Pedro, hablando bajo la inspiración del Espíritu, no haya podido añadirlas. Claramente, de entre todos los elementos en la predicción de Joel, Pedro recalcó los pronunciamientos proféticos como el rasgo clave del cumplimiento.

Pero, ¿hablar en lenguas es lo mismo que profetizar? Ayudará considerar cómo operan tanto la profecía como las lenguas. Tanto el profetizar oralmente como el hablar en lenguas involucran el hecho de que el Espíritu Santo venga sobre una persona y la impulse a hablar. La diferencia básica es que la profecía se da en el lenguaje común, mientras que hablar en lenguas es un lenguaje desconocido para quien habla. Pero el modo de operación de los dos dones es el mismo. Hablar en lenguas se podría considerar un tipo especializado de profetizar con respecto a su modo de funcionamiento.[31] En este sentido, en vista del hecho de que Dios

---

[31]Don A. Carson, *Showing the Spirit: A Theological Exposition of 1 Corinthians 12-14*, Baker Book House, Grand Rapids, 1987, 140-141; I. Howard Marshall, *The Acts of the Apostles*, Wm. B. Eerdmans, Grand Rapids, 1980, 73; Menzies, *Empowered for Witness*, 186 n. 3.

había ordenado que algo único sucediera ese día, el hablar en lenguas de los discípulos en verdad fue un cumplimiento de la predicción de Joel de que el pueblo de Señor profetizaría.

La casa de Cornelio en Cesarea (Hch 10:44-48)

En esta narración son pertinentes varias observaciones:
1. Pedro identifica claramente la experiencia de la casa de Cornelio con la de los discípulos el día de Pentecostés. «Dios les ha dado a ellos el mismo don» (Hch 11:17). Dios les dio el Espíritu Santo «lo mismo que a nosotros» (15:8). Además, en ambos relatos aparecen términos comunes tales como «bautizado en el Espíritu Santo», «derramado», y «don».
2. La manifestación externa, observable, de glosolalia convenció a los compañeros judíos cristianos de Pedro de que el Espíritu había caído en verdad sobre estos gentiles, «pues los oían hablar en lenguas y alabar a Dios» (10:46). Como quiera que uno lo exprese, la glosolalia fue la evidencia, o señal del bautismo de los gentiles en el Espíritu.
3. Estos gentiles estaban hablando en lenguas y alabando *[megaluno]* a Dios. Muy probablemente, «alabar [o exaltar] a Dios» indica lo que decían en lenguas (aunque, al parecer, la glosolalia no fue entendida). La palabra griega traducida «y» a veces introduce una nota explicativa sobre lo que precede y se puede traducir como «o sea», (se llama técnicamente uso exegético de la palabra *kai*). Ellos «hablaban en lenguas, o sea, alababan [exaltaban] a Dios». La forma sustantivada relacionada del verbo *megaluna* aparece en Hechos 2:11, donde la gente dice: «¡Los oímos proclamar en nuestra propia lengua las maravillas *[megaleia]* de Dios!» El verbo aparece también en el poema de alabanza que exclama María: «Mi alma glorifica *[megaluno]* al Señor» (Lc 1:46), y en Hechos 19:17: «el nombre del Señor Jesús era glorificado». Dicho con otras palabras, hablar en lenguas incluye a menudo oración o alabanza a Dios (1 Co 14:2,14-15). Don A. Carson dice: «No es enteramente cierto si la alabanza constituía el *contenido* del hablar en lenguas, o era paralela a ello; pero lo anterior es ligeramente más probable».[32]

---

[32]Carson, *Showing the Spirit*, 147.

Una vez más, no se puede ignorar el aspecto histórico-redentor de esta narración. Mínimamente, la glosolalia fue la evidencia necesaria para convencer a los compañeros de Pedro y a los líderes de Jerusalén de que Dios había aceptado en verdad a los gentiles *como gentiles* al derramar sobre ellos el Espíritu de manera pentecostal.

Los dos incidentes considerados hasta aquí (Pentecostés en Hechos 2 y los gentiles en Hechos 10; 11 y 15) conectan indisputablemente y sin ambigüedad hablar en lenguas con el bautismo del Espíritu de parte de los que reciben. De hecho, la terminología específica «bautizado en o con el Espíritu Santo» ocurre en Hechos solo en relación con estos dos relatos (Hch 1:5; 11:16). Estas observaciones son importantes porque estos dos incidentes circundan a los otros hallados en los capítulos 8 y 9 y nos ayudarán a entenderlos.

Los samaritanos (Hch 8:14-20)

Los samaritanos habían presenciado las señales que realizó Felipe (expulsión de demonios, sanidades), habían respondido en fe al mensaje de Cristo y se habían sometido al bautismo. Pero todavía no habían recibido el Espíritu Santo (v. 15; vea vv. 17,19); él «aún no había descendido sobre ninguno de ellos» (v. 16). Según usa Lucas el término, «recibir el Espíritu» es sinónimo de la otra terminología que usa, tal como ser «bautizado en» el Espíritu, el Espíritu «cayendo sobre» o «viniendo sobre» la gente, el «don del» Espíritu, y ser «lleno del» el Espíritu.

En el Nuevo Testamento «recibir el Espíritu» es un término flexible, cuyo significado depende de la intención del autor en particular y del contexto en que ocurre. Es por consiguiente inapropiado, por ejemplo, tratar de forzar el significado que Lucas le da al término sobre Pablo, o el de Pablo sobre Lucas. Este es un principio de interpretación bíblica válido, pero no siempre observado.

El elemento importante en esta narración es que los creyentes samaritanos después de su conversión tuvieron una experiencia con el Espíritu, que fue mediada por Pedro y Juan al imponerles las manos. Incluso una lectura informal del texto indica que en esa ocasión tuvo lugar algo muy poco usual, ya que ¿por qué iba a querer Simón la autoridad para impartir tal don si no hubiera algo espectacular en ello? Él ya había practicado la magia antes de su conversión, y había presenciado las señales inusuales que acompañaban el ministerio de Felipe. ¿Qué fue lo que deseó tan desusadamente? Faltan los detalles. Lucas simplemente dice que «Al ver [gr. *jorao* o *eidon*] Simón que mediante la imposición de las manos de los apóstoles se daba el Espíritu Santo» (v. 18). El verbo griego es muy común en el Nuevo Testamento, y su significado básico es «ver», pero también significa «percibir». Ninguna persona que estudie seriamente las Escrituras cuestionará que tuviera lugar algo importante cuando Pedro y Juan les impusieron las manos a los samaritanos; fue tan inusual que incluso Simón quedó fuertemente impresionado. Lo único que podía haber captado su atención era el fenómeno único de hablar en lenguas.

A la luz de la absoluta y clara identificación de las lenguas con el bautismo del Espíritu en los dos principales relatos que circundan este (en los caps. 2 y 10), parece difícil que Lucas pensara que era necesario mencionar las lenguas específicamente aquí. La carga de la prueba cae en quienes insisten en que *no* fue el hablar en lenguas lo que captó la atención de Simón. Si no fue glosolalia, ¿qué fue? Incluso ciertos autores que no suscriben el concepto pentecostal del bautismo del Espíritu dicen que aquí se manifestó la glosolalia. Cito algunos de ellos para ilustrarlo:

Dunn dice que lo que vio Simón «presumiblemente habría sido algún tipo de las manifestaciones que en otras partes Lucas atribuye al don del Espíritu (2:4; 10:46; 19:6)».[33]

«El texto no dice explícitamente que esta recepción del Espíritu fuera atestiguada por lenguas, pero parece probable».[34]

La concesión del Espíritu aquí es «reconocible por la señal de la glosolalia».[35]

[33]James D. G. Dunn, *The Acts of the Apostles*, Trinity Press International, Valley Forge, 1996, 111.

[34]Carson, *Showing the Spirit*, 144.

[35]Ernst Haenchen, *The Acts of the Apostles*, trad. Bernard Noble y Gerald Shinn, ed. rev., Westminster Press, Filadelfia, 1971, 304.

«Está claro que la recepción del Espíritu por los samaritanos estuvo acompañada de las mismas señales audibles que habían marcado su recepción por los creyentes en Pentecostés».[36]

«Simón ve el poder de los apóstoles produce un acceso de glosolalia».[37]

«Es lógico dar por sentado que para Lucas el "Pentecostés" samaritano, como el primer Pentecostés cristiano, estuviera marcado por glosolalia extática».[38]

Los comentaristas citados arriba optan por la *existencia* de lenguas en este incidente, pero no aceptan la interpretación pentecostal de que las lenguas sean una señal necesaria del bautismo del Espíritu.

Simón «vio» algo; por consiguiente, la comprensión pentecostal tradicional de este incidente no es realmente un argumento de silencio. Se basa en parte en la asociación sin ambigüedad de las lenguas con el bautismo del Espíritu en los dos relatos principales que preceden y siguen a este incidente.

Saulo de Tarso (Hch 9:17)

Uno de los propósitos de la imposición de manos de Ananías sobre Saulo fue «para que recobres la vista y seas lleno del Espíritu Santo» (Hch 9:17). Este relato también se halla entre las dos narraciones principales que sin ambigüedad asocian la glosolalia con individuos que son inicialmente llenos del Espíritu Santo. Pero Lucas no registra ningún detalle del bautismo del Espíritu de Pablo. Es cierto, sin embargo, que Pablo hablaba en lenguas regularmente y a menudo. «Doy gracias a Dios porque hablo en lenguas más que todos ustedes» (1 Co 14:18). Krister Stendahl le llama «el poderoso practicante de glosolalia».[39]

[36]Bruce, «Luke's Presentation», 24.

[37]Neil, *Acts of the Apostles*, 123.

[38]James D. G. Dunn, *Jesus and the Spirit*, Westminster Press, Filadelfia, 1975, 189. Vea también C. K. Barrett, *The Acts of the Apostles*, T. & T. Clark, Edimburgo, Escocia, 1994, 412; Marshall, *Acts of the Apostles*, 158; David J. Williams, *Acts*, Hendrickson Publishers, Peabody, Mass., 1990, 156.

[39]Krister Stendahl, «Glossolalia: The New Testament Evidence», in *Paul Among Jews and Gentiles*, Fortress Press, Filadelfia, 1976, 113.

En el libro de Hechos la experiencia de hablar en lenguas, cuando se la registra, se da por primera vez en el momento del bautismo del Espíritu. Parece perfectamente legítimo y lógico que los pentecostales, por tanto, infieran que pablo hablara lenguas por primera vez en el momento en que Ananías le impuso las manos. William Neil comenta que «al recibir el don del Espíritu Santo Pablo experimentó el éxtasis pentecostal».[40]

Los discípulos efesios (Hch 19:1-7)

¿Qué quiso decir Pablo al preguntarles a los hombres efesios: «¿Recibieron ustedes el Espíritu Santo cuando creyeron?» (Hch 19:2). En sus epístolas recibir el Espíritu es un componente de la experiencia de la salvación (por ejemplo, Ro 8:15; Gá 3:2,14). Pero la pregunta muestra que para Pablo la expresión podía tener un significado adicional. Estoy obligado a creer que Lucas registra fielmente la esencia de la pregunta de Pablo y que (1) no ha puesto sus propias palabras en boca de Pablo, (2) no ha editado ni revisado la pregunta para conformarla a su propia agenda teológica, o (3) no ha creado el incidente por entero para promover sus propios propósitos teológicos. Lucas, debemos recordar, es un historiador confiable.

La narración está clara en cuanto al significado de la pregunta de Pablo. La cuestión de haber recibido el Espíritu fue asunto «de percepción inmediata: se esperaba que los efesios supieran si en efecto recibieron o no el Espíritu cuando "creyeron"».[41] Turner alude a la experiencia que ellos en verdad tendrían poco después, cuando «empezaron a hablar en lenguas y a profetizar» (v. 6), la única referencia adicional al Espíritu después del versículo 2. La terminología de este relato es paralela a la de relatos previos de personas llenas del Espíritu: recibir el Espíritu (v. 2), el Espíritu Santo viniendo sobre ellos (v. 6), hablar en lenguas (v. 6).

Sobre la base del versículo 6, que dice que los efesios hablaron en lenguas y profetizaron, algunos dan por sentado que no todos ellos hablaron en lenguas; sino que algunos

---

[40]Neil, *Acts of the Apostles*, 131.

[41]Turner, *Power from on High*, 392.

154 El Bautismo en el Espíritu Santo

hablaron en lenguas y otros profetizaron, y que por consiguiente, *bien* las lenguas *o* la profecía puede acompañar la experiencia. Enfocando este versículo yo ofrezco las siguientes observaciones:

1. Si profetizar es una alternativa a las lenguas como indicación del bautismo del Espíritu, este es el único lugar de Hechos que lo sugeriría. No parece práctica hermenéutica sana basar una creencia en un solo pasaje de las Escrituras. Si Hechos 2 es programático, como yo creo que lo es, la glosolalia cumple la predicción de Joel, y no la profecía en sí.

2. Un vistazo más de cerca al texto griego sugiere la siguiente traducción: «El Espíritu Santo vino sobre ellos. Ellos no solo hablaron en lenguas, sino que también profetizaron».[42] Lucas, entonces, está relacionando este relato con los relatos previos que mencionan el hablar en lenguas por parte de quienes reciben el Espíritu (2:4; 10:46) y dice que los hombres, además de hablar en lenguas, también profetizaron. Carson no está seguro de si Lucas está hablando de dos fenómenos separados o si está «refiriéndose a la misma realidad».[43] Turner afirma que «Lucas no dice que *cada uno* de los doce empezaran a hablar en lenguas y a profetizar, sino que el grupo como un todo manifestó estos dones diferentes».[44]

Algunos sugieren que Lucas quiso decir: «Ellos hablaron en lenguas, es decir, profetizaron», relacionando la afirmación con «los oían hablar en lenguas y alabar a Dios» (10:46). Pero el texto griego de 10:46 contiene solo la palabra *kai* («y», «o sea»); el texto griego de 19:6 es diferente.

Resumen y conclusiones

En toda la historia bíblica se repiten palabras inspiradas cuando el Espíritu viene sobre ciertas personas: En el Antiguo

---

[42]La construcción gr. *Te... kai* es frecuente en el libro de Hechos. BAGD (807) ofrece las siguientes traducciones como posibles: «así... así»; «no solo... sino también». Entre los ejemplos de Hechos se cuentan 1:1,8; 4:27; 8:12; 9:2; 22:4; 26:3. Estoy en deuda con un colega, el Dr. Dr. Raymond K. Levang, por esta observación en su «The Content of an Utterance in Tongues», *Paraclete* 23, nº. 1 (invierno 1989).

[43]Carson, *Showing the Spirit*, 150.

[44]Turner, *Power from on High*, 395.

Testamento, en los primeros días de la nueva era (Lc 1—4), y en los relatos registrados en el libro de Hechos. Hablar en lenguas, en un sentido importante, es una forma especializada de profecía. Como tal, el que sucediera el día de Pentecostés y en ocasiones posteriores es en verdad un cumplimiento de la predicción de Joel de que todo el pueblo de Dios profetizará. La narración del derramamiento del Espíritu el día de Pentecostés es paradigmática. Se vuelve el modelo, o paradigma, para los derramamientos posteriores del Espíritu. El término «programático se usa» a veces para este concepto.

Paralela al método inductivo, que ve un patrón de glosolalia en el bautismo del Espíritu, va la contribución de un método contemporáneo de interpretación llamado a veces teología narrativa. En lo que tiene que ver con este tema, Donald A. Johns dice que una técnica mundial y común para contar historias es decir cosas en grupos de tres y que «tres veces deben ser suficientes para decir cualquier cosa. El efecto paradigmático de estas historias debería conducirnos a esperar lo mismo en nuestra propia experiencia con el Espíritu».[45]

Por todo el Antiguo Testamento, los primeros capítulos del Evangelio de Lucas, y el libro de Hechos, hay un patrón de habla inspirada cuando el Espíritu Santo viene sobre las personas.

El punto de vista de algunos es que la glosolalia puede ser el acompañamiento *normal* del bautismo del Espíritu, pero que no se puede considerar *normativo;* o sea, las lenguas no ocurren siempre.[45] Es verdad, por supuesto, que en ninguna parte de las Escrituras existe afirmación preposicional alguna que diga

[45]Donald A. Johns, «Some New Directions in the Hermeneutics of Classical Pentecostalism's Doctrine of Initial Evidence», en *Initial Evidence: Historical and Biblical Perspectives on the Pentecostal Doctrine of Spirit Baptism*, ed. Gary B. McGee, Hendrickson Publishers, Peabody, Mass., 1991, 163. Hay que distinguir a este autor de su finado padre, Donald F. Johns, en un tiempo decano académico del Central Bible College en Springfield, Mo.

[46]Vea, por ejemplo, Larry Hurtado, «Normal, But Not a Norm», en *Initial Evidence*, ed. McGee, 190-210; Turner, *Power from on High*, 447; James B. Shelton, «"Filled with the Holy Spirit" y "Full of the Holy Spirit": Lucan Redactional Phrases» en *Faces of Renewal*, ed. Paul Elbert, Hendrickson Publishers, Peabody, Mass., 1988, 106-107 n. 30.

que el bautismo del Espíritu vendrá acompañado de hablar en lenguas. Sin embargo, el «todos» de Hechos 2:4 y el «para» de 10:46 está fuertemente en contra de la posición de que las lenguas no son normativas. J. Rodman Williams arguye que cuando en Hechos se menciona explícitamente las lenguas, «*todas las personas hablaron en lenguas*».[47] Es la única manifestación asociada con el bautismo del Espíritu en Hechos que se presenta explícitamente como evidencia que autentica la experiencia.[48] Robert Menzies comenta, apropiadamente, que la doctrina pentecostal de lenguas como evidencia inicial «es una inferencia apropiada derivada del carácter profético del don pentecostal y el carácter evidente de hablar en lenguas». Dice además que la glosolalia es especialmente apropiada para servir como evidencia debido a su carácter inusual y demostrativo.[49]

A veces se objeta que Lucas registra varias instancias donde se dice que ciertos individuos fueron llenos del Espíritu y no menciona lenguas.[50]

La respuesta pentecostal es doble: (1) Lucas no sintió ninguna obligación de mencionar las lenguas igualmente en forma explícita en todas esas cinco instancias. La evidencia acumulativa es que fue acompañamiento carismático a las primeras investiduras con el Espíritu. Si la línea de razonamiento de los críticos se aplica a los relatos de *conversión* en Hechos, es fácilmente aparente que Lucas no menciona el arrepentimiento y fe como requisitos para la salvación en todos los relatos, ni tampoco se dice siempre que los que respondieron al mensaje del evangelio se arrepintieron y creyeron. (2) La doctrina pentecostal clásica de la «evidencia inicial» se aplica solo a la experiencia inicial de uno de ser lleno del Espíritu.

A menudo se objeta que se debe entender la manifestación de lenguas en el libro de Hechos solo en un contexto

---

[47]J. Rodman Williams, *Renewal Theology: Systematic Theology from a Charismatic Perspective*, Zondervan Publishing House, Grand Rapids, 1990, 2:211.

[48]Oss, «A Pentecostal/Charismatic View», 261.

[49]Menzies, *Empowered for Witness*, 251; «Coming to Terms with an Evangelical Heritage-Part 2: Pentecostals and Evidential Tongues», *Paraclete* 28, no. 4 (otoño 1994): 6.

[50]Carson, *Showing the Spirit*, 150.

histórico-redentor; o sea, que Lucas lo menciona en conso-
nancia con diferentes grupos de personas que responden al
evangelio y que son incorporadas a la iglesia. Pero los pentecostales pueden responder de la forma siguiente: (1) Si Pentecostés fue un evento repetible en por lo menos tres o cuatro ocasiones, ¿por qué no continúa siendo repetible? (2) Si
este fenómeno único ocurrió solo con propósitos históri-
co-redentores, debería haber sido descontinuado por Dios
después del evento de Hechos 19. Por el contrario, Pablo
continuó hablando en lenguas y deseaba que todos los
corintios lo hicieran.

La posición pentecostal tradicional tiene un aliado inesperado en los escritos de James D. G. Dunn, uno de los más atrin-
cherados críticos de la creencia pentecostal de que las lenguas
son un componente necesario del bautismo del Espíritu. Afirma en primer lugar: «Es una presuposición aceptable que para
Lucas el "Pentecostés" samaritano, como el primer Pentecostés cristiano, estuviera marcado por glosolalia extática». Luego
pasa a decir que en todos los casos donde Lucas registra y describe el don del Espíritu, sin incluir la experiencia de Pablo,
puesto que no es descrita, va acompañada y evidenciada por
glosolalia. Añade: «No resulta débil entonces, el corolario de
que Lucas *intentaba* describir el "hablar en lenguas" como la
"evidencia física inicial" del derramamiento del Espíritu».[51]
Desdichadamente, sin embargo, Dunn dice más tarde que el
concepto de Lucas de la obra del Espíritu «se puede describir
solo como relativamente crudo» e indiscriminado con su énfasis en señales y prodigios. Dice luego que «la presentación de
Lucas es defectuosa».[52] En efecto, dice que la teología de Lucas
en realidad no es confiable. Pero para los que se suscriben a
una alta creencia de la inspiración la teología de Lucas no es a
fin de cuentas suya propia; es solo mediada por medio de él,
por el Espíritu Santo.

Uno de los críticos de la posición pentecostal, siendo portavoz de la objeción de otros, dice que parece «extraordina-
riamente arbitrario *no* considerar *igualmente* normativos los

[51]Dunn, *Jesus and the Spirit*, 189-190.
[52]Ibid., 191.

versículos 2-3 [de Hch 2]».[53] La respuesta pentecostal es simplemente que en ninguna otra parte se mencionan el viento y el fuego en conjunción con, o anterior a, la recepción del Espíritu por parte de las personas, en tanto que la glosolalia se menciona o se implica fuertemente en otras partes y también se presenta como evidencia (10:46).

   ¿Acaso la pregunta de Pablo en 1 Corintios 12:30: «No todos hablan en lenguas, ¿verdad?» (traducción mía) apoya la posición pentecostal? La respuesta a esta pregunta debe ser que no, basada en la forma griega de la pregunta. Pero Pablo, en contexto, está hablando de la manifestación de lenguas según ocurre en la asamblea de creyentes. No todos son llamados a dar palabras *públicas* en lenguas. Esta comprensión se justifica a la vista de la pregunta que sigue: «No todos interpretan, ¿verdad?» (traducción mía). Es más, Pablo mismo expresa el deseo de que todo el pueblo de Dios hable en lenguas (1 Co 14:5), evidentemente en privado, como medio de edificación espiritual propia (v. 4).

   En conclusión, la doctrina pentecostal de la «evidencia física inicial» se sostiene por una investigación de las Escrituras.[54] La terminología, aunque por supuesto no divinamente inspirada, es un intento de resumir el pensamiento de que en el momento del bautismo del Espíritu el creyente hablará en lenguas. Presenta la idea de que hablar en lenguas es un acompañamiento inmediato, empírico del bautismo en el Espíritu.

   Sin embargo hay tres notas en orden: (1) Como destaca Robert Menzies, el enfoque pentecostal en la evidencia fácilmente puede llevar a confundir el don del Espíritu con la señal. «La manifestación de lenguas es una evidencia de la dimensión pentecostal de la obra del Espíritu, pero no el don en sí mismo». Propiamente entendido, uno recibe el Espíritu, no las lenguas.[55] (2) «La "evidencia inicial" no debe ser tanto una señal

[53]Carson, *Showing the Spirit*, 142.

[54]Dos artículos de interés de una perspectiva pentecostal clásica se hallan en el *Dictionary of Pentecostal and Charismatic Movements*, ed. Stanley M. Burgess y Gary B. McGee, Zondervan Publishing House, Grand Rapids, 1988: (1) «Glossolalia», por Russell P. Spittler (335-341); (2) «Initial Evidence, A Biblical Perspective», por Ben C. Aker (455-459).

[55]Menzies, *Empowered for Witness*, 253.

de que "tengamos el Espíritu", sino que el Espíritu "nos tiene" como participantes en la obra del reino».[56] (3) Los pentecostales arguyen que hablar en lenguas es solo la evidencia *inicial*, pero que hay, o por lo menos debe haber evidencias adicionales a las lenguas. Frederick Dale Bruner, vigoroso opositor de la doctrina pentecostal de la evidencia inicial, sin embargo, indica acertadamente la posición al respecto de los pentecostales responsables.[57]

---

[56]Frank D. Macchia, «The Question of Tongues as Initial Evidence», *Journal of Pentecostal Theology* 2 (1993): 121.

[57]Frederick Dale Bruner, *A Theology of the Holy Spirit: The Pentecostal Experience and the New Testament Witness*, WID. B. Eerdmans, Grand Rapids, 1970, 77, 85. En el capítulo siguiente se considerarán indicaciones adicionales de la llenura del Espíritu.

Capítulo 10

Propósitos y resultados del bautismo del Espíritu

Este capítulo cubrirá los siguientes temas: Jesús y el Espíritu, los resultados del bautismo del Espíritu, la recepción del bautismo del Espíritu, y el uso inclusivo del Nuevo Testamento de la terminología «lleno con/lleno del Espíritu Santo».

Jesús y la vida en el poder del Espíritu

PROFECÍAS DEL ANTIGUO TESTAMENTO

El libro de Isaías contiene las siguientes profecías que vinculan al Espíritu Santo con el Mesías:
«El Espíritu del SEÑOR reposará sobre él:
espíritu de sabiduría y de entendimiento,
espíritu de consejo y de poder,
espíritu de conocimiento y de temor del SEÑOR» (11:2).
«Éste es mi siervo, a quien sostengo,
mi escogido, en quien me deleito;
sobre él he puesto mi Espíritu,
y llevará justicia a las naciones» (42:1).
«Y ahora el SEÑOR omnipotente
me ha enviado con su Espíritu» (48:16). Las traducciones varían en este caso. Otra posibilidad es: «Y ahora me ha enviado el Señor DIOS, y su Espíritu» (LBA). En cualquier caso, el Espíritu y el Mesías están estrechamente relacionados.
«El Espíritu del SEÑOR omnipotente está sobre mí, por cuanto me ha ungido para anunciar ... sanar ... proclamar liberación ... y libertad» (61:1).

Además, Isaías registra la profecía de la concepción virginal de Jesús (7:14). Aunque no menciona al Espíritu en relación con esto, tanto Mateo (1:18-20) como Lucas (1:35) le atribuyen el milagro a la actividad del Espíritu Santo.

El ministerio terrenal de Jesús

Jesús fue ungido con el Espíritu Santo en el momento de su bautismo (Lc 3:22). Eso marcó el principio de su ministerio terrenal; fue su comisión para el servicio público. (Recuérdese que tanto la palabra hebrea transliterada «Mesías» como la palabra griega transliterada «Cristo» significan «ungido».) El Espíritu permaneció en él (Jn 1:33), y además, él experimentó el Espíritu en una medida sin restricciones (3:34).

El relato de Lucas en cuanto a la tentación de Jesús en el desierto está enmarcado entre dos referencias al Espíritu: Jesús estaba «lleno del Espíritu Santo» cuando se fue al desierto (Lc 4:1), y después de la tentación volvió a Galilea «en el poder del Espíritu» (Lc 4:14). Está claro en el relato de Lucas que el éxito de Jesús para resistir la tentación fue atribuible tanto a la llenura del Espíritu Santo como al experto uso que hizo de las Escrituras. Muy posiblemente el Espíritu le guió en la selección de los pasajes bíblicos más efectivos para contrarrestar las sugerencias de Satanás.

En la sinagoga de Nazaret Jesús leyó la profecía de Isaías 61 y se la aplicó a sí mismo. Con eso, se dedicó a su misión de liberación. Pedro comentó más adelante que Jesús «con el Espíritu Santo y con poder, y cómo anduvo haciendo el bien y sanando a todos los que estaban oprimidos por el diablo, porque Dios estaba con él» (Hch 10:38). Un ejemplo destacado del poder de Jesús por el Espíritu es su afirmación de que echaba fuera demonios «por el Espíritu de Dios» (Mt 12:28).

Jesús: el modelo para los creyentes

Por analogía o paralelismo, la unción de Jesús con el Espíritu en el río Jordán pone el patrón para la recepción del Espíritu por parte de los creyentes.[1] Algunos no vacilan en llamar al Jesús autorizado por el Espíritu paradigma para los creyentes.[2] Roger Stronstad aboga por esta posición, diciendo que «Lucas pone en paralelo el bautismo del Espíritu de los discípulos con la unción inicial de Jesús por el Espíritu Santo». Cita el cuádruple paralelismo de Charles Talbert entre los dos episodios: (1) Tanto Jesús como los discípulos están orando; (2) el Espíritu desciende después de sus oraciones; (3) Tiene lugar una manifestación del Espíritu; (4) los ministerios de ambos empiezan con un sermón que es tema de lo que sigue, apela al cumplimiento profético y hablar del rechazo de Jesús.[3]

Stronstad avanza un paso más y habla del «motivo de transferencia» que se halla en las Escrituras. Incluye la transferencia del Espíritu de una persona a otra. Ejemplos son Moisés y los ancianos (Nm 11:16-17); Moisés y Josué (Nm 27:18-20; Dt 34:9); Elías y Eliseo (2 R 2:9,15; cf. vv. 8,14); Saúl y David (1 S 10:10; 16:13-14). El propósito de la transferencia es doble: «autenticar o acreditar al nuevo liderazgo, e investir las habilidades apropiadas para las nuevas responsabilidades de liderazgo».[4] Este autor centra su atención primordialmente en el incidente de Moisés y los ancianos, y lo relaciona con el episodio de Jesús

[1]Entre los defensores más representativos de esta posición se cuentan Robert P. Menzies, *Empowered for Witness: The Spirit in Luke-Acts*, Sheffield Academic Press, Sheffield, Inglaterra, 1994, 174; I. Howard Marshall, «Significance of Pentecost», *Scottish Journal of Theology* 30, n°. 4 (1977): 352; G. W. H. Lampe, «The Holy Spirit in the Writings of Saint Luke», en *Studies in the Gospels*, ed. D. E. Nineham, Blackwell, Oxford, Inglaterra, 1957, 168; J. Rodman Williams, *Renewal Theology: Systematic Theology from a Charismatic Perspective*, Zondervan Publishing House, Grand Rapids, 1990, 2:169. Entre los que disienten se encuentran: M. Max B. Turner, *Power from on High: The Spirit in Israel's Restoration and Witness in Luke-Acts*, Sheffield Academic Press, Sheffield, Inglaterra, 1996, 188; y Gordon D. Fee, *Gospel and Spirit: Issues in New Testament Hermeneutics*, Hendrickson Publishers, Peabody, Mass., 1991, 109, que ni siquiera deja lugar para la analogía.

[2]Walt Russell, «The Anointing with the Holy Spirit in Luke-Acts», *Trinity Journal*, n.s., 7, n°. 1 (primavera 1986): 49; James B. Shelton, «Reply to James D. G. Dunn's "Baptism in the Spirit: A Response to Pentecostal Scholarship on Luke-Acts"», *Journal of Pentecostal Theology* 4 (1994): 143.

[3]Roger Stronstad, *The Charismatic Theology of St. Luke*, Hendrickson Publishers, Peabody, Mass., 1984, 51-52. Stronstad cita a Charles H. Talbert, *Literary Patterns, Theological Themes, and the Genre of Luke-Acts*, Scholars Press, Missoula, Mont., 1974, 16.

[4]Stronstad, *Charismatic Theology*, 21.

enviando el Espíritu a los discípulos (Hch 2:33), diciendo que ambos relatos incluyen una transferencia del Espíritu de un individuo a un grupo y ambas transferencias resultan en una explosión de profecía.[5]

Los resultados del bautismo del Espíritu

PODER PARA TESTIFICAR

En los círculos pentecostales ningún aspecto del propósito del bautismo del Espíritu ha recibido más atención que el del propósito de la evangelización del mundo. Esto se basa firmemente en Hechos 1:8: «recibirán poder y serán mis testigos ... hasta los confines de la tierra». El libro de Hechos es un comentario sobre estos dos temas relacionados de que los discípulos recibirían poder cuando el Espíritu viniera sobre ellos y que ellos serían testigos de Jesús en todo el mundo.

Cuando Jesús les dijo a los discípulos que serían sus «testigos», la idea no es tanto que ellos serían sus representantes, aunque eso es cierto, por cuanto ellos atestiguarían su resurrección. El pensamiento de testigo ocurre en todo el libro de Hechos, se aplica generalmente a los discípulos (1:8,22; 2:32; 3:15; 5:32; 10:39,41; 13:31) y específicamente a Esteban (22:20) y a Pablo (22:15; 26:16).

La evangelización mundial de los pentecostales que ha tenido lugar en el siglo veinte es testimonio de la realidad de la experiencia pentecostal. Desdichadamente, algunos misionólogos e historiadores modernos de la iglesia han sido lentos para reconocer la tremenda contribución del movimiento pentecostal a la expansión del evangelio en todo el mundo. Los pentecostales no pueden ni se atreven a negar o soslayar la obra maravillosa y a menudo sacrificada de los misioneros en toda la historia de la iglesia que no experimentaron, o no han experimentado, el bautismo en el Espíritu según lo entienden los pentecostales. Damos gracias a Dios por todos los miembros de otras denominaciones y agencias misioneras que han contribuido a la empresa misionera mundial. Como con otros

---

[5]Ibid., 77.

asuntos considerados previamente, la diferencia entre estos misioneros y los pentecostales es de grado sumo. Sería irresponsabilidad de parte de los pentecostales decir que los otros no sabían nada del poder del Espíritu.[6]

En el Nuevo Testamento se asocia con frecuencia el poder (gr. *dúnamis*) con el Espíritu Santo, donde los dos términos son intercambiables (por ejemplo, Lc 1:35; 4:14; Hch 10:38; Ro 15:19; 1 Co 2:4; 1 Ts 1:5). El poder del Espíritu Santo dado a los primeros discípulos, no obstante, no se debe restringir solo a poder para evangelizar.

PODER PARA REALIZAR MILAGROS

Los milagros relatados en Hechos se llevaron a cabo con toda certeza por el poder del Espíritu Santo. Sigue una lista de algunos eventos inusuales en el libro de Hechos. Muchos se atribuyen directamente al Espíritu Santo, en tanto que en otros su poder queda implicado.

* Lenguas, 2:4; 10:46; 19:6
* Profecía, 11:27-28, Agabo y otros profetas; 13:1-2, profetas en Antioquía; 21:4, discípulos en Tiro; 21:11, Agabo
* Palabra de ciencia o discernimiento de espíritus, 5:3-4, incidente de Ananías y Safira
* Palabra de sabiduría, 4:8-13, Pedro ante los ancianos; 15:28, concilio de Jerusalén
* Afirmaciones generales sobre sanidades y milagros, 2:43, apóstoles; 5:15-16, la sombra de Pedro; 6:8, Esteban; 8:6-8, Felipe; 14:3 y 15:12, Bernabé y Pablo; 19:11-12 y 28:9, Pablo
* Sanidades, 3:1-10, cojo en la puerta del templo; 9:33-35, el paralítico Eneas; 14:8-10, cojo en Listra; 28:3-5, Pablo y la víbora; 28:8, padre de Publio
* Exorcismos, 5:16; 8:7 (afirmación general); 16:16-18, esclava; 19:13-16, incidente respecto a los hijos de Esceva

---

[6]En línea con esto y con comentarios relacionados que he hecho, recomiendo en alto grado el siguiente artículo: «Baptism in the Holy Spirit, Initial Evidence, and a New Model», por Gordon L. Anderson in *Paraclete* 27, n°. 4 (febrero 1993): 1-10.

166 El Bautismo en el Espíritu Santo

- Resurrección de muertos, 9:36-42, Tabita/Dorcas; 20:9-10, Eutico
- Visiones, cap. 10, Cornelio y Pedro; 16:9-10, Pablo
- Liberaciones milagrosas, 5:19; 12:7-10, Pedro; 16:23-26, Pablo y Silas; 27:23-25, Pablo en el mar
- Transporte milagroso, 8:39-40, Felipe
- Milagros «inversos», 5:1-11, Ananías y Safira, muertos; 12:23, Agripa muerto; 13:9-12, Elimas (Barjesús) cegado

MINISTERIO A LA IGLESIA

Además del Espíritu dado para beneficio personal del creyente y para capacitarlo para el servicio (tanto para testificar como para obrar milagros) el libro de los Hechos también muestra al Espíritu otorgando a los discípulos discernimiento y dirección en asuntos de la iglesia (5:3,9 [implícito]; 15:28). Hay también casos en que el Espíritu le proporciona estímulo, sabiduría y dirección a la iglesia (6:3,5; 9:31; 11:24,28; 13:52; 15:28; 20:28), así como dirección personal (20:23; 21:4,11). No podemos decir que el don pentecostal a los discípulos fuera *solo* «capacitación para testificar».[7]

EL HABLAR EN LENGUAS

La idea de que la glosolalia es la «evidencia física inicial» del bautismo en el Espíritu recalca que las lenguas ocurren en el momento de la llenura y que, por naturaleza, es un fenómeno observable. Hablar en lenguas es, por consiguiente, la indicación inmediata, empírica y externa de que ha tenido lugar la llenura. No es la suma total de la experiencia, sin embargo, además de este fenómeno puntual, las Escrituras hablan de evidencias continuadas e internas de la plenitud del Espíritu. Pero por el momento será útil explorar más las implicaciones de la glosolalia en el momento del bautismo en el Espíritu.

[7]Turner, *Power from on High*, 344, énfasis de Turner. Él añade que «el Espíritu es una capacitación no para servir a la iglesia tanto como para servir su misión hacia los de afuera, aunque en el relato de Lucas de la expansión del cristianismo inevitablemente da más espacio a esto último» (416).

Los eventos del derramamiento pentecostal registrados en Hechos 2 han de contemplarse en un contexto histórico-redentor. Pentecostés es el evento clímax en la puesta en práctica del nuevo pacto. Como tal, fue el don del Espíritu de Dios a la iglesia. Pero al igual que la experiencia de esos creyentes se repitió en ocasiones futuras para otros, incluso unos veinticinco años más tarde (Hch 19:1-6), y para un individuo (Hch 9:17), este derramamiento sobre la iglesia trasciende el tiempo, y en su naturaleza es tanto corporativo como personal. Resulta muy apropiado, entonces, decir que los creyentes de hoy pueden experimentar lo que algunos llaman «un Pentecostés personal».

Existen por lo menos tres razones por las que Dios ordenó la glosolalia para el día de Pentecostés. La primera es histórica; las otras dos se aplican a todos los creyentes.

1. El paso final en la inauguración del nuevo pacto fue indicado por fenómenos meteorológicos y atmosféricos, que eran reminiscencia de la institución del antiguo pacto en el Sinaí. Además, el Señor escogió añadir un nuevo elemento: hablar en lenguas, que no había ocurrido antes de Pentecostés en la historia bíblica registrada. Aunque algunos estudiosos del Antiguo Testamento identifican el parloteo de algunos de los profetas del Antiguo Testamento como glosolalia, tal posición no se puede sostener si uno toma en serio la enseñanza del Nuevo Testamento de que glosolalia es hablar en idiomas, y no la pronunciación de sílabas sin sentido. La introducción de este nuevo fenómeno en Pentecostés estuvo diseñada para llamar la atención hacia la nueva era que estaba siendo iniciada en los tratos de Dios con su pueblo.

2. La experiencia de glosolalia en el día de Pentecostés subrayó el imperativo misionero que Jesús les había dado previamente a los discípulos. Los varios idiomas que hablaron los discípulos, inspirados por el Espíritu, les servirían, indirectamente, para que recordaran los muchos grupos de lenguas que necesitaban oír el evangelio. Desdichadamente, algunos de los primeros líderes del movimiento pentecostal pensaron erróneamente que la concesión de lenguas era el equipamiento de los creyentes con idiomas que debía usar en la evangelización. Debemos observar que las palabras glosolálicas de los discípulos no fueron una predicación del evangelio sino un recital de

«las maravillas de Dios» (Hch 2:11), evidentemente un recuento de algunas de las manifestaciones del poder de Dios y liberación en el Antiguo Testamento. Bien puede haber sido similar a algunos de los salmos que relatan las manifestaciones del poder y gloria de Dios en eventos históricos. Sin embargo, hablar en lenguas captó la atención de los no creyentes hasta el punto de prestarle atención a la predicación de Pedro (Hch 2:14-39).

3. Hay una dimensión personal en la glosolalia. Pablo dice que «el que habla en lenguas no habla a los demás sino a Dios» (1 Co 14:2) y que «El que habla en lenguas se edifica a sí mismo» (v. 4). Esta es una de las razones para decir: «Yo quisiera que todos ustedes hablaran en lenguas» (v. 5). El tiempo presente del griego «hablar» sugiere la traducción de «continuar hablando en lenguas». La afirmación de Pablo de que el que habla en lenguas «se edifica a sí mismo» se debe entender en sentido positivo. La glosolalia es un medio de edificación espiritual de uno mismo. Aparejado con el don de interpretación de lenguas, edifica a la congregación. Cuando se practica en privado, edifica al que ora, de una manera que no se indica explícitamente en las Escrituras. Puesto que las lenguas son un medio de edificación espiritual (lo que algunos llaman un medio de gracia), está disponible para todos los hijos de Dios. ¿Por qué iba Dios a impedirle a algún creyente el acceso a un medio de gracia? Estrechamente relacionada con la enseñanza de Pablo está la amonestación de Judas de «edifíquense ustedes mismos en su santísima fe, orando en el Espíritu Santo» (v. 20, traducción mía), así como la afirmación de Pablo en otro lugar en cuanto a orar en el Espíritu (Ef 6:18). «Orar en el Espíritu» incluye con toda seguridad orar en lenguas. Algunos le llaman a la glosolalia «lenguaje de oración», designación que subraya su naturaleza personal y devocional. Pablo está de acuerdo con eso (1 Co 14:15).

Además, un buen número de exégetas responsables ven glosolalia en la afirmación de Pablo de que «el Espíritu mismo intercede por nosotros con gemidos que no pueden expresarse con palabras» (Ro 8:26).[8]

---

[8]Vea Anthony Palma, «The Groanings of Romans 8:26», *Advance* 31, n.º 8 (otoño 1995): 46-47.

APERTURA A LAS MANIFESTACIONES ESPIRITUALES

La experiencia inicial de hablar en lenguas indica que los que reciben están dispuestos a someterse a algo por encima de lo racional. Están dispuestos a «abandonarse» y permitir ser inmersos en, o abrumados por, el Espíritu de Dios hasta el punto de que su mente no contribuye a lo que dicen (1 Co 14:14). El bautismo en el Espíritu abre a quienes lo reciben a la plena variedad de dones espirituales. Un vistazo a las listas principales de los dones espirituales (Ro 12:6-8; 1 Co 12:8-10,28-30; Ef 4:11) nos revela que la mayoría de estos dones ya se habían manifestado de alguna forma tanto en el Antiguo Testamento como en los Evangelios. Antes de Pentecostés, los mismos discípulos fueron instrumentos de sanidades y expulsión de demonios (Lc 10:9,17; vea también Mt 10:8). Es más, un estudio de la historia de la iglesia demuestra que los dones espirituales en sus muchas formas se manifestaron en creyentes en todas las eras.

Además, el Nuevo Testamento muestra que entre los primeros discípulos hubo una *incidencia* más alta de dones espirituales después de Pentecostés que antes. Por ejemplo, algunos que no eran apóstoles —como Esteban y Felipe— realizaron milagros (Hch 6:8; 8:7), y también los apóstoles. Tanto Pedro como Pablo fueron instrumentos de sanidad en casos desahuciados y en resurrección de muertos. Pedro experimentó ciertamente el don de fe al decirle al cojo que anduviera (3:6), así como el don de palabra de conocimiento al exponer el pecado de Ananías y Safira (5:1-10).

Es historia que los que han defendido y experimentado el bautismo del Espíritu no tienen reservas en cuanto a la continuación de los dones extraordinarios. Esto se debe mayormente a su propia experiencia del bautismo del Espíritu en que se han abierto a la obra inusual del Espíritu, y consecuentemente tienen una sensibilidad más elevada para sus obras milagrosas en sus formas más variadas.

En esto, así como en los puntos que siguen, estas consideraciones no son cuestión de quienes lo tienen y quienes no. Los pentecostales deben resistir la tentación de ser elitistas espiritualmente en estos asuntos. Más bien, experimenten lo que experimenten de la mano del Señor debe inducirles a una mayor humildad.

VIDA SANTA

El bautismo del Espíritu no se puede divorciar de sus implicaciones para una vida santa. Es, después de todo, una inmersión en aquel que es llamado el Espíritu *Santo*. El énfasis del libro de los Hechos es la evangelización del Imperio Romano por el poder del Espíritu, pero eso no elimina la obra del Espíritu en la vida personal del creyente, solo que simplemente no se enfatiza en Hechos. El que está en verdad lleno del Espíritu, o inundado por él, no vivirá una vida de pecado. Los pentecostales deben tener cuidado de no identificar el bautismo del Espíritu solo con hablar en lenguas y con la evangelización mundial. Hacerlo así es excluir o restringir la obra del Espíritu en otros aspectos de la vida del creyente.

Un problema básico con algunos de los creyentes corintios era que ellos continuaban hablando en lenguas (cuya autenticidad no es cuestionada por Pablo) sin permitir la obra interna del Espíritu en sus vidas. El Artículo 7 de la «Declaración de verdades fundamentales» de las Asambleas de Dios dice, en parte, que con el bautismo en el Espíritu Santo «viene la investidura de poder para la vida y el servicio». Creo que «para la vida» quiere decir «para una vida santa». Si quienes profesan haber sido bautizados en el Espíritu Santo no están viviendo una vida que agrade a Dios, es por no haber permitido que la experiencia se manifieste en su estilo de vida.

El bautismo del Espíritu no resulta en santificación instantánea (¡no hay nada que lo haga!), pero sí debería proveer ímpetus adicionales para que el creyente busque una vida que agrade a Dios.

Recepción del bautismo del Espíritu

Si, como creen los pentecostales, el bautismo del Espíritu no es sinónimo de la regeneración, ni necesariamente contemporáneo con ella, ¿qué se requiere para que alguien reciba esta plenitud del Espíritu?[9] Las Escrituras no ofrecen ninguna fórmula, pero resultan muy útiles las siguientes consideraciones.

La experiencia es para todos los creyentes

La profecía de Joel, repetida por Pedro el día de Pentecostés, recalca que este derramamiento del Espíritu es para todos los creyentes. A esto a veces se le llama la democratización del Espíritu, a diferencia del Antiguo Testamento, en que el Espíritu era para unos pocos selectos. Ahora el Señor desea poner su Espíritu sobre todo su pueblo (Nm 11:29; Jl 2:28-29). Paralela a esta se encuentra la idea de que el derramamiento prometido del Espíritu sobre creyentes individuales trasciende tiempo y raza, porque la promesa es «es para ustedes [judíos], para sus hijos [descendientes] y para todos los extranjeros» (Hch 2:39). La expresión «extranjeros» se suele entender en sentido geográfico, lo que por cierto indica el libro de los Hechos. Pero Pedro muy probablemente tenía en mente a los gentiles, a diferencia de los judíos, como también lo indica el libro de los Hechos. Esta última creencia cuenta con el respaldo de una frase similar que Pablo usa cuando distingue a los gentiles de los judíos (Ef 2:13,17). El individuo que busca debe estar convencido de que la experiencia en verdad es para él.

El bautismo en el Espíritu es un don

Un don, por definición, no se otorga por méritos. No llegamos a ser dignos de recibir la plenitud del Espíritu, porque todo lo que recibimos de Dios se debe a su gracia, no a nuestras obras. Si alguien pudiera ser bautizado en el Espíritu sobre la base del mérito personal, entonces surgirían las preguntas aturdidoras e incontestables: ¿Qué es ser digno?, y ¿Qué grado de perfección espiritual es requisito para que alguien cualifique para la experiencia? Al mismo tiempo, la

---

[9]Vea un resumen muy útil en Williams, *Renewal Theology*, 2:271-306.

introspección indebida y un sentido de indignidad pueden ser barreras para ser llenos del Espíritu. Si tuviéramos que nombrar algún requisito humano, entonces ese requisito sería la fe.[10]

El Espíritu ya mora

Las imágenes del Nuevo Testamento en cuanto al bautismo en el Espíritu, si se toman literalmente, darán la impresión de que al principio el Espíritu es externo para el individuo («derramado», «bautizado en», «caer sobre o venir sobre») o que deberíamos considerar al Espíritu en términos cuantitativos («lleno con»). Pero como hemos visto anteriormente, el Espíritu viene a morar en todos los creyentes en el momento de su arrepentimiento y fe en Cristo. Por tanto, el bautismo en el Espíritu es una obra adicional del Espíritu Santo que ya mora en el creyente. Alguien se ha referido a esto como una «liberación» del Espíritu en la vida de alguien.

La apertura y la expectación facilitan la recepción.

Dios no bautiza en el Espíritu en contra de la voluntad de la persona. La rendición al Señor, así como una disposición a someterse a él por entero, facilitan el que uno sea lleno con el Espíritu. Esto es especialmente cierto respecto al aspecto glosolálico del bautismo en el Espíritu. El que recibe debe aprender a cooperar con el Espíritu Santo, o dejarse llevar por él, porque los discípulos hablaron en lenguas «según el Espíritu les concedía expresarse» (Hch 2:4). Ellos no generaron el hablar en lenguas; sino que más bien respondieron a los ímpetus y acicates del Espíritu.

[10]Para una consideración de la fe como condición para la recepción del Espíritu, vea Williams, *Renewal Theology*, 2:271-278. Bruner malentiende la posición de los pentecostales responsables cuando dice que el pentecostalismo «hace que el dominio de lo que considera pecado sea la condición para la gracia del Espíritu Santo». Frederick Dale Bruner, *A Theology of the Holy Spirit: The Pentecostal Experience and the New Testament Witness*, Wm. B. Eerdmans, Grand Rapids, 1970, 233; vea también 249.

LA ORACIÓN Y LA ALABANZA CONDUCEN DE FORMA NATURAL A LA EXPERIENCIA

Lucas, el autor paladín del Nuevo Testamento sobre el bautismo del Espíritu, anota las palabras de Jesús: «Pues si ustedes, aun siendo malos, saben dar cosas buenas a sus hijos, ¡cuánto más el Padre celestial dará el Espíritu Santo a quienes se lo pidan!» (Lc 11:13). Esta promesa está en el contexto de la enseñanza de Jesús sobre la oración, en la que él habla de persistencia (v. 8), elaborando en el versículo 9 al decir: «sigan pidiendo, sigan buscando, sigan llamando» (que es el significado del tiempo presente griego en los tres casos). Vale la pena darse cuenta de que Jesús dice que nuestro Padre celestial dará el Espíritu a los que lo pidan, y que el Padre se cerciorará de que como respuesta a su petición no reciban algo falsificado o un sustituto.[11] Esto debería animar a unos cuantos creyentes inseguros y tal vez demasiado sensibles que temen que lo que reciban no sea genuino.[12]

Hemos observado que la glosolalia es una expresión de alabanza por las obras poderosas de Dios (Hch 2:11; 10:46) y que está relacionada con dar gracias a Dios (1 Co 14:16-17). Resulta por tanto muy apropiado que la persona se dedique a la alabanza tanto como a la petición. Los discípulos estaban alabando a Dios durante el período precedente al día de Pentecostés (Lc 24:53), y aunque no se puede probar o desaprobar partiendo de las Escrituras, la experiencia muestra que alabar a Dios en el idioma que alguien domine facilita la transición a alabarle en lenguas.

LA IMPOSICIÓN DE MANOS NO ES NECESARIA

En Hechos se registran solo tres ocasiones de imposición de manos en relación con el bautismo del Espíritu: los samaritanos (cap. 8), Pablo (cap. 9) y los efesios (cap. 19), y en ninguna parte se estipula como requisito.

---

[11]Stronstad comenta que la oración no es el medio para conferir el Espíritu, sino que «es más bien el ambiente espiritual en que a menudo se otorga el Espíritu». *Charismatic Theology*, 70.

[12]Vea Lampe, «Holy Spirit in the Writings», 169.

DIOS ES SOBERANO

Como el bautismo en el Espíritu es un don, el momento en que se otorga está en manos del Dador. El Señor responde con toda seguridad a la oración del creyente cuando el objeto de esta está de acuerdo con su voluntad. Pero por razones que él escoge no revelar, a veces su tiempo difiere del nuestro. Es evidente, por el libro de los Hechos y por la historia de la iglesia, que los derramamientos del Espíritu pueden tener lugar en momentos inesperados. Como consecuencia, la persona que desea ser bautizada en el Espíritu no debe condenarse a sí misma si la experiencia no tiene lugar cuando lo espera. Puede haber ocasiones de visitación especial del Señor, durante las cuales hay muchos individuos que son llenos con el Espíritu. Durante esas ocasiones las condiciones son óptimas para quien espera recibirlo.

Significado inclusivo de «lleno con» o «lleno del» Espíritu

El bautismo en el Espíritu no es una experiencia de una vez por todas; el Nuevo Testamento no enseña que «una vez llenado, siempre lleno».[13]. Más bien, la noción pentecostal ampliamente aceptada es la de «un bautismo, muchas llenuras».[14] Esto quedará demostrado por un repaso de los pasajes que contienen las expresiones «lleno con» o «lleno del».[15]

«LLENO CON EL ESPÍRITU»

Ya hemos observado que las expresiones «bautizado en el Espíritu Santo» y «lleno con el Espíritu Santo» se usan indistintamente

[13]Howard M. Ervin representa a una minoría decidida que cree en «Un bautismo, una llenura», que es como se traduce el título del cap. en su *Spirit Baptism: A Biblical Investigation*, Hendrickson Publishers, Peabody, Mass., 1987, 49-61. Una refutación efectiva a su posición la ofrece Larry W. Hurtado, «On Being Filled With the Spirit», *Paraclete* 4, nᵒ. 1 (invierno 1970): 29-32. Stronstad concuerda en su crítica de Ervin: *Charismatic Theology*, 54.

[14]La misma expresión la usan muchos que niegan una experiencia postconversión de bautismo del Espíritu, equiparando el bautismo del Espíritu con la obra del Espíritu en la regeneración o conversión.

[15]Las dos expresiones se dan solo en los escritos de Lucas, con una sola excepción: Ef 5:18.

(Hch 1:5; 2:4). Pero en el libro de los Hechos «lleno con el Espíritu Santo» se usa de dos modos adicionales:

1. Investiduras episódicas en tiempo de necesidad. Esto se menciona tres veces en el libro de los Hechos. Primero, Pedro experimentó una capacitación fresca del Espíritu cuando él y Juan fueron llevados ante las autoridades religiosas después de sanar al cojo en la puerta del templo. Cuando se les interrogó sobre el poder por el que habían realizado el milagro, Lucas señala: «Pedro, lleno [lit. «habiendo sino llenado»] del Espíritu Santo, les respondió...» (4:8). Le fue dado precisamente lo que tenía que decir en esas circunstancias difíciles. Esto fue un cumplimiento de la promesa de Jesús de que en esas ocasiones el Espíritu Santo les daría a los creyentes las palabras apropiadas (Mt 10:17-20; Mr 13:9-11; Lc 12:11-12).

Segundo, Pablo tuvo una experiencia similar de una investidura especial cuando al principio de su obra misionera confrontó al hechicero Elimas. Lucas señala: «Entonces Saulo, o sea Pablo, lleno [de nuevo, «habiendo sido llenado»] del Espíritu Santo, clavó los ojos en Elimas» (Hch 13:9). En este «encuentro de poder» el Espíritu vino sobre Pablo, capacitándole para combatir a alguien que era «¡Hijo del diablo y enemigo de toda justicia, lleno de todo tipo de engaño y de fraude!» (v. 10).

Tercero, los primeros creyentes, al enfrentar la persecución que les esperaba si seguían proclamando a Cristo, oraron: «concede a tus siervos el proclamar tu palabra sin temor alguno»[16] (Hch 4:29). La respuesta del Señor fue: «todos fueron llenos del Espíritu Santo» (esta cláusula gr. es virtualmente idéntica a la de 2:4) «y proclamaban la palabra de Dios sin temor alguno» (v. 31).

Puede ser que en verdad se trate de llenuras especiales del Espíritu Santo después de la experiencia del bautismo del Espíritu, para capacitar a alguien a enfrentar cierto problema especial. A las experiencias adicionales de este tipo a veces se les llama «unciones», pero en ninguna parte del Nuevo Testamento se usa la palabra cuando las registra.[17]. El verbo «ungir»

---

[16]gr. *parresia*, palabra que a menudo se usa en conexión con dar testimonio de Cristo, y con frecuencia se traduce como «denuedo» o «confianza».

[17]El verbo se usa para los creyentes en 2 Co 1:21-22 y está en aoristo (pasado). El sustantivo cognado *jrisma* («unción») ocurre en 1 Jn 2:20,27; es algo que los creyentes

(crío), sin embargo, se usa en conexión con la experiencia del Espíritu que tuvo Jesús en el Jordán (Lc 4:16-21; Hch 10:38; hay quien cita Hechos 4:26). ¿Implican estas experiencias que quienes las recibieron todavía no estaban llenos del Espíritu? «Nuestro concepto occidental lógico de que algo no puede ser llenado más es equívoco si se aplica al Espíritu. Una llenura no es compatible con otra».[18] El punto de vista más ampliamente aceptado es que la pneumatología pentecostal incluye campo para una segunda, tercera, cuarta, etc. llenuras del Espíritu en tiempos de necesidad especial.[19]

2. Una experiencia que continúa, tal vez de manera continua. Pablo anima a los creyentes a «ser llenos [lit. "seguir siendo llenados"] del Espíritu» (Ef 5:18). Los versículos que siguen son de un interés especial (vv. 19-21). Presentan varios ejemplos de lo que demuestra ser una vida llena del Espíritu: (a) hablar unos a otros con salmos, himnos y cantos espirituales; (b) cantar y entonar música en el corazón y al Señor; (c) dar gracias siempre a Dios el Padre por todo, en el nombre de nuestro Señor Jesucristo; y (d) someterse unos a otros por reverencia a Cristo.[20] A continuación de este último asunto encontramos una extensa consideración de las relaciones personales entre esposo y esposa, padres e hijos, y amos y esclavos (patronos y empleados). Está claro por tanto que la vida verdaderamente llena del Espíritu incluye un estímulo para los otros creyentes (vea el pasaje paralelo en Col 3:16), adoración genuina, una actitud correcta respecto a las circunstancias, y relaciones personales propias.[21] Don A. Carson comenta que el mandamiento

---

recibieron en el pasado y que es una posesión presente. Muy probablemente Pablo y Juan relacionan esta unción con la obra del Espíritu en la regeneración, aunque algunos la asocian con el bautismo del Espíritu. Ni Pablo ni Juan hablan de otras «unciones».

[18]Marshal, «Significance of Pentecost», 355. Afirma que es posible «que la persona ya llena del Espíritu pueda recibir una nueva llenura para una tarea específica o una llenura continua». The Acts of the Apostles, Wm. B. Eerdmans, Grand Rapids, 1980, 69, 100.

[19]Douglas A. Oss, «A Pentecostal/Charismatic View», en Are Miraculous Gifts for Today? ed. Wayne A. Grudem, Zondervan Publishing House, Grand Rapids, 1996, 243.

[20]Las traducciones oscurecen con frecuencia la relación de esta última cláusula con ser lleno del Espíritu, pero la construcción gramatical (cláusula de participio) es paralela a la de las tres cláusulas precedentes.

de Pablo de ser llenos del Espíritu «está vacío si Pablo no cree que es peligrosamente posible que los creyentes estén demasiado "vacíos" del Espíritu».[22] Expresado con otra imagen, este parece ser el pensamiento existente detrás de la amonestación de Pablo a Timoteo: «que avives la llama del don de Dios que recibiste cuando te impuse las manos» (2 Ti 1:6; vea también 1 Ti 4:14).

Este aspecto continuo de la llenura del Espíritu también lo menciona Lucas cuando dice que «los discípulos quedaron llenos de alegría y del Espíritu Santo» (Hch 13:52).[23]

«LLENO DEL ESPÍRITU»

La expresión «lleno *(pleres)* del Espíritu» la usa solo Lucas (Lc 4:1, de Jesús; Hch 6:3, de una calificación de los siete «diáconos»; 6:5 y 7:55, específicamente de Esteban; 11:24, de Bernabé). Sugiere un estado de llenura del Espíritu y tal vez sea indistinguible de ser «continuamente llenado con el Espíritu» (Ef 5:18; Hch 13:52). Pero es instructivo que en los escritos de Lucas lo que completa esta frase «lleno de» incluya también, desde un punto de vista positivo, sabiduría (Hch 6:3), fe (6:5; 11:24), gracia y poder (6:8), y obras de bondad y caridad (9:36). Negativamente, la frase se completa con maldad y engaño (13:10) e ira (19:28).

Similarmente, un vistazo a las cláusulas «lleno con» en Lucas-Hechos, aparte de las que mencionan solo el Espíritu Santo, muestra que «lleno con» va seguido, positivamente, de sabiduría (Lc 2:40, Jesús), gozo (Hch 2:28; 13:52), admiración y asombro (3:10). Negativamente va seguido de ira (Lc 4:28), temor o asombro (5:26), ira (lit. «necera», 6:11), celos (Hch 5:17; 13:45), confusión (19:29). Además, se afirma que Satanás había llenado el corazón de Ananías para que le mintiera al Espíritu Santo (5:3).

En todos estos casos en los que Lucas completa «lleno con» o «lleno de» con características y virtudes positivas, está haciendo

---

[21]Vea John R. W. Stott, *The Baptism and Fullness of the Holy Spirit*, 2ª ed., InterVarsity Press, Downers Grove, Ill., 1976, 54-57.

[22]Don Á. Carson, *Showing the Spirit: A Theological Exposition of 1 Corinthians 12-14*, Baker Book House, Grand Rapids, 1987, 160.

una relación entre ellas y ser lleno con, o lleno del, Espíritu Santo. A la inversa, las palabras negativas que completan las dos expresiones recalcan la antítesis entre una vida llena del Espíritu y una vida dominada por un espíritu distinto al Espíritu de Cristo. Una vida «llena de» una cualidad particular es una vida que por fuera expresa esa calidad, que es lo que distingue claramente a la persona.[24]

Para concluir

El entendimiento y experiencia pentecostal del bautismo del Espíritu se basan firmemente en las Escrituras. Sin embargo, cabe una palabra de admonición. Los pentecostales no deben, y en verdad no pueden, apoyarse en una experiencia pasada, inicial, de haber sido llenos del Espíritu. La pregunta decisiva no es «¿cuándo fuiste lleno con el Espíritu?», sino más bien: «¿Estás siendo llenado con, o lleno del, Espíritu?»

[23]El verbo está en imperfecto gr., lo que indica acción continua. Lucas muestra una preferencia decidida por *pimplemi* cuando tiene que ver con el Espíritu Santo, aunque sí usa *pleroo en* Hch 13:52, tal como Pablo lo usa en Ef 5:18. Yo no veo ninguna diferencia entre las dos cosas, puesto que ambas utilizan la raíz *ple-*.

Tercera parte

Dones espirituales

Capítulo 11

Consideraciones generales

Hans Kueng, teólogo católico, recalca que los dones espirituales, bien entendidos, son una parte indispensable e integral de la enseñanza de Pablo sobre la iglesia. Dice: «Descubrir de nuevo los carismata es redescubrirla eclesiología de San Pablo».[1] Pablo da por hecho el fenómeno carismático en las iglesias que fundó en Tesalónica (1 Ts 5:19-21) y en Galacia (Gá 3:5), así como también en la iglesia de Roma (Ro 12:6-8), no fundada por él. Respecto a los comentarios de Pablo a los Romanos, un autor afirma: «El hecho de que Pablo escriba a una iglesia que no había visitado respecto a estos dones sugiere que este tema parecería normal en su enseñanza y en la de otros primeros misioneros cristianos».[2] Otro autor sostiene: «El fenómeno que Pablo llama *carismas* abundaba en la iglesia primitiva. Eran experiencias "normales" para casi todos los creyentes que escribieron y leyeron por primera vez el Nuevo Testamento».[3]

La consideración más extensa de los dones espirituales se halla en la primera carta de Pablo a los Corintios (especialmente caps. 12—14).[4] Al empezar esa extensa consideración, Pablo

---

[1]Hans Kueng, «The Charismatic Structure of the Church», en The *Church and Ecumenism*, en *Concilium*, Paulist Press, Nueva York, 1965, 4:49.

[2]Emest Best, «Interpretation of Tongues», *Scottish Journal of Theology* 28, nº. 1(1975): 55.

[3]John Koenig, *Charismata: God's Gifts for God's People*, Westminster Press, Filadelfia, 1978, 95-96. Hay que destacar que el autor no se identifica a sí mismo como pentecostal o carismático.

[4]Eduard Schweizer, «*Pneuma, Pneumatikos* in the New Testament», en *TDNT*, 6:423.

les dice a los corintios: «En cuanto a los dones espirituales, hermanos, quiero que entiendan bien este asunto» (1 Co 12:1). El tiempo griego «ser ignorante» sugiere que Pablo quiere decir «No quiero que sigan ignorando». En lugar de «ignorar» algunas versiones dicen «no informados» (NRSV) o «desprevenidos» (NASB). El deseo de Pablo para los corintios es igualmente aplicable hoy. Un estudio intensivo de su enseñanza sobre los dones espirituales debe, idealmente, reducir la ignorancia del pueblo de Dios en este aspecto. Es un estudio que debe demostrar ser beneficioso para creyentes tanto pentecostales como no pentecostales.

Desde el mismo comienzo resulta necesario investigar varios asuntos generales pertinentes a los dones espirituales. El resto de este capítulo cubrirá los aspectos de terminología básica, la relación entre dones y el Cuerpo de Cristo, la función global de los dones, la distribución de los dones, y la creencia de que han cesado los llamados dones extraordinarios (i. e., cesacionismo).

Terminología

CARISMAS

La palabra griega *karisma* (pl. *karísmata*) aparece diecisiete veces en el Nuevo Testamento y, con una excepción (1 P 4:10), solo en los escritos de Pablo (Ro 1:11; 5:15-16; 6:23; 11:29; 12:6; 1 Co 1:7; 7:7; 12:4,9,28,30-31; 2 Co 1:11; 1 Tim. 4:14; 2 Tim 1:6). No aparece en ninguna otra parte en el texto estándar de la Septuaginta o en los escritos de Josefo y solo dos veces en los escritos de Filón de Alejandría.[5] Como consecuencia de eso, este concepto adquiere significación de peso solo en las cartas de Pablo.[6]

[5]Incluso en el caso de Filón, existe «la posibilidad de un reflejo paulino en el editor de Filón». Vea Ziegfried Schatzmann, *A Pauline Theology of Charismata*, Hendrickson Publishers, Peabody, Mass., 1987, 3. Según Don A. Carson, «No hay ningún ejemplo textualmente cierto pre-paulino». *Showing the Spirit: A Theological Exposition of 1 Corinhians 12-14*, Baker Book House, Grand Rapids, 1987, 19 n°. 9. Vea también Archibald Robertson and Alfred Plummer, *A Critical and Exegetical Commentary on the First Epistle of St. Paul to the Corinhians*, T. & T. Clark, Edimburgo, Escocia, 1914, 263.

[6]Eduard Schweizer, *Church Order in the New Testament*, trad. Frank Clarke, SCM Press, Londres, 1961, 99 n°. 377. Kueng llega a decir que es «específicamente un concepto paulino» (*Charismatic Structure*, 58-59).

La palabra se usa en un sentido tanto amplio como restringido. En su significado amplio se refiere al don entero de la redención (Ro 5:15-16; 6:23). Pablo también lo usa al referirse a los dones que Dios le concedió a Israel (Ro 11:29; vea también 9:4-5) y al referirse a su rescate de un peligro mortal (2 Co 1:11). De estos amplios usos, ciertamente Romanos 6:23 es el más importante: «la dádiva de Dios es vida eterna en Cristo Jesús, nuestro Señor». «Otros carismas existen solo debido a este carisma».[7]

En un sentido restringido *carismas* indica manifestaciones espirituales que recalcan la contribución del creyente a la comunidad cristiana. Pablo usa la palabra «para describir dones de Dios (no siempre espectaculares) que diferencian a los individuos entre sí con el propósito de mejorar su servicio mutuo».[8] Esto es especialmente cierto de su uso en Romanos 12:6 y 1 Corintios 12:4,9,28,30-31. Pablo les dice a los Corintios que «no les falta ningún don espiritual» (1 Co 1:7). Esto tiene una conexión directa con la extensa consideración que hace en los capítulos 12—14. En otro pasaje, al tratar de la abstinencia sexual en los solteros, afirma: «cada uno tiene de Dios su propio don: éste posee uno; aquél, otro» (1 Co 7:7).

Cuando les escribe a los Romanos, dice: «Tengo muchos deseos de verlos para impartirles [*metadidomi*, "compartir con"] algún don espiritual que los fortalezca» (Ro 1:11).[9] No menciona la naturaleza precisa de este don,[10] pero debe haber tenido en mente tanto el tipo de dones que menciona en 12:6-8 como los que menciona en 1 Corintios 12—14. Muy posiblemente él poseía muchos de estos dones en un grado eminente (vea también 1 Co 14:18). Sea cual sea la naturaleza precisa del «don espiritual», Pablo esperaba plenamente

[7]Ernst Kaesemann, «Ministry and Community in the New Testament», en *Essays on New Testament Themes*, trans. W. J. Montague, SCM Press, Londres, 1964, 64.

[8]Koenig, *Charismata*, 14.

[9]Vea también en 1 Ts 2:8 y Ef 4:28 otras ocurrencias del verbo gr. que incluyen la misma idea de impartir.

[10]William Sanday and Arthur C. Headlam, *A Critical and Exegetical Commentary on the Epistle to the Romans*, 5ª ed., T&T Clark, Edimburgo, Escocia, 1914, 21. Gerhard Delling dice que este don es «indudablemente enseñanza primaria» en su *Worship in the New Testament*, trad. Percy Scott, Westminster Press, Filadelfia, 1962, 154.

que la distribución de dones fuera «recíproca y mutua», como lo indica el contexto.[11]

Los dos pasajes de las cartas pastorales (1 Ti 4:14; 2 Ti 1:6) se relacionan probablemente con la función de Timoteo en su papel de líder de la iglesia. La forma en que Pedro utiliza la palabra *carisma* (1 P 4:10) está en completo acuerdo con la enseñanza de Pablo en su uso y sentido más restringido de la palabra.

A modo de resumen: Existe un uso completamente no técnico de *carismas* para describir cualquiera de las obras benevolentes de Dios en el mundo y entre su pueblo, y hay dones que él imparte a individuos miembros de la comunidad cristiana, pero que no son necesariamente impartidos a todos.[12]

El verbo relacionado *carizomai* («dar libremente o por gracia como favor»)[13] puede ser la base para el sustantivo *carisma*.[14] Resulta interesante observar que en el Nuevo Testamento el verbo aparece solo en los escritos de Pablo y en Lucas-Hechos.

El sustantivo *carisma* indica el resultado de la acción que se entiende por *caris* («gracia»).[15] La *caris* de Dios es el origen de todo *carisma*.[16] «Gracias» toma forma concreta en dones específicos (Ro 12:6; 1 Co 12:11).[17] Otra manera de decir *carisma* es «una individualización del poder de la gracia».[18] Es más, hay veces en que las dos palabras parecen usarse como sinónimos (2 Co 1:11; Ro 5:15; 6:23).

[11]Schatzmann, *Pauline Theology of Charismata*, 15.

[12]Arthur Carl Piepkorn,«*Charisma* in the New Testament and the Apostolic Fathers», *Concordia Theological Monthly* 42 (1971): 378-379.
Para un resumen de los usos del Nuevo Testamento de la palabra *carismata*, vea Schatzmann, *Pauline Theology of Charismata*, 4.

[13]BAGD, 876.

[14]Vea Sanday and Headlam, *Romans*, 99; y M. Max B. Turner, *The Holy Spirit and Spiritual Gifts: In the New Testament Church and Today*, ed. rev., Hendrickson Publishers, Peabody, Mass., 1998, 264.

[15]BDF, sec. 109(2).

[16]Arnold Bittlinger, *Gifts and Graces*, trad. Herbert Klassen, Wm. B. Eerdmans, Grand Rapids, 1967, 20.

[17]Hans Conzelmann, «*charisma*», en *TDNT*, 9:403.

[18]Ernst Kaesemann, «Worship and Everyday Life: A Note on Romans 12», in *New Testament Questions of Today*, trad. W. J. Montague, Fortress Press, Filadelfia, 1969, 192-193.

PNEUMÁTIKA

La forma neutra plural del adjetivo griego que se traduce «espiritual» *(pneumatikon)* se usa a veces en conexión con *carismata*. ¿Cómo se relacionan entre sí? Los comentaristas no concuerdan. Es cierto que *pneumátika* parece usarse indistintamente con *carismas* cuando uno compara las afirmaciones paralelas: «ambicionen los mejores dones *[carismata]*» (1 Co 12:31) y «ambicionen los dones espirituales *[pneumatika]*» (14:1), que se usa por tanto para la totalidad de dones espirituales. Consecuentemente, la traducción de la NIV para 1 Corintios 12:1 es correcta: «En cuanto a los dones espirituales».[19] En este versículo, aunque la forma del verbo griego puede ser neutra o masculina, es preferible el significado neutro.

No todos están de acuerdo en que los dos términos sean intercambiables. Algunos sostienen que *pneumatikos*, en sus diferentes formas en 1 Corintios 12—14, se refiere a la creencia errónea de los corintios respecto a los dones espirituales, y a la costumbre de reservar el término para los que experimentaban los dones más inusuales tales como hablar en lenguas. Según esta opinión, la persona «espiritual» de 14:37 es la que habla en lenguas (véase NASB). Esta creencia pasa a decir que Pablo usó el término como una acomodación a ellos y que realmente intentaba mostrarles la diferencia entre lo que ellos consideraban «espiritual», sea dones o personas, y lo que son verdaderamente dones y personas espirituales *(carismata)*.[20] Para simplificar diremos que según esta noción, el lector debe preceder la palabra «espiritual» de las palabras «lo que ustedes, corintios, consideran ser».[21]

---

[19]Hans Conzelmann, *1 Corinthians*, trad. James W. Leitch, Fortress Press, Filadelphia, 1975, 241; vea también Schweizer, «Pnuema», 6:437.

[20]Vea Johannes Weiss, *Der erste Korintherbrief*, Vandenhöck & Ruprecht, Gottingen, Alemania, 1910, 294; vea también Kaesemann, «Ministry and Community», 66.

[21]Para consideraciones que muestran este asunto, véanse David L. Baker, «The Interpretation of 1 Corinthians 12-14», *The Evangelical Quarterly* 46 (octubre-diciembre 1974): 224-234; D. W. B. Robinson, «Charismata versus Pneumatika: Paul's Method of Discussion», *Reformed Theological Review* 31 (1972): 49-55; D. Moody Smith, «Glossolalia and Other Spiritual Gifts in a New Testament Perspective», *Interpretation* 28 (julio 1974): 307-320.

Relacionada con la anterior se encuentra la creencia que afirma que las palabras *pneumatikon* (don espiritual) y *pneumatikos* (persona espiritual) «denotan, respectivamente, dones de palabra inspirada o discernimiento y hombres que ejercen tales dones».[22] Parece mejor ver los dos términos, *carismata* y *pneumatika*, como intercambiables.[23] Pero el énfasis de cada uno es diferente. *Carismata* llama la atención sobre el aspecto de la gracia que interviene en el otorgamiento de los dones; *pneumatika, en cambio*, dirige la atención al Espíritu *(Pneuma)* como dador de los dones (vea también 1 Co 12:11).

Hay que prestarle una atención especial a Romanos 1:11, donde Pablo une las dos palabras en la frase «don espiritual». Esta combinación no aparece en ningún otro lugar en las Escrituras.[24] La frase es un eslabón entre la lista de dones que Pablo ofrece en Romanos 12:6-8 y la de 1 Corintios 12:8-10. Debemos destacar que, hablando estrictamente, *carisma* significa «don», y no «don espiritual», y *pneumatikon* significa «espiritual», y no «don espiritual».

DOREA Y DOMA

Dos palabras relacionadas, *dorea* y *doma*, intercambiables con las dos anteriores, son palabras griegas básicas para «don», y se hallan en Efesios 4:7-8. Pablo habla de que Cristo les da dones *(domata)* a los hombres. Las dos palabras se basan en la misma palabra griega común para «dar» *(didomi)*, que aparece dos veces en estos versículos. El verbo y los sustantivos son tan comunes que

---

[22]E. Earle Ellis, «Spiritual Gifts in the Pauline Community», *New Testament Studies* 20 (January 1974), 128-129; vea también Robert P. Menzies, «Spirit-Baptism and Spiritual Gifts», en *Pentecostalism in Context: Essays in Honor of William W. Menzies*, ed. Wonsuk Ma and Robert P. Menzies, Sheffield Academic Press, Sheffield, Inglaterra, 1997, 57.

[23]Rudolf Bultmann, *Theology of the New Testament*, trad. Kendrick Grobel, Charles Scribner's Sons, Nueva York, 1951, 1:156; James D. G. Dunn, *The Theology of Paul the Apostle*, Wm. B. Eerdmans, Grand Rapids, 1998, 554-555.

[24]Cualquier otro pasaje donde aparezca el sintagma «don(es) espiritual(es)» es una interpretación, y no una traducción del gr. La razón es que «espiritual» es un adjetivo y a veces, en el contexto, hay que proveer un sustantivo a fin de completar la idea.

derivan significados especiales solo de su contexto. Romanos 5:15-16 muestra la estrecha asociación de este grupo de palabras con *carisma*. En Efesios 4:11 los dones son comparables a los de 1 Corintios 12:28, que presenta una lista de papeles similares de liderazgo en una consideración de *carismata* y *pneumatika*.

LA MANIFESTACIÓN DEL ESPÍRITU

En 1 Corintios 12:7 Pablo habla de «la manifestación del Espíritu». Debemos darnos cuenta al paso que en ninguna parte se refiere a «manifestaciones [pl.] del Espíritu», aunque esa expresión se usa comúnmente para referirse a ciertos dones espirituales. El singular puede deberse a que Pablo considera todos los dones como una entidad (similar a su uso del singular «fruto del Espíritu», después de la cual enumera nueve, Gá 5:22-23).

La frase «la manifestación del Espíritu» se entiende mejor si vemos que quiere decir que los dones son varias maneras en las que se manifiesta el Espíritu.[25] «El Espíritu no es dado de una manera "invisible". Él quiere manifestarse visiblemente».[26]

¿DONES DEL ESPÍRITU SANTO?

Los signos de interrogación son intencionales. A algunos les sorprenderá que esta frase no se halle en ninguna parte del texto griego del Nuevo Testamento, aunque algunas de las traducciones parecen leer «dones del Espíritu Santo» en Hebreos 2:4 (LBLA). La palabra griega *merismois* no significa dones, sino que se debería traducir como «distribuciones» o «reparticiones» y lleva implícita la misma idea de 1 Corintios 12:11 «quien reparte a cada uno».[27] El concepto de dones, no obstante, está implícito en

[25]Weiss, *Der erste. Korintherbrief*, 298; J. Rodman Williams, *Renewal Theology: Systematic Theology from a Charismatic Perspective*, Zondervan Publishing House, Grand Rapids, 1990, 2:330; James D. G. Dunn, *Jesus and the Spirit*, Westminster Press, Filadelfia, 1975, 212.

[26]Bittlinger, *Gifts and Graces*, 24; vea también Williams, *Renewal Theology*, 2:330.

[27]La raíz del verbo en 1 Co 12:11, *diaireo*, es diferente de la raíz de *merismois*, pero los significados son prácticamente sinónimos. En el contexto inmediato de He 2:4,

el pasaje de Hebreos; y esto da razón para la paráfrasis de la NIV, «dones distribuidos por el Espíritu Santo según su voluntad».

DONES, MINISTERIO, OBRAS Y EFECTOS

En 1 Corintios 12:4-6 nos hallamos con tres términos. Pablo precede cada uno de *diaireseis*, «diferentes clases de». La palabra griega en verdad puede significar «variedades» o «diversidades»,[28] pero algunos prefieren significados tales como «porciones», «reparticiones» o «distribuciones».[29] Este puede ser un caso tanto de lo uno como de lo otro, puesto que la consideración extensa de Pablo de los dones espirituales enfatiza tanto la variedad de ellos como el hecho de que el Señor los distribuya soberanamente como quiere.

¿Se deberían distinguir estos tres términos significativamente entre sí? Generalmente se acepta que no hay diferencia demostrable entre ellos.[30] Con otras palabras, Pablo no está estableciendo una diferencia entre los diferentes tipos de manifestación del Espíritu, ni tampoco está proveyendo un esquema de categorización triple para ellos. Más bien, presentan diferentes aspectos de los dones espirituales en general.

El primer término de 1 Corintios 12:4-6, *carismata* («dones»), habla de la naturaleza de gracia de los dones; nadie puede ganárselos. El segundo término, *diakoniai* («servicios» o «ministerios»), recalca la función básica y propósito de los dones; tienen el propósito de ser de servicio o ministerio a los demás. El tercer término, *energemata* («obras» o «efectos»), apunta a Dios como fuente o revitalizador de los dones. Al parecer, Pablo era

---

que menciona «señales, maravillas y varios milagros», la lectura «dones del Espíritu Santo» es comprensible, pero así y todo se trata de una interpretación, no una traducción.

[28]Vea, por ejemplo, Gordon D. Fee, *The First Epistle to the Corinthians*, Wm. B. Eerdmans, Grand Rapids, 1987, 161 n. 274; Dunn, *Theology of Paul*, 554.

[29]Por ejemplo, BAGD; Charles K. Barrett, *A Commentary on the First Epistle to the Corinthians*, Harper & Row, Nueva York, 1968, 283; y muchos otros comentaristas.

[30]Kurt Stalder, *Das Werk des Geistes in der Heiligung bei Paulus*, EVZ, Zurich, Switzerland, 1962, 88 n. 15; Ralph P. Martin, *The Spirit and the Congregation: Studies in 1 Corinthians* 12-15, Wm. B. Eerdmans, Grand Rapids, 1984, 11; Carson, *Showing the Spirit*, 34; F. F. Bruce, *1 and 2 Corinthians*, Marshall, Morgan & Scott, Londres, 1971, 118; Fee, *Corinthians*, 586-587.

menos rígido en su empleo de la terminología de lo que algunos de nosotros quisiéramos que fuera. Por ejemplo, él aplica *carismata* a solo uno de los dones, el de sanar enfermos (1 Co 12:9). Y aplica *energemata* a solo un don, el de milagros (v. 10). Sin embargo, sería incorrecto decir que solo uno de los nueve dones de la lista es un *carisma* y solo uno de ellos es *energema*. Resulta significativo que Pablo incluya a los tres miembros de la Deidad en su consideración de los dones espirituales. Aunque en cierto sentido los dones espirituales son atribuibles al Espíritu Santo, especialmente los mencionados en 1 Corintios 12:8-10, vale la pena destacar que en las otras dos listas principales de los dones, Romanos 12:6-8 y Efesios 4:7-11, el Padre es el dador en la primera y el Hijo en la segunda. Este enfoque triple de parte de Pablo debe recordarnos las dimensiones verticales y horizontales de los dones espirituales. Verticalmente, todos ellos se derivan en última instancia del Padre quien es el único dador de todo lo bueno. Horizontalmente, un don tiene valor solo en tanto y en cuanto esté firmemente enraizado en el servicio desprendido del Hijo hacia otros (Mr 10:45).[31] Y, por supuesto, nada de esto es posible sin el poder y la presencia habilitadora del Espíritu Santo.

Los dones espirituales y el Cuerpo de Cristo

Es de destacar que en los tres principales pasajes de las epístolas que tratan el tema de los dones, también se mencione el Cuerpo de Cristo (Ro 12:4-5; 1 Co 12:12-28; Ef 4:4-6). Los dones, consecuentemente, son otorgados solo dentro y a fin de cuentas para el beneficio del Cuerpo de Cristo.[32] La consideración más extensa de este concepto del Cuerpo de Cristo (1 Co 12:12-27) tiene lugar entre pasajes que tratan de los dones espirituales (12:1-11,28-31). David Um se pregunta: «¿No está hablando Pablo de las diferentes funciones de los dones en su analogía entre los creyentes y el cuerpo humano?»[33] Debemos

---

[31]Walter J. Bartling, «The Congregation of Christ-a Charismatic Body; an Exegetical Study of 1 Corinthians 12», *Concordia Theological Monthly* 40 (February 1969): 75.

[32]Klaas Runia. «The Gifts of the Spirit», *Reformed Theological Review* 29, nº. 3 (1970): 84.

[33]David Urn, *Spiritual Gifts: A Fresh Look*, Gospel Publishing House, Springfield, Mo., 1991, 66.

poner lado a lado los dos conceptos de los dones espirituales y
el de los miembros del Cuerpo de Cristo, puesto que los miembros individuales del cuerpo representan en un sentido significativo a los miembros individuales o funciones de la iglesia.[34]
Considerando todos los dones en los pasajes clave del Nuevo
Testamento un autor dice: «La variedad de estos dones [más
de 20] va pareja a la diversidad de miembros del Cuerpo de
Cristo y a su función asignada».[35]
La metáfora o símil del cuerpo humano era común en la an-
tigüedad, pero lo singular en Pablo es que la comunidad de
creyentes es «un cuerpo en Cristo» (Ro 12:5) igual que son «el
cuerpo de Cristo» (1 Co 12:27). En ese cuerpo es donde todos
los creyentes son bautizados (1 Co 12:13).
Se han escrito volúmenes sobre el significado de la iglesia
como Cuerpo de Cristo, pero tal vez sea mejor entender la frase en un sentido metafórico antes que místico.[36] De entrada,
ilustra cómo los muchos miembros de la iglesia deben relacionarse entre sí, y en última instancia con el Señor. Si esto es en
verdad cierto, entonces no debe sorprender que estas afirmaciones tan importantes sobre el Cuerpo de Cristo, especialmente según se hallan en Romanos y 1 Corintios, se presenten
en un contexto que tiene que ver con conducta y actitudes.
Con esto en mente, es fácil convenir con William Barclay
que el propósito inmediato de Pablo al usar la imaginería del
cuerpo en el pasaje de Corintios, «tiene todo que ver con la
vida y espíritu de la congregación en particular. Dentro de su
propia asamblea los corintios nunca habían aprendido a vivir
como un cuerpo».[37] Ciertamente, lo que dice Barclay se puede

[34]Anthony D. Palma, «1 Corinthians», in *Full Life Bible Commentary to the New Testament*, Zondervan Publishing House, Grand Rapids, 1999, 872-873.

[35]Richard C. Ouderluys, «The Purpose of Spiritual Gifts», *Reformed Review* 28 (primavera 1975): 218

[36]Vea Gordon D. Fee, *God's Empowering Presence*, Hendrickson Publishers, Peabody, Mass., 1994, 177 n°. 358.

En la teología tradicional el concepto del «cuerpo de Cristo» se ha entendido de cuatro maneras: (1) el cuerpo físico de Jesús; (2) el cuerpo espiritual de Jesús, resucitado; (3) el cuerpo eucarístico de Jesús (en los elementos de la Cena del Señor); y (4) el cuerpo místico de Jesús, la iglesiaVea Michel Bouttier, *Christianity According to Paul*, trad. Frank Clarke, SCM Press, Londres, 1966, 69 n. 23.

[37]William Barclay, *The Mind of St. Paul*, Harper & Row, Nueva York, 1958, 244.

extender para incluir a cualquier cuerpo local de creyentes. A esto se le puede llamar «acercamiento fenomenológico al Cuerpo de Cristo».[38] Aunque uno puede concebir el término «Cuerpo de Cristo» como algo que abarca todos los creyentes, este cuerpo «siempre se particulariza en la iglesia local».[39]

Esta aplicación local del término se puede ilustrar con la consideración paralela que hace Pablo del concepto de la iglesia como templo de Dios. Dice: «nosotros somos templo del Dios viviente» (2 Co 6:16), refiriéndose a la comunidad entera de creyentes en todas partes como un solo templo. Pero también añade: «¿No saben que ustedes son templo de Dios y que el Espíritu de Dios habita en ustedes? Si alguno destruye el templo de Dios, él mismo será destruido por Dios; porque el templo de Dios es sagrado, y ustedes son ese templo» (1 Co 3:16-17). En este contexto, este último pasaje se aplica a la situación específica de Corinto, es decir, al espíritu divisorio que penetraba la congregación. Estas divisiones podían destruir perfectamente la congregación local; es impensable que pudieran destruir al templo universal de Dios.

Como ya hemos visto, el concepto del Cuerpo de Cristo se halla en directa conexión con el tema de los dones espirituales. Vemos primero que el énfasis inicial recae sobre la unidad del cuerpo (Ro 12:4-5; 1 Co 12:12-13; Ef 4:4). Este pensamiento es paralelo a las referencias a un Espíritu (1 Co 12:9,11,13). La función[40] de estos dones, por tanto, es promover la unidad del Cuerpo de Cristo de una manera demostrable. El propósito de la variedad es «posibilitar que el cuerpo entero funcione como una unidad».[41] Por su propio funcionamiento dentro de la congregación local, los dones sirven para edificar al cuerpo.

Segundo, el concepto del cuerpo destaca la diversidad de dones dentro de la comunidad cristiana (Ro 12:4-5; 1 Co 12:4-20, 28-29; Ef 4:3-13). Sin embargo, Pablo presenta cuidadosamente estos dos puntos de unidad y diversidad precisamente en ese

---

[38]Bouttier, *Christianity According to Paul*, 61.

[39]Lesslie Newbigin, *The Household of God*, SCM Press, Londres, 1957, 70.

[40]Paul usa *praxis* («función») en Ro 12:4 al referirse a los varios miembros del cuerpo. Vea BAGD, 697; Dunn, *Theology of Paul*, 554-558.

[41]Stanley M. Horton, *What the Bible Says About the Holy Spirit*, Gospel Publishing House, Springfield, Mo., 1976, 214.

orden: primero la unidad del cuerpo, y solo entonces la diversidad de los miembros individuales (1 Co 12:27).

Tercero, Pablo recalca la interdependencia de los miembros entre sí. Cada miembro, cada don, debe existir para el bienestar de los demás. Finalmente, no hay campo para el orgullo de parte de ninguno que ejerza algún don en particular (1 Co 12:21-24), ni ningún miembro debería sentirse inferior a los demás que parecen estar mejor dotados (vv. 15-17), porque «Dios colocó cada miembro del cuerpo como mejor le pareció» (v. 18). Este mismo pensamiento se refleja en la afirmación posterior de que «En la iglesia Dios ha puesto» los varios líderes y ministerios (v. 28).

El propósito primordial de los dones espirituales

La función más amplia de los dones es edificar a la congregación (1 Co 14:3,4-5,12, 17,26). La nota clave de todo el capítulo se encuentra en las palabras «Todo esto debe hacerse para la edificación de la iglesia» (v. 26b). Anteriormente, Pablo ya se refirió a este tema en la carta (8:1,10; 10:23).[42]

Un autor dice, de una forma más bien aguda, que este concepto de edificar a los demás descarta «el individualismo y egoísmo religiosos», que se agotan a sí mismos en la producción de fenómenos especiales a fin de centrarse en sí mismos». Dice, por otro lado, que el concepto de edificación expresa el hecho de ayudar a otra persona, no solo como individuo sino también como miembro de la iglesia (14:4-5,12).[43]

Algunos han llegado a decir, con cierta justificación, que los dones son dados primordialmente no a quien los ministra sino a quienes son ministrados.[44] Es más acertado decir, sin embargo, que Dios en verdad da dones a los individuos (véase 1 Co 12:8-10, «a uno», «a otro», etc.), pero que los dones son *para el beneficio de* otros. «Los carismata siempre se ven como servicio

---

[42]Ferdinand Hahn, *The Worship of the Early Church*, Fortress Press, Filadelfia, 1973, 68.

[43]Guenther Bornkamm, «On the Understanding of Worship», en *Early Christian Experience*, trad. Paul L. Hammer, Harper & Row, Nueva York, 1969, 163. Vea también 1 Ts 5:11 y 1 Co 8:11-13.

[44]Bittlinger, *Gifts and Graces*, 63.

... como dones de Dios para el cuerpo, dados a, o mejor, *por medio del individuo "para el bien común"*.[45] J. I. Packer dice que «nuestro ejercicio de los dones espirituales no es ni más ni menos que Cristo mismo ministrando por medio de su cuerpo a su cuerpo, al Padre y a toda la humanidad». Continúa diciendo que Cristo, desde el cielo, usa a los creyentes como «su boca, sus manos, sus pies e incluso su sonrisa».[46] Aquí se aplica el concepto bíblico del sacerdocio universal de los creyentes. Es un sacerdocio «en el cual todo creyente se ofrece a sí mismo, además de sus dones, en ministerio personal a Cristo y por medio de Cristo a otros, tanto en el Cuerpo de Cristo como fuera de él».[47]

En el contexto del culto de adoración, Pablo nunca habla de edificarse a uno mismo; solo habla de la edificación de otros. La meta del culto no es la felicidad del participante, sino la edificación de la iglesia.[48] Una expresión paralela a la edificación se halla en 1 Corintios 12:7: «A cada uno se le da una manifestación especial del Espíritu para[49] el bien de los demás». El énfasis no recae en «cada uno», sino en «el bien de los demás».[50]

En resumen, se debe enfatizar que el propósito de Dios al conceder dones espirituales a los individuos es que los dones se empleen para edificar el cuerpo. El bien común no debe ser sacrificado en interés de algún beneficio que pudiera recibir el individuo que ejerza un don. El miembro individual del cuerpo no debe intentar desasociarse del cuerpo (1 Co 12:14-16), puesto que es una parte integral del organismo. Así que las

---

[45]Dunn, *Jesus and the Spirit*, 264, énfasis de Dunn.

[46]J. I. Packer, *Keep in Step with the Spirit*, Fleming H. Revell, Grand Rapids, 1984, 83.

[47]Ouderluys, «Purpose of Spiritual Gifts», 215.

[48]Eduard Schweizer, «The Service of Worship. An Exposition of 1 Corinthians 14», en *Neotestamentica*, Zwingli Verlag, Zurich, Switzerland, 1963, 337-338. En la acertada frase de William D. Davies, «Los fenómenos pneumáticos de cualquier clase deben subservir al bienestar común», en *Paul and Rabbinic Judaism*, 2ª ed., SPCK, Londres, 1962, 201. Vea también Koenig, *Charismata*, 82; y Schatzmann, *Pauline Theology of Charismata*, 70.

[49]gr. *pros* («tendiendo hacia», «conduciendo a»). C. F. D. Moule, *An Idiom-Book of New Testament Greek*, 2ª ed., Cambridge University Press, Cambridge, Inglaterra, 1959, 53.

[50]Conzelmann, *1 Corinthians*, 208.

personas dotadas con dones no deben operar dentro de una esfera limitada por sus propios intereses, porque hacerlo así solo les da satisfacción personal. Deben contribuir al bienestar del cuerpo.

Distribución de los dones

Pablo habla tres veces de «diferentes clases» (diaireseis) de dones, formas de servir y funciones (1 Co 12:4-6). Estas son las únicas veces en que aparece esta palabra griega en el Nuevo Testamento. ¿Quiere decir «diferencias» o «variedades» o «distribuciones»? El contexto entero enfatiza que hay en verdad diferentes dones dados a los miembros de la comunidad cristiana, y Pablo en otras partes en efecto habla de «diferentes [diafora] dones» que son dados (Ro 12:6). Pero tal vez sea preferible entender la palabra como actos de división, o como «repartir»,[51] sin excluir la idea de variedad.

La palabra diairesis (se usa con frecuencia en la Septuaginta, especialmente en Crónicas, de los «turnos de los sacerdotes, levitas y tropas».[52] La forma verbal de la palabra que se halla en 1 Corintios 12:11 justifica esta interpretación: «Pero todas estas cosas las hace uno y el mismo Espíritu, distribuyendo [diairoun] individualmente a cada uno según la voluntad de Él» (LBA). Esta distribución o «repartición», de dones por el Espíritu Santo a cada miembro es lo opuesto de las «facciones» (jaireseis; vea 11:19) que existían en Corinto, porque produce armonía (vea 1 Co 12:4,11).[53] El libro de Hebreos expresa un pensamiento similar cuando habla de «señales, prodigios, diversos milagros y dones distribuidos [lit. "distribuciones", gr. merismois] por el Espíritu Santo según su voluntad» (2:4).

¿Posee todo creyente por lo menos un don? Ciertamente el Espíritu Santo es posesión de todos los creyentes (Ro 8:9; 1 Co 12:13). Esto es cierto haya o no alguna manifestación externa del Espíritu en la vida del creyente. Sin embargo, también es cierto

---

[51]Weiss, Der erste Korintherbrief, 297. Conzelmann le da el significado de «asignaciones» (1 Corinthians, 208).

[52]Robertson and Plummer, Corinthians, 262.

[53]Edmund P Clowney, «Toward a Biblical Doctrine of the Church», Westminster Theological Journal 31, n°. 1 (1968): 77.

que los dones pueden considerarse como algo por encima de la
obra salvadora y presencia del Espíritu que todos los creyentes
experimentan. Son los «factores distintivos ... que diferencian a
los miembros del Cuerpo de Cristo entre sí».[54] El consenso de los
autores del Nuevo Testamento, especialmente Pablo, es que a
todo creyente le es dado por lo menos un don. (Ro 12:6; 1 Co 1:7;
3:5; 12:7,11,18; 14:1,26; Ef 4:7,11; 1 P 4:10; vea también Mt 25:15).
Pero algunos sostienen que no se puede hallar ninguna afirmación explícita que diga que todo miembro de la congregación reciba un don. Un autor dice: «Las palabras genuinas de Pablo sobre el tema no son rotundamente claras, aunque su tendencia
general va indudablemente en la misma dirección».[55] Pero según
la opinión de la mayoría en este asunto, no debe haber membre-
sía pasiva en el Cuerpo de Cristo, porque todo creyente ha sido
equipado y preparado para el servicio.[56]

Claramente, Dios no otorga todos los dones a todo miembro del cuerpo. Pablo subraya esto por su modo de enumerar
los *carismata* cuando usa las expresiones: «a uno ... a otro ... a
otro», etc. (1 Co 12:8-10). Como consecuencia, Pablo aconseja a
sus lectores a no codiciar los dones de otras personas. Todo
creyente debe pensar dentro de los límites que Dios le ha pres-
crito. (Ro 12:3).[57]

¿Es posible que alguien tenga más de un don? No hay nada
que sugiera que más de una función, o don, no pueda ser ejer-
cida por la misma persona,[58] aunque nadie puede aducir tener
todos los dones espirituales (vea 1 Co 12:29-30).[59] Por ejemplo,
es posible que al glosolalista también le sea dado el don de interpretación de lenguas (14:5,13).

Al presentar la siguiente sucesión de preguntas, Pablo está
indicando categóricamente que ningún creyente tiene todos

[54]Piepkorn, *Charisma*, 379; vea también Bultmann, *Theology of the New Testament*,
1:163.

[55]Hans von Campenhausen, *Ecclesiastical Authority and Spiritual Power in the
Church of the First Three Centuries*, trad. J. A. Baker, Stanford University Press, Stanford, 1969, 58 n°. 15.

[56]Kaesemann, «Ministry and Community, 73.

[57]Schweizer, *Church Order*, 203.

[58]Barrett, *Corinthians*, 296.

[59]Kueng, «Charismatic Structure», 56.

los dones: «No todos son apóstoles, ¿verdad? No todos son profetas, ¿verdad? No todos son maestros, ¿verdad? No todos obran milagros, ¿verdad?», etc. (1 Co 12:29, traducción mía).[60] Sin embargo hay dos afirmaciones del mismo Pablo en el capítulo 14 que parecen contradecir la respuesta implicada a estas preguntas. Primero dice: «Yo quisiera que todos ustedes hablaran en lenguas» (v. 5). Una interpretación válida es que el don se concede en principio a todos los creyentes y está latente en la mayoría de las personas, esperando solo ser estimulado por el Espíritu Santo[61] Es cierto, también, que Pablo establece una distinción entre el ejercicio privado de lenguas y su manifestación en un culto de adoración. Para su propia edificación espiritual personal todos los creyentes tal vez tengan el potencial de hablar en lenguas (v. 4). Pero solo un número limitado está capacitado para ejercer el don en la asamblea de creyentes como medio de edificación de la iglesia.

En segundo lugar, Pablo dice: «todos pueden profetizar por turno» (1 Co 14:31). A pesar de 1 Corintios 12:29, esto quiere decir que los profetas «pueden turnarse para ser un grupo que coexista con la misma iglesia (cf. Nm 11:29; Hch 2:16-18)». Sin embargo, Pablo no afirma que todos los creyentes tendrán necesariamente parte en la actividad profética, sino que todos pueden hacerlo.[62]

Ya hemos notado que los dones le son repartidos a cada uno individualmente conforme el Señor lo quiere (1 Co 12:11; vea también vv. 18,28; y Ro 12:6; Ef 4:7-8,11). Puesto que un don es una expresión concreta e individual de gracia,[63] no puede basarse en los méritos o deseos del que lo recibe. Sin embargo, esto parece contradecir las afirmaciones de Pablo: «ambicionen los dones espirituales» (1 Co 14:1) y «ambicionen el don de profetizar» (v. 39). En 12:31 dice: «ambicionen los mejores dones». Es posible traducir estas cláusulas, especialmente la última, en modo indicativo en lugar de en modo imperativo; o sea, que Pablo está haciendo una afirmación del hecho concerniente a los corintios. Ellos estaban en verdad, «ambicionan[do]

[60]Para el lector de habla inglesa esta traducción capta el significado del texto gr., que exige una respuesta negativa a las preguntas.

[61]Bittlinger, Gifts and Graces, 100.

[62]Barrett, Corinthians, 329.

[63]Kaesemann, «Ministry and Community», 73.

dones espirituales» (1 Co 14:12). El significado pudiera entonces ser: «continuamente deseen ardientemente (presente imperativo) los dones mejores». Los corintios anhelaban los dones mejores, pero se habían formado una estimación errónea de lo que eran los mejores.[64] Pero la abrumadora mayoría de comentaristas ve estas afirmaciones como mandamientos o deseos de parte del apóstol, y es mejor entenderlos en ese sentido.

¿Cuáles son los «dones mejores»? (1 Co 12:31). En el contexto amplio de la afirmación se deben entender como «los dones que más se necesitan y más edifican en el presente».[65] Pablo recalca «la necesidad de que la comunidad lo entienda, y en la comunidad *todos* los dones inteligibles edifican a la comunidad y las lenguas [no interpretadas] no».[66]

No existe contradicción entre el concepto del Señor como distribuidor soberano de los dones y el creyente que los desea fervientemente. Robertson y Plummer afirman: «Nuestro ferviente deseo de tener los mejores dones es una de las cosas que nos capacita para recibirlos, y cada persona recibe en proporción a este deseo, deseo que se puede cultivar. El Espíritu conoce la capacidad de cada uno».[67]

La clara inferencia estriba en que uno no recibe un don espiritual en contra de su voluntad. Debido a que a todos los creyentes se les concede una medida de fe (Ro 12:3), el individuo está en posición de aceptar cualquier cosa que conceda el Señor soberano. Una clara implicación es que aunque alguien tal vez ya haya experimentado ciertos dones espirituales, tal como el de lenguas, que era especialmente prominente en Corinto, se puede colocar en disposición de recibir dones adicionales. Pero es evidente en la situación en Corinto que un concepto erróneo de ciertos dones, o una preocupación indebida por ellos, puede impedir que el creyente desee o reciba otros.

---

[64]Robertson and Plummer, *Corinthians*, 282.

[65]Horton, *What the Bible Says*, 219.

[66]Gordon D. Fee, «Tongues-Least of the Gifts? Some Exegetical Observations on 1 Corinthians 12-14», *Pneuma* 2, n°. 2 (otoño 1980): 13, énfasis de Fee. Vea también Schatzmann, *Pauline Theology of Charismata*, 45.

[67]Robertson and Plummer, *Corinthians*, 268. Vea también los comentarios muy penetrantes de Bultmann (*Theology of the New Testament*, 1:163).

Cesacionismo y continuismo

El cesacionismo es la posición de que los dones «extraordinarios» fueron temporales, y que fueron retirados después del siglo I. Estos dones se identifican a menudo como los de profecía, lenguas, interpretación de lenguas, curaciones y otros milagros. Los apóstoles a veces se incluyen en esta categoría. Un cesacionista prominente dice que algunos dones «continúan hasta la era presente, pero ... la mayoría en la iglesia concuerda en que ciertos dones espirituales fueron descontinuados después de la era apostólica».[68]

El continuismo sostiene que Dios no quitó ninguno de estos dones, en ningún tiempo, y que son tan válidos y tan necesarios hoy como lo fueron en el siglo I. Sostiene que incluso los ministerios apostólicos y proféticos pueden y debe existir hoy, aunque los apóstoles y profetas, en el uso más limitado de estos términos en el Nuevo Testamento, tuvieran un papel único en la fundación de la iglesia.

Hay un gran debate que gira en torno a las declaraciones de Pablo de que el don de profecía cesará, el de lenguas será silenciado y el de conocimiento desaparecerá (1 Co 13:8). Esto sucederá «cuando llegue lo perfecto» (v. 8). El argumento cesacionista usual es que «lo perfecto» quiere decir el cierre del canon de las Escrituras. Los dones extraordinarios, se aduce, eran necesarios para autenticar la predicación del evangelio en el siglo I; pero ya no son necesarios porque «hoy nadie tiene la misma autoridad o experiencia de recibir verdad normativa ... A nadie le es dada verdad que no esté ya contenida en la misma Biblia».[69]

Wayne A. Grudem, un continuista, dice correctamente que «la afirmación de que la profecía del Nuevo Testamento tenía igual autoridad a las Escrituras es la base de tal vez todo argumento cesacionista que se escribe hoy».[70] El cesacionista tiene

---

[68]John F. Walvoord, «The Holy Spiritu and Spiritual Gifts», *Bibliotheca Sacra* 143 (abril-junio 1986): 110-111.

[69]Ibid., 111.

[70]Wayne A. Grudem, The *Gift of Prophecy in the New Testament and Today*, Crossway Books, Westchester, Ill., 1988, 244. Por «profecía del Nuevo Testamento», el quiere decir el don de profecía según funcionaba en la iglesia del NT.

una opinión extremadamente muy limitada del don de profecía. El continuista sostiene que el don no fue solo para revelar la verdad, sino también para edificar, animar, y consolar al pueblo de Dios. Estuvo (y está), en principio, disponible para todos los creyentes. En tanto y en cuanto los creyentes necesiten ser edificados, animados y consolados, el don de profecía servirá un propósito muy útil en la iglesia.

La vasta mayoría de comentaristas y exégetas interpretan «lo perfecto» como queriendo decir el retorno del Señor Jesucristo. En ese tiempo todos los dones, que en su mejor expresión son parciales e imperfectos, ya no serán necesarios porque todos los creyentes serán como su Señor (1 Jn 3:2).

En respuesta a la contención cesacionista de que los milagros fueron señales necesarias para validar el ministerio de los apóstoles, Max Turner dice que las curaciones fueron «parte del alcance de la salvación anunciada, que alcanzó más allá de lo meramente espiritual a lo psicológico y físico». Fueron «parte de las primicias del Reino de Dios, e igualmente parte del mensaje de salvación que anunciaba la iglesia».[71] Y se podría añadir «que la iglesia *todavía* debe anunciar». Las curaciones y otros milagros, aunque pueden confirmar el ministerio de la palabra, son también provisión de la gracia de Dios para ayudar a la humanidad en tiempo de necesidad.[72]

---

[71]Turner, *Holy Spirit and Spiritual Gifts*, 293.

[72]Vea Jon Ruthven, «On the Cessation of the Charismata: The Protestant Polemic of Benjamin B. Warfield», *Pneuma* 12, n°. 1 (spring 1990): 14-31.
Se ha escrito mucho desde el punto de vista continuista sobre este asunto. Menciono unas cuantas obras (incluyendo algunas ya citadas en este cap.) que son especialmente útiles:
Don A. Carson, *Showing the Spirit*, 68-72.
Gordon D. Fee, *Corinthians*, 644-645, especialmente n°. 23.
Wayne A. Grudem, *Gift of Prophecy*.
Grudem, ed., *Are Miraculous Gifts for Today?*, Zondervan Publishing House, Grand Rapids, 1996. Un simposio de cuatro perspectivas: cesacionista, abierta pero cauta, tercera ola, pentecostal y carismática.
Jon Ruthven, *On the Cessation of the Charismata: The Protestant Polemic on Postbiblical Miracles*, Sheffield Academic Press, Sheffield, Inglaterra, 1993.
M. Max B. Turner, *Holy Spirit and Spiritual Gifts*, 286-302.

Capítulo 12

Dones individuales Primera parte

Clasificación de los dones

Un estudio comparativo de las diferentes listas de dones espirituales (Ro 12:6-8; 1 Co 12:8-10,28-29; Ef 4:11) indica que ninguna lista está completa, ni Pablo se propuso que lo fueran. Cada catálogo contiene dones que no se incluyen en ninguno de los demás. Además, no es necesario concluir que una lista compilada de todas las fuentes incluya la totalidad. Los eruditos por lo general concuerdan en que las listas son «muestras» o «ejemplos», y no incluyentes.[1]

Todavía más, cualquier intento de dividir los dones en categorías separadas puede ser, como mucho, solo tentativo y a modo de sugerencia. Por ejemplo, en la lista de nueve que se halla en 1 Corintios 12:8-10, Pablo usa dos sinónimos que significan «otro»: *allos* y *jeteros:*

A unos Dios les da ... palabra de sabiduría; a otros *[allos]* ... palabra de conocimiento; a otros *[jeteros]*, fe ... a otros *[allos]* ... dones para sanar enfermos; a otros *[allos]*, poderes milagrosos; a otros *[allos]*, profecía; a otros *[allos]*, el discernir espíritus; a otros *[jeteros]*, el hablar en diversas lenguas; y a otros *[allos]*, el interpretar lenguas.

[1] Por ejemplo, James D. G. Drum, *The Theology of Paul the Apostle*, Wm. B. Eerdmans, Grand Rapids, 1998, 557-558; Stanley M. Horton, *What the Bible Says About the Holy Spirit*, Gospel Publishing House, Springfield, Mo., 1976, 209; J. Rodman Williams, *Renewal Theology: Systematic Theology from a Charismatic Perspective*, Zondervan Publishing House, Grand Rapids, 1990, 2:347.

Un comentarista afirma que aunque la enumeración no es sistemática, «se pueden discernir de todas maneras ciertos grupos» sobre la base de los cambios en *allos* y *jeteros:* Los primeros dos, los siguientes cinco, y los últimos dos.[2] Pero el uso de Pablo de estos dos sinónimos se debe más probablemente a razones de estilo[3] para evitar la monotonía de usar *allos* las ocho veces. Es más, los dos adjetivos se refieren a las *personas* a quienes les son dados los dones, y no a los *dones* en sí mismos.

Si hay que establecer una categoría, la siguiente parece ser la más natural (y así y todo sigue el orden de la lista): (1) palabra de sabiduría y palabra de conocimiento; (2) fe, dones de sanar enfermos, poderes milagrosos; (3) profecía, discernimiento de espíritus, lenguas, interpretación de lenguas. Esta división se basa en el entrelazamiento de los dones en cada categoría, como lo demuestra la consideración que sigue. No obstante, ni aún así es posible comparar esta lista plenamente con los dones mencionados en Romanos 12:6-8; 1 Corintios 12:28; y Efesios 4:11.[4]

Además, la intención de Pablo en 1 Corintios 12:8-10 no es establecer una escala o jerarquía de dones.[5] Más bien, él desea mostrar que todos los dones, incluyendo los «no importantes» y los «oscuros», vienen de la misma fuente, el Espíritu.[6] «Como tareas dadas por el Espíritu todas ellas son ... fundamentalmente iguales, y la superioridad o subordinación se debe considerar nada más que incidental».[7] La norma general para medir la importancia relativa de los dones es doble: (1) si testifican o no del señorío de Jesús, (1 Co 12:3), y (2) si edifican o

[2]Hans Conzelmann, *1 Corinthians*, trad. James W. Leitch, Fortress Press, Filadelfia, 1975, 209; Williams, *Renewal Theology*, 2:347.

[3]BDF, sec. 109(2); Eduard Schweizer, *«pneuma, pneumatikos* in the New Testament»*, en *TDNT*, 6:315; Herman C. Beyer, *«heteros»,* en *TDNT*, 2:702.

[4]Johannes Weiss, *Der erste Korintherbriej*, Vandenhöck & Ruprecht, Gottingen, Alemania, 1910, 299.

[5]Weiss, *Der erste Korintherbrief*, 299; vea también Charles K. Barrett, *A Commentary on the First Epistle to the Corinthians*, Harper & Row, Nueva York, 1968, 286; Eduard Schweizer, *Church Order in the New Testament*, trad. Frank Clarke, SCM Press, Londres, 1961, 100.

[6]Barrett, *Corinthians*, 286.

[7]Schweizer, *Church Order*, 100. Lo mismo se aplicaría también a Ro 12:6-8.

no a la iglesia.[8] Un autor dice, de forma muy aguda, que Pablo evita «un arreglo jerárquico o codificado, que en los círculos carismáticos podría brindarse a un uso errado».[9] Como consecuencia, uno no puede argüir, como lo hacen algunos, que los últimos dones de la lista de 1 Corintios 12:8-10 (hablar en lenguas e interpretación de lenguas) son los menos importantes, así como tampoco se puede decir que el primero es el más importante. ¿Es el don de palabra de sabiduría el más importante de la lista porque aparece primero? ¿Son los dones de sanar enfermos y hacer milagros más importantes que el don de profecía?[10] Con toda probabilidad los cuatro últimos, profecía, discernimiento de espíritus, lenguas e interpretación de lenguas, aparecen al final por razones literarias, ya que estos cuatro se consideran extensamente en el capítulo 14, proveyendo así al lector de una continuidad fácil.

¿Oficios o funciones?

No hay término específico en el Nuevo Testamento que diferencie oficio de ministerio (i.e. función).[11] Los tres términos griegos más comunes para designar el concepto de oficio eran *arjé* o *arjón, time* y *telos*. Sin embargo, el Nuevo Testamento no aplica en ninguna parte estos términos a los líderes de la iglesia.[12] Pero aunque no haya equivalente en el Nuevo Testamento para este concepto de oficio, el término *carisma* «describía de una manera teológicamente exacta y extensa la esencia y alcance de todo ministro y función eclesiástica».[13] Algunos van tan

---

[8]Se considerará más adelante.

[9]Otto Michel, *Der Brief an die Romer*, Vandenhöck & Ruprecht, Gottingen, Alemania, 1966, 298.

. [10]De igual modo, ¿se supone que debemos llegar a la conclusión de que «mostrar misericordia» es el menos valioso de los dones mencionados en Ro 12:6-8 debido a que el don aparece en último lugar?

[11]Schweizer, *Church Order*, 181.

[12]Vea en Schweizer, *Church Order*, 171, información estadística de estos términos. Sin embargo, la palabra *episkope* en 1 Tim 3:1 parece llevar el significado de oficio, y se traduce como «oficio de obispo» (KJV; d. NRSV) u «oficio de supervisor» (NASB), y «cargo de obispo» en NKJV.

[13]Ernst Kaesemann, «Ministry and Community in the New Testament», en *Essays on New Testament Themes*, trad. W. J. Montague, SCM Press, Londres, 1964, 64; vea

lejos como para decir que Pablo hace un esfuerzo deliberado para evitar la distinción entre clero y laicos.[14]

Es innegable, no obstante, que hubo quienes ostentaban cargos en las iglesias en los tiempos de Pablo y en la iglesia en general. ¿De qué otra manera se puede entender términos tales como apóstoles, profetas y maestros (1 Co 12:28; vea Ef 4:11, que menciona también evangelistas y pastores)? Sin embargo, un grupo de ministerios no estaba ligado necesaria y permanentemente a los que los ocupaban, mientras que otros eran ejercidos solo como una función específica en una situación real.[15] Pero incluso cuando se menciona a quienes ocupan los cargos, el énfasis no es tanto en su oficio eclesiástico como en la variedad de funciones, actividades y ministerios en la iglesia.[16]

Este énfasis en la función antes que en el oficio se puede inferir de la manera en que Pablo procura corregir los errores en que habían caído los corintios. No le dice a ningún oficial que actúe, sino más bien se dirija a la congregación como un todo. «La inferencia es que *no había oficiales en el sentido eclesiástico*, aunque, como en toda sociedad, había quienes dirigían».[17]

Un esfuerzo por interpretar algunos dones espirituales como oficios eclesiásticos claramente definidos pierde de vista la intención de Pablo, que es mostrar cómo las diferentes funciones son las que Dios ha asignado a los varios miembros del Cuerpo.[18] Para expresarlo de otra manera: Las congregaciones a las que Pablo se dirige estaban compuestas solo de laicos que

---

también Michel, *Der Brief an die Romer;* 298 n. 2; Hans Kueng, «The Charismatic Structure of the Church», en *The Church and Ecumenism,* en *Concilium,* Paulist Press, Nueva York, 1965, 4:57.

[14]Algunos sostienen que había una distinción en ese tiempo, aunque no a un grado tan marcado como más tarde. Vea See Joseph Brosch, *Charismen und Aemter in der Urkirche,* Peter Hanstein G.m.b.H., Bonn, Alemania, 1951, 162.

[15]Leonhard Goppelt, *Apostolic and Post-Apostolic* Times, trad. Robert A. Guelich, Adam & Charles Black, Londres, 1970, 183.

[16]Barrett, *Corinthians,* 237; vea también Klaas Runia, «The Gifts of the Spirit» *Reformed Theological Review* 29, no. 3 (1970): 84.

[17]Archibald Robertson and Alfred Plummer, *A Critical and Exegetical Commentary on the First Epistle of St Paul to the Corinthians,* T. & T. Clark, Edimburgo, Escocia, 1914, 284, cursivas en el original.

[18]F. J. A. Hort, *The Christian Ecclesia,* Macmillan & Co., Londres, 1900, 159. Robertson and Plummer (*Corinthians,* 263) expresan el mismo sentimiento.

eran, potencialmente, también «sacerdotes y que ocupaban cargos, es decir, instrumentos del Espíritu para poner en práctica el evangelio en la vida diaria».[19] La cuestión no es tanto si hubo o no líderes reconocidos en las iglesias del Nuevo Testamento. Pablo mismo nombró ancianos para las iglesias que estableció en Galacia (Hch 14:23), e indica claramente que habían supervisores (obispos) y diáconos en la iglesia en Filipos (Fil 1:1). También las epístolas pastorales hablan de supervisores (conocidos también como obispos o ancianos) y diáconos (1 Ti 3:1-13; Tit 1:5-9). La cuestión estriba más en el hecho de que el énfasis recaiga en la función de estos (y otros) líderes, antes que en su cargo o título.

En resumen, Pablo recalca la función, aunque el concepto de cargo se halla en sus cartas. Según la enseñanza general del Nuevo Testamento, la obra soberana del Espíritu por medio de un creyente y el nombramiento divino de algunos a cargos de liderazgo no son mutuamente excluyentes, y si se observan las pautas del Nuevo Testamento tampoco deberían estar en contraposición estos dos conceptos.

Carácter y función de cada don

El propósito de esta sección es considerar de forma general los diferentes dones. Para lograr esto será necesario investigar la naturaleza básica de cada uno, así como su función específica. En un capítulo posterior se ofrecerá una consideración más detallada de los dones especialmente asociados con un culto de adoración (profecía, discernimiento de espíritus, lenguas, interpretación de lenguas).

Ya hemos observado la dificultad de establecer categorías para clasificar los diversos dones. Pero con todo, vale la pena hacer una sugerencia general. Basándose en las afirmaciones de Pedro respecto a los dones (1 P 4:10-11), Richard Gaffin sostiene que tenemos «un perfil de dos partes de una variedad entera de dones espirituales ... Todos los dones ... se reducen a una de dos clases básicas: dones de palabras y dones de obra».

---

[19]Ernst Kaesemann, «Paul and Early Catholicism», en *New Testament Questions of Today*, trad. W. J. Montague, Fortress Press, Filadelfia, 1969, 246.

James Dunn concuerda con él, y habla de «carismas de habla» y «carismas de acción», sobre todo respecto a las listas de Romanos y 1 Corintios.[20] Las categorías que yo sugiero para los diversos dones son de cierto modo arbitrarias por mi parte. La división es más para facilitar la consideración de dichos dones.

DONES DE LIDERAZGO

Prácticamente no cabe duda de que los tres ministerios de palabra que menciona 1 Corintios 12:28 —apóstoles, profetas y maestros—, disfrutan de algún grado de prioridad sobre los demás dones, porque por ellos se fundó la iglesia y es edificada.[21] En este pasaje, en que son mencionados junto con los demás dones, se los distingue de los demás en tres puntos:

(1) Identificándolos como «primero», «segundo» y «tercero», se los considera como «los que ostentan las tres funciones cronológicas y esencialmente primordiales para la edificación del Cuerpo de Cristo».[22]

(2) Están separados de los dones siguientes por la partícula griega *mem* («por un lado»)[23] para mencionar la tríada y el adverbio *epeita* («luego») para mencionar a los demás. La secuencia numérica se deja fuera después de los tres primeros.

(3) La tríada se presenta en términos de personas, en tanto que los dones restantes se dan en términos impersonales. Esto lo presenta correctamente la *New American Standard Bible*: «Y en la iglesia, Dios ha designado: primeramente, apóstoles; en segundo lugar, profetas; en tercer lugar, maestros; luego, milagros; después, dones de sanar enfermos, ayudas, administraciones, diversas clases de lenguas» (1 Co 12:28).[24] Pero este tipo

[20]Richard B. Gaffin, Jr., «The Gifts of the Holy Spirit», *Reformed Theological Review* 51 (enero-abril 1992): 9; Dunn, *Theology of Paul the Apostle*, 555-556.

[21]Barrett, *Corinthians*, 295.

[22]Rudolf Schnackenburg, «Apostles Before and During Paul's Time», en *Apostolic History and the Gospel*, ed. W. Ward Gasque and Ralph P. Martin, Wm. B. Eerdmans, Grand Rapids, 1970, 299.

[23]Pero el correlativo griego *de* no se usa en el segundo grupo. A menudo se deja fuera. Vea BAGD, 503.

[24]Algunas traducciones oscurecen esta distinción al «personalizar» cada término del segundo grupo. La NVI traduce erróneamente cuando dice «obradores de

de distinción básicamente se invierte en la lista de dones de Romanos 12:6-8, «lo que muestra que Pablo se interesaba más bien en los dones y funciones que en las personas y su estatus».[25]

Apóstoles

Los escritos de Pablo no tienen un concepto uniforme del apostolado con criterios claramente definidos.[26] No habla de su llamamiento como de un «cargo apostólico» sino más bien como una ordenanza de Dios, un ministerio, una gracia concedida a él por la exclusiva decisión de Dios mismo (Ro 11:13; 12:3; 15:15; 1 Co 3:10; 9:17; 2 Co 1:1; 3:6; 4:1; 6:3-4; Gá 1:15-16; Col. 1:25).[27] Debido a que el concepto de apostolado no estaba claramente definido al principio, es inútil poner, como lo hacen algunos, el uno contra el otro, el «institucional» contra el «carismático», o el «cargo» contra la «función».[28]

Pablo usa el término *apostolos* (apóstol) en un sentido amplio para denotar función (vea Ro 16:7; 2 Co 8:23; Fil 2:25). Don A. Carson dice: «No podía haber habido falsos apóstoles (2 Co 11.13) a menos que el número de apóstoles hubiera sido indefinido».[29] Pero generalmente Pablo usa la palabra en el sentido más restringido: un testigo de Cristo que había visto al Señor resucitado (vea 1 Co 9:1) y que habían sido comisionado definitivamente por él.[30] Pablo se incluye a sí mismo entre los

milagros, los que tienen dones de sanidad, los que pueden ayudar a otros, los que tienen dones de administración, y los que hablan diferentes clases de lenguas».

[25]Barrett, *Corinthians*, 295.

[26]Schnackenburg, «Apostles», 301.

[27]Hans von Campenhausen, *Ecclesiastical Authority and Spiritual Power in the Church of the First Three Centuries*, trad. J. A. Baker, Stanford University Press, Stanford, 1969, 27.

[28]Schnackenburg, «Apostles», 302.

[29]Don A. Carson, *Showing the Spirit: A Theological Exposition of 1 Corinthians 12-14*, Baker Book House, Grand Rapids, 1987, 88.

[30]Schweizer, *Church Order*; 194-97. «El número de testigos oculares que habían visto al Cristo resucitado subía a cientos [1 Co 15:6]; pero los hombres "apostólicos" de la comunidad primitiva no solo lo habían visto, sino que él los había constituido asimismo testigos públicos de su resurrección y persona» (Campenhausen, *Ecclesiastical Authority*, 23).

apóstoles en este sentido más restringido de la palabra. Esta comisión consistía en predicar, lo que pertenece a la esencia del apostolado. Un autor ha llegado a afirmar que «no conocemos a ningún apóstol que no sea misionero al mismo tiempo».[31] Sin embargo, tal afirmación se basa en la tradición antes que en el Nuevo Testamento.

El concepto de autoridad apostólica asocia el *apostolos* («enviado») del Nuevo Testamento con el judío *shaliaj* («enviado»), que era un emisario autorizado de las autoridades judías. Pero el ministerio de la predicación y a menudo de misiones de los apóstoles los distingue radicalmente de sus contrapartes judías.[32]

En la lista de carismata que se halla en 1 Corintios 12:28-29 tal vez el único rasgo distintivo de los apóstoles es que eran itinerantes.[33] A diferencia de profetas, maestros y otros líderes, su ministerio era para la iglesia en general, antes que asociado con una congregación específica local.[34] Si el término «apóstol» en su sentido más restringido implicaba un ministerio no repetible, de una vez por todas, de ciertos individuos (Ef 2:20; 3:4-5), en su sentido más amplio puede usarse para quienes continúan la obra de los apóstoles, especialmente la de predicación itinerante. Arnold Bittlinger dice que «el Nuevo Testamento no sugiere en ninguna parte que el ministerio apostólico había de ser únicamente para los cristianos de primera generación. Por el contrario, constantemente encontramos en la historia de la iglesia a personas a quienes llamamos apóstoles».[35]

Algunos sugieren que los sucesores de los apóstoles bien podrían ser los evangelistas (Hch 21:8; Ef 4:11; 2 Ti 4:5). Un autor dice que el término «evangelista» surgió en una época «cuando se veía a los apóstoles como un grupo separado que

[31]Campenhausen, *Ecclesiastical Authority*, 53.

[32]Karl H. Rengstorf, «*apostolos*», en *TONI*, 1:432; Campenhausen, *Ecclesiastical Authority*, 22. Pero no todos concuerdan con esta conexión (vea Schnackenburg, «Apostles», 294; Schweizer, *Church Order*, 202).

[33]Barrett, *Corinthians*, 295.

[34]Rengstorf, «*apostolos*», 1:432.

[35]Arnold Bittlinger, *Gifts and Ministries*, trad. Clara K. Dyck, Wm. B. Eerdmans, Grand Rapids, 1973, 77.

perteneció a los primeros días».[36] Es por lo menos interesante, además de instructivo, comparar la afirmación de Pablo de «señales de un verdadero apóstol» (2 Co 12:12) con el ministerio de Felipe de señales y maravillas (Hch 8:4-8). Stanley M. Horton observa lo siguiente: «El ministerio apostólico ... es una obra que edifica a la iglesia y al compañerismo, ejercido con milagros que lo acompañan y que son obra del Espíritu».[37]

Profetas

El profeta *(profetes)* es una figura clave en las congregaciones del Nuevo Testamento. Pero al igual que sucede con el término *apostolos*, la palabra *profetes*, con sus cognados, no tiene un significado uniforme. Puede representar a un grupo distintivo en la iglesia, o se puede usar ampliamente para cualquier creyente sobre quien el Espíritu se mueve para que profetice. El don de profecía puede ser impartido a todo creyente, porque Pablo parece indicar que está disponible para todos (1 Co 14:5,24,31).

Los profetas, a diferencia de los apóstoles, no van de sitio en sitio, sino que parece que residen en una localidad fija, como en Antioquía de Siria (Hch 13:1), aunque hay ciertas indicaciones de que los profetas sí cambiaron de localización en ocasiones (por ejemplo, Mt 10:41; Hch 11:27-28 con 21:10). Originalmente cada congregación tenía miembros que habían sido dotados del don de profecía (vea Hch 13:1; Ro 12:6; 1 Co 12:10; 1 Co 14).

En varios pasajes importantes a los profetas se los liga directamente con los apóstoles (1 Co 12:28-29; Ef 2:20; 3:5; 4:11; Ap 18:20). Ambos tenían juntos un ministerio singular. Por ejemplo, son el «fundamento» de la iglesia (Ef 2:20),[38] y a ellos les fue revelado el hecho de «que los gentiles son, junto con Israel, beneficiarios de la misma herencia, miembros de un mismo cuerpo y participantes igualmente de la promesa en

---

[36]Schweizer, *Church Order*, 200; vea también Bittlinger, *Gifts and Ministries*, 63.

[37]Horton, *What the Bible Says*, 266.

[38]Es mejor entender «el fundamento de los apóstoles y profetas» como refiriéndose a que los apóstoles y profetas son en sí mismos el fundamento (en gr., genitivo de aposición).

Cristo Jesús» (Ef 3:5-6). En esta asociación con el apóstol, el profeta cumplía una función histórica única en los años en que la iglesia se estaba formando. Sin embargo el espíritu de profecía siempre está presente en la comunidad cristiana. Manifestado en la asamblea local de creyentes el don de profecía no coincide, como algunos aducen, «en alto grado con lo que hoy llamamos sermón».[39] Tal equiparación es demasiado simple. Oscar Cullman ha observado que la enseñanza y predicación se basan en una exposición inteligible de la Palabra; el don de profecía, por otro lado, se basa en revelación *(apocalupsis)*.[40] Vale la pena destacar que en la extensa consideración que hace Pablo de la manifestación del don de profecía en 1 Corintios 14, no usa ni la palabra *kerusso* («proclamar o anunciar») ni ninguno de los compuestos del verbo *angelo* («dar un mensaje»).[41] Uno de estos compuestos sería *euangelizomai* («predicar las buenas nuevas»).

Predicar, por un lado, es el *kerugma:* «el anuncio de las buenas nuevas de lo que Dios *ha hecho* y se preparaba para hacer por los que oirían y creerían». Sus oyentes, por lo general, son no convertidos. La profecía, por otro lado, «es declarativa e imperativa» y tiene que ver primordialmente con una crisis o necesidad que enfrenta el pueblo de Dios.[42] Estas revelaciones de profecía «proclamaban a la iglesia primitiva lo que tenía que hacer y saber en circunstancias especiales».[43]

El don de profecía no tenía la intención ni de superar a la predicación ni de que se la considerase simplemente como predicación. En la iglesia primitiva, tal y como señala Cullmann, «hay campo junto con la predicación para la proclamación perfectamente libre en el Espíritu».[44] Sin embargo, de las dos, recibe

[39]Jean Herring, *The First Epistle of Saint Paul to the Corinthinas,* trad. A. W: Heathcote and P. J. Allcock, Epworth Press, Londres, 1962, 127.

[40]Oscar Cullmann, *Early Christian Worship,* trad. A Steward Todd and James B. Torrance, SCM Press, Londres, 1953, 20.

[41]Emest Best, «Prophets and Preachers», *Scottish Journal of Theology* 12 (junio 1959): 150.

[42]R. B. Y. Scott, «Is Preaching Prophecy?» *Canadian Journal of Theology* 1 (abril 1955): 150, énfasis de Scott.

[43]F. W. Grosheide, *Commentary on the First Epistle to the Corinthians,* WID. B. Eerdmans, Grand Rapids, 1953, 287.

[44]Cullmann, *Early Christian Worship,* 20.

prioridad la predicación, que se asocia con los apóstoles. La profecía «puede ofrecer instrucción divina que es útil *hie et nunc* [aquí y ahora], pero se pone por debajo de la predicación apostólica, por debajo del evangelio, que debe ocupar el lugar de honor (cf. 1 Co 12:28)».[45] Como consecuencia de eso, los que oyen al profeta son creyentes y solo incidentalmente no creyentes o de afuera (1 Co 14:24). La profecía le es comunicada al profeta mediante revelación *(apokalupsis)*. En 1 Corintios 14 los términos «profecía» y «revelación» parecen ser intercambiables. Es sorprendente, por ejemplo, que en el versículo 26 Pablo hable de «un himno, una enseñanza, una revelación, un mensaje en lenguas, o una interpretación», pero que no mencione la profecía. Por proceso de eliminación, y especialmente a la luz del versículo 30,[46] la conclusión es que los dos términos («profecía» y «revelación») deben ser considerados iguales. Incluso en el versículo 6, donde se enumeran revelación, conocimiento, profecía y palabra de enseñanza, Pablo tal vez esté hablando de dos pares relacionados unos con otros según el patrón a-b-a-b.

La profecía, entonces, es una comunicación sobrenatural designada primordialmente a ayudar a los creyentes en su andar cristiano. Y es significativo que el pasaje clásico sobre el don de profecía (1 Co 14) no se refiera al elemento de predicción.[47] Profetizar quiere decir «traducir la fe cristiana a la misma situación del oyente ... a la vida de esta mismísima semana».[48]

¿Le es dada una percepción sobrehumana al profeta? La revelación de los secretos del corazón del no creyente (1 Co 14:24-25) apunta ciertamente en esa dirección.[49] Las Escrituras

[45]Grosheide, *Corinthians*, 337. Estas conclusiones generales también las sostiene Gerhard Friedrich en «Prophets and Prophecies in the New Testament», en *TDNT*, 6:854-855.

[46]«Y si una revelación le viene a alguno que está sentado, el que estaba hablando debe callar». El contexto trata de la regulación del don de profecía en la asamblea.

[47]Esto no es negar que puede haber profecía predictiva (vea Hch 11:28; 21:10-11; Ro 11:25-26; 1 Co 15:51-52). Sin embargo, un elemento predictivo no es el enfoque de la enseñanza de Pablo sobre el tema.

[48]Eduard Schweizer, «The Service of Worship. An Exposition of 1 Corinthians 14», en *Neotestamentica*, Zwingli Verlag, Zurich, Switzerland, 1963, 340.

[49]Entre los abogan por esta creencia se cuentan Arnold Bittlinger, *Gifts and Graces*, trad. Herbert Klassen, Wm. B. Eerdmans, Grand Rapids, 1967, 107; y Jean Hering

establecen claramente que el Espíritu Santo revela lo secreto (por ejemplo, Jn 2:25; 6:64; 13:11; 16:19; Hch 5:3; 1 Co 2:11,15; 1 Jn 2:20-21). Obsérvese también que Jesús le reveló a la samaritana su estado marital, y la respuesta de ella fue: «me doy cuenta de que tú eres profeta» (Jn 4:18-19). Debido a que la profecía es mediada por revelación divina y puede incluir la distribución divina de cierta información, es tentador ver aquí una conexión con el don de palabra (o expresión) de conocimiento, que se considerará más adelante, aunque esto no agota el significado de ese don.

La profecía es con seguridad uno de los «mejores dones» (1 Co 12:31) que a los corintios se les insta a desear fervientemente (14:1,39). Además de que a los profetas en varias ocasiones se les liga estrechamente con los apóstoles, los dones de profecía o profeta se hallan en todas las listas de dones espirituales (Ro 12:6-8; 1 Co 12:8-10,28-29; Ef 4:11). El empuje de todo el capítulo 14 de 1 Corintios es mostrar la superioridad de este don sobre el don de lenguas interpretado. La profecía puede ser instrumento en la conversión de un no creyente, además de contar con su función primordial de servir a las necesidades de la congregación. Si se debe en verdad asignar grados de importancia a los varios dones, no sería errado decir que la profecía debe estar entre los más importantes.

Maestros

Los maestros (didaskaloi) constituían otro grupo dirigente en las primeras congregaciones. Se habla de ellos tanto en términos personales (1 Co 12:28-29; Ef 4:11; vea también Hch 13:1; 1 Ti 2:7; 2 Ti 1:11; Stg 3:1) como impersonales (Ro 12:7 y Gá 6:6, «el que enseña»). En las epístolas pastorales los ancianos tienen la responsabilidad de enseñar (1 Ti 3:2; 5:17).

¿Son los «pastores y maestros» (Ef 4:11) los mismos individuos? Las opiniones están divididas.[50] Pero aparte de este pasaje

---

, Corinthians, 152. Entre los opositores tenemos a Johannes Weiss, Der erste Korintherbrief, 333; y Barrett, Corinthians, 326.

[50]Según Karl H. Rengstorf, el artículo común tous en la frase tous poimenas kai didaskalous deja bien claro que son lo mismo, «porque el poimen [pastor] es el responsable de la vida de la comunidad, y por consiguiente didaskein [enseñar] en el sentido

existen suficientes indicaciones de que los maestros constituyen una clase separada, aunque la *función* de enseñar se asigne por igual al obispo (anciano o pastor). Presumiblemente los maestros eran creyentes maduros que instruían a otros en el significado de la fe cristiana y en la exposición de las Escrituras hebreas.[51] C. E. B. Cranfield, comentando sobre Romanos 12:7 («el que enseña»), dice que «el maestro basaba su enseñanza en las escrituras del Antiguo Testamento, la tradición de Jesús y el material catequístico corriente en la comunidad cristiana».[52] De esta manera el maestro contribuye a la edificación de la comunidad de creyentes.

Puesto que tanto la profecía como la enseñanza son ministerios de la palabra, ¿cómo se relacionan entre sí? Según un autor son «los dos dones más nobles, que Pablo mismo destaca como tales y los vincula con el apostolado».[53] Sin embargo, hay que distinguir el uno del otro. El profeta en la iglesia primitiva se distinguía del maestro por el hecho de su inspiración puntual por el Espíritu. «Su palabra era resultado de una revelación particular ... Era una característica de la profecía que era dirigida a una situación concreta en particular».[54] Se puede decir que la profecía apela al corazón, mientras que la enseñanza apela al entendimiento.[55] Pero sería incorrecto clasificar a los

---

más amplio es parte de su oficio» (*TDNT*, 2:158). Otros arguyen lo contrario (por ejemplo, Joseph Brosch, *Charismen*, 117; Schweizer, *Church Order* 200 n. 750). Vea el artículo de Daniel B. Wallace en el que arguye que la llamada regla de Granville Sharp no se aplica a los sustantivos en plural: «Granville Sharp: A Model of Evangelical Scholarship and Social Activism», *Journal of the Evangelical Theological Society* 41, nº. 4 (diciembre 1998), 604-12. Este puede ser otro ejemplo de la imprecisión con que se usa algo de la terminología carismática.

[51]Barrett, *Corinhians*, 295; Ziegfried Schatzmann, *A Pauline Theology of Charismata*, Hendrickson Publishers, Peabody, Mass., 1987; Heinrich Greeven, «Propheten, Lehrer, Vorsteher bei Paulus», *Zeitschrift für die neutestamentliche Wissenschaft* 44 (1952-53): 28.

[52]C. E. B. Cranfield, *A Critical and Exegetical Commentary on the Epistle to the Romans*, T. & T. Clark, Edimburgo, Escocia, 1975, 623.

[53]Campenhausen, *Ecclesiastical Authority*, 60.

[54]C. E. B. Cranfield, *A Commentary on Romans* 12-13, Oliver & Boyd, Edimburgo, Escocia, 1965, 29.

[55]Perdinand Prat, *The Theology of Saint Paul*, trad. Jn L. Stoddard, Burns, Oates & Washbourne, Londres, 1957, 1:425; vea también John Murray, *The Epistle to the Romans*, Will. B. Eerdmans, Grand Rapids, 1959, 125.

profetas como «pneumáticos», como lo hacen algunos, y a los maestros como «no-pneumáticos», puesto que los maestros, tanto como los profetas, son dones espirituales para la iglesia, que también necesitan la capacitación del Espíritu.

Pastores

La palabra griega que se traduce pastor *(poimen)* es el sustantivo común para este personaje. Se usa figuradamente para Jesús (Jn 10:11,14,16; He 13:20; 1 P 2:25) y solo una vez en el Nuevo Testamento para los líderes de la iglesia (Ef 4:11). Pero el concepto de líderes apacentando a las ovejas aparece en varios pasajes (por ejemplo, Jn 21:15-18; Hch 20:28; 1 P 5:2), y apacentar las ovejas está asociado más estrechamente con el ministerio de la palabra del pastor, especialmente como maestro. A los pastores por lo general se les identifica con los ancianos y obispos (supervisores) (como en Hch 20:28; 1 P 5:2). Algunos también sugieren la posibilidad de que existe una referencia a ellos en el don de administración (1 Co 12:28).

Evangelistas

La palabra griega traducida evangelistas *(euangelistes)* aparece solo tres veces en el Nuevo Testamento (Hch 21:8; Ef 4:11; 2 Ti 4:5). «Los evangelistas no iban a las iglesias. Iban donde estaban los pecadores. Los profetas iban a las iglesias».[56] El ministerio del evangelista era y es predicarles el evangelio *(euangelizomai)* a los no creyentes, diferenciándole del pastor, cuyo ministerio primordial es exponer las Escrituras a los creyentes. Sin embargo, esto no excluye que el pastor predique de manera evangelística (2 Ti 4:5).

Ayuda

«Ayuda» (1 Co 12:28; gr. *antilempseis*) conlleva la idea básica de ayuda o respaldo.[57] En su forma verbal el Nuevo Testamento

---

[56]Horton, *What the Bible Says*, 268.

[57]Gerhard Delling, «*antilambanomai, antilempsis, sunantilambanomai*», en *TDNT*,

usa el término en el sentido de preocupación seria por una relación personal adecuada con un hermano (1 Ti 6:2) o consideración por el débil (Hch 20:35), lo que un autor dice que se refiere «obviamente a la actividad del amor en los tratos de la comunidad».[58]

Administración

El don de administración (*kuberneseis;* 1 Co 12:28) capacita al miembro para servir como timonel[59] de la congregación, «un verdadero director de su orden y por ello de su vida».[60] Muy posiblemente estas funciones de administración son preludio del trabajo de los obispos[61] si el término «obispo» se entiende como intercambiable con «anciano» o «pastor».

Los dos dones de ayuda y administración pueden muy bien indicar las funciones de los diáconos y obispos, que son mencionados específicamente por primera vez en Filipenses 1:1.[62] Sin embargo es más probable que no fueran oficios fijos cuando Pablo escribió 1 Corintios.

El que dirige

«El que dirige» (Ro 12:8) puede estar relacionado con el don de pastores o ancianos. El verbo *(proistemi)* aparece en otras partes, en 1 Tesalonicenses 5:12; 1 Timoteo 3:4,5; 5:17; y Tito 3:8. Va vinculado específicamente al trabajo del anciano: «Los ancianos que dirigen bien los asuntos de la iglesia» (1 Ti 5:17). También se usa de forma más general: «sean considerados con

1:375-376; vea también Barrett, *Corinthians,* 295; Hering, *Corinthians,* 133 («obras de caridad»).

[58]Delling, «*antilambanomai*», 1:375. Barrett los llama «dones de apoyo» y sugiere que pueden ser los tres últimos de la lista de Romanos 12:6-8 (*Corinthians,* 295-296).

[59]Este sustantivo personal es *kubernetes* (Hch 27:11; Ap 18:17).

[60]Hermann W. Beyer, «*kubernesis*», en *TDNT,* 4:1036.

[61]Barrett, *Corinthians,* 296; Hering, *Corinthians,* 133; Robertson and Plummer, *Corinthians,* 281.

[62]James D. G. Dunn, *Jesus and the Spirit,* Westminster Press, Filadelfia, 1975, 253; Barrett,. *Corinthians,* 295-296; Ralph P. Martin, *The Spirit and the Congregation: Studies in 1 Corinthians 12-14,* Wm. B. Eerdmans, Grand Rapids, 1984, 33.

los que … los guían y amonestan en el Señor» (1 Ts 5:12); los que habían confiado en el Señor debían preocuparse de «dedicarse» a las buenas obras (Tit 3:8).

Proistemi tiene dos significados básicos: (1) «estar a la cabeza de, regir, dirigir»; (2) «interesarse por, preocuparse por, cuidar de, ofrecer ayuda».[63] Especialmente respecto a Romanos 12:8 no se trata de escoger un significado y excluir el otro, sino más bien de decidir cuál de los dos se enfatiza. Ciertamente en este versículo no se refiere con precisión a ningún oficio o cargo.[64] Es mejor pensar más en términos de cuidado y solicitud de parte de los líderes.[65] Es importante observar que este don es el segundo miembro de la triada de «el que reparte … el que ayuda … el que participa en actos de misericordia» (Ro 12:8, traducción mía). La segunda expresión se relaciona llanamente con las otras dos, que se refieren a obras de amor. Por consiguiente, esta persona puede formar parte de un grupo especial dotado por el Espíritu Santo para la atarea de cuidar a otros.[66] La persona que ha recibido este don debe desempeñar el trabajo diligentemente, o sea, con celo. «Celo y energía son los dones naturales que necesita todo dirigente».[67]

---

[63]BAGD, 707; vea también Bo Reicke, «*proistemi*», en *TDNT*, 6:702; Michel, *Der Brief an die Romer*, 300.

[64]Charles K. Barrett, *A Commentary on the Epistle to the Romans*, Adam & Charles Black, Londres, 1962, 239.

[65]Greeven. «Propheten», 32 n°. 74. Cranfield (*Epistle to the Romans*, 626-627) sugiere la posibilidad de que esta persona sea «el administrador a cargo de la obra de caridad de la congregación» o tal vez «la persona que en virtud de su estatus social estaba en posición de ser, a nombre de la iglesia, amigo y protector de los miembros de la comunidad que no podían defenderse a sí mismos (p. ej., las viudas, huérfanos, esclavos, extranjeros)». Michel piensa de forma similar (*Der Brief an die Romer*, 300).

[66]Dunn, *Jesus and the Spirit*, 250-251; Schatzmann, *Pauline Theology of Charismata*, 27.

[67]Reicke, «*proistemi*», 6:701.

Capítulo 13
Dones individuales
Segunda parte

DONES DE AYUDA PRÁCTICA

Es importante darse cuenta de que de los siete dones mencionados en Romanos 12:6-8, no menos de cuatro —servicio, dar, cuidar a u ofrecer ayuda,[1] y mostrar misericordia—, tienen que ver con la ayuda práctica a los miembros de la comunidad cristiana que necesitan ayuda y simpatía.

Servicio

Para sorpresa de algunos el servicio (diakonía) es también un don (Ro 12:7).[2] ¿Usa Pablo la palabra en el sentido más estrecho, «denotando una variedad de actividades similar a lo que ha llegado a ser territorio de los diáconos»?[3] ¿O acaso se refiere con esto, en un sentido amplio, a toda clase de «ministerio»?[4] Es mejor no confinar el significado al sentido más estrecho, sino hacer que incluya ideas tales como «ministerio a los necesitados» o «ayuda o administración de ayuda a

[1] En el cap. previo, bajo el subtítulo de «El que dirige», dése cuenta de que un significado del verbo *proistemi* es «preocuparse por, cuidar de, ofrecer ayuda».

[2] En el siguiente cap. se ofrecerá una consideración más detallada del concepto general de *diakonía*.

[3] C. E. B. Cranfield, *A Critical and Exegetical Commentary on the Epistle to the Romans*, T. & T. Clark, Edimburgo, Escocia, 1975, 622; vea también Charles K. Barrett, *A Commentary on the Epistle to the Romans*, Adam & Charles Black, Londres, 1962, 238; Stanley M. Horton, *What the Bible Says About the Holy Spirit*, Gospel Publishing House, Springfield, Mo., 1976, 280. Eduard Schweizer sugiere la posibilidad de que los diáconos fueran originalmente sirvientes de los obispos (*Church Order in the New Testament*, trad. Frank Clarke, SCM Press, Londres, 1961), 199.

[4] Vea Ro 11:13; 1 Co 3:5; 12:5; 16:15; 2 Co 3:6; 6:4; 8:4; 11:23; Ef 3:7; 6:21.

las necesidades físicas».[5] Como mucho, todo lo que se puede decir es que tal vez sea el comienzo de lo que más tarde llegaron a ser los diáconos, personas identificables en las iglesias. «Que sirva» (gr. *en tei diakoniai*), según un autor, quiere decir «los que han recibido este don en particular, la capacidad espiritual de servicio práctico, deben dedicarse de corazón al cumplimiento de las tareas para las que esta investidura en particular es también su divina función».[6]

El que da

«El que da» (Ro 12:8, LBA) indica una inclinación otorgada por Dios para dar de las posesiones personales de uno, pero no debe ser restringida a compartir los bienes materiales. Significativamente, este pensamiento de compartir lo repite Pablo en un contexto carismático en la misma carta cuando escribe: «para impartirles algún don espiritual» (Ro 1:11). El verbo griego *metadidomi* se usa en ambos pasajes (y también en 1Ts 2:8) y más propiamente significa «compartir». Este compartir se debe hacer generosamente, o con liberalidad, y sin reservas ni motivos ulteriores.[7] Debe ser hecho con interés sincero, sin rezongar, y sin condiciones.[8]

El que muestra misericordia

Conceptualmente relacionado con «el que da» está «el que muestra misericordia [*eleos*]» (Ro 12:8, LBA). Puede tratarse concretamente de repartir limosnas, pero tanto en Corinto como en Filipos fue necesario escoger a las personas para esta tarea (1 Co 16:3; 2 Co 8:19,23; Fil 2:25). *Eleos* es un

[5]Ziegfried Schatzmann, *A Pauline Theology of Charismata*, Hendrickson Publishers, Peabody, Mass., 1987, 23; John Murray, *The Epistle to the Romans*, Wm. B. Eerdmans, Grand Rapids, 1959, 124; Barrett, *Romans*, 238; Hermann W. Beyer, «diakoneo, diakonia, diakonos», en *TDNT*, 2:87-88.

[6]Cranfield, *Epistle to the Romans*, 623.

[7]Otto Michel, *Der Brief an die Römer*, Vandenhöck & Ruprecht, Göttingen, Alemania, 1966, 299.

[8]Significado de la palabra *haplotes* en BAGD, 86.

término amplio que a veces tiene el sentido de compasión o lástima. El término se usó para describir la acción del samaritano en la conocida parábola (Lc 10:37). Bien podría indicar atender al enfermo, aliviar al pobre, cuidar al anciano y minusválido, o visitar al preso.[9] El ministerio debe hacerse «con alegría», no a regañadientes o por obligación. «La alegría en todo sendero de la vida ... fue una característica especial de la iglesia primitiva (Hch 2:46; 5:41; Fil 1:4,18; 2:18, etc.; 1 Ts 5:16)»[10]

DONES DE PODER

Fe

La fe es un don espiritual que no todo creyente posee. Obsérvese la expresión: «a otros, fe» (1 Co 12:9). El que ha recibido este don tiene una convicción dada divinamente de que Dios revelará su poder y misericordia en un caso específico; es una seguridad que atrae a lo sobrenatural al mundo natural.[11] Es la fe que obra prodigios, que se manifiesta en obras antes que en palabras.[12] Es el tipo de fe que puede mover montañas (Mt 17:20; 21:21; Mr 11:22-24; 1 Co 13:2; vea también Mr 9:23). Este don de fe se puede considerar como la antítesis de «poca fe» de la que habló Jesús (Mt 6:30; 8:26; 14:31; 16:8; 17:20; Lc 12:28).

Pero el don de fe no suele funcionar de forma aislada. Es un medio para un fin: curación de enfermos y demostraciones milagrosas del poder divino (Gá 3:5). Un notable ejemplo del don de fe puesto en práctica fue la curación del cojo en la puerta del templo (Hch 3:1-10).

---

[9]Cranfield, *Epistle to the Romans*, 627; Stanley M. Horton, *What the Bible Says*, 281.

[10]William Sanday y Arthur C. Headlam, *A Critical and Exegetical Commentary on the Epistle to the Romans*, 5ª ed., T. & T. Clark, Edimburgo, Escocia, 1914, 358.

[11]lJoseph Brosch, *Charismen und Aemter in der Urkirche*, P. Hanstein G.m.b.H., Bonn, Alemania, 1951, 50-51.

[12]Archibald Robertson y Alfred Plummer, *A Critical and Exegetical Commentary on the First Epistle of St. Paul to the Corinthians*, T. & T. Clark, Edimburgo, Escocia, 1914, 266.

Dones de sanar enfermos

Pablo usa la forma plural para ambos sustantivos: «dones de sanar enfermos» (1 Co 12:9, trad. lit.). El primer plural podría indicar que toda curación es un don especial.[13] El segundo plural posiblemente llama la atención sobre diferentes tipos, o categorías, de sanar enfermos que incluiría la restauración de la persona por entero: cuerpo, alma y espíritu. Los Evangelios y el libro de los Hechos dan amplio testimonio de la amplia diversidad de curaciones llevadas a cabo por Jesús y sus seguidores (vea Mr 1:32-34). Sin embargo, va más allá de la evidencia sostener, como algunos lo hacen, que el plural «curaciones» «parece implicar que diferentes personas tienen cada una cierta enfermedad o grupo de enfermedades que pueden curar».[14]

No es correcto decir que este don le sea dado a quien necesita la curación. Aunque es cierto que la persona sanada recibe un milagro de sanar enfermos, el don le es dado al individuo a quien Dios usa para su realización. Este es todo el tenor del pasaje de 1 Corintios 12:8-10, que enfoca al individuo a quien Dios usa para ejercer el don. Por consiguiente, es más acertado decir que el don le es dado *a* una persona *para* la curación de otra.[15]

Stanley M. Horton enfatiza que el don puede ejercerse solo por el acicate del Espíritu, al afirmar que «no hay evidencia de que los apóstoles pudieran sanar cada vez que se les antojara, mediante algún poder de curar enfermos permanente. Tampoco consideraban ellos que sanar enfermos fuera su ministerio principal».[16]

---

[13]Arnold Bittlinger, *Gifts and Graces*, trad. Herbert Klassen, Wm. B. Eerdmans, Grand Rapids, 1967, 37.

[14]Robertson y Plummer, *Corinthians*, 266; Harold Horton, *The Gifts of el Espíritu*, 2ª ed., Gospel Publishing House, Springfield, Mo., 1975, 116; Don A. Carson, *Showing the Spirit: A Theological Exposition of 1 Corinthians 12-14*, Baker Book House, Grand Rapids, 1987, 39.

[15]Bittlinger, *Gifts and Graces*, 37.

[16]Stanley M. Horton, *What the Bible Says*, 274. Puesto que la cuestión de sanidad divina siempre ha sido enfatizada en el movimiento pentecostal, llamamos la atención del lector al excurso titulado «La sanidad y la expiación», que se encuentra al final de este capítulo.

Poderes milagrosos

Ambos sustantivos están en plural en el texto griego. Esta es una segunda forma en que se manifiesta el don de fe. «Milagros» (1 Co 12:10, LBA) es una traducción de la palabra griega *dunamis*, que a menudo se traduce como «poder». Los conceptos de poder y Espíritu están estrechamente relacionados en el Nuevo Testamento.[17] Este don en particular parece haber sido una de las características de los apóstoles (2 Co 12:12; vea Ro 15:19; He 2:4), pero no estaba restringido a ellos (por ejemplo, Hch 8:5-7).

Este don se distingue de los dones de sanar enfermos en que incluiría demostraciones extraordinarias del poder de Dios, además de curaciones milagrosas, en tanto que *dunamis* es un término general, más extenso, para obras de toda clase que maravillan. Esto lo sugiere el uso de esta palabra en conjunción con los términos «señales» y «maravillas» (*semeia* y *terata*), y especialmente este último (vea Hch 2:22; Ro 15:19; 2 Co 12:12; Gá 3:5; 2 Ts 2:9; He 2:4). Un autor afirma que estos milagros son «actos de poder que invaden el reino de los demonios. En *dunameis* [milagros o poderes] se resisten o se expulsan a las fuerzas demoníacas».[18] El exorcismo en particular sería una función de este don, y podría incluir, igualmente, eventos tales como el castigo de ceguera que cayó sobre el mago Elimas (Hch 13:9-11) y milagros de la naturaleza.[19] Especialmente apropiado en esta conexión es observar que el sustantivo «obras» *(energeia)* se usó en la Septuaginta y en el Nuevo Testamento junto con su equivalente verbal, casi exclusivamente para la obra de poderes divinos o demoníacos.[20]

---

[17]Lc 1:35; 24:49; Hch 1:8; 10:38; Ro 15:19; 1 Co 2:4; Gá 3:5; 1 Ts 1:5; vea también 2 Ti 1:7.

[18]Walter Grundmann, «The Concept of Power in the New Testament», en *TDNT*, 2:315.

[19]Vea, por ejemplo, Carson, *Showing the Spirit*, 40; Charles K. Barrett, *A Commentary on the First Epistle to the Corinthians*, Harper & Row, Nueva York, 1968, 286.

[20]Georg Bertram, «*energeo, energeia, energema, energes*», en *TDNT*, 2:652-653. Una posible excepción sería Fil 2:13, en la que la segunda vez que aparece *energeo* puede aplicarse al creyente y no a Dios. Vea la NRSV, que dice «capacitándoles tanto a querer como a obrar».

DONES DE REVELACIÓN

Es virtualmente imposible establecer una distinción rígida entre los dones de palabra de sabiduría y palabra de conocimiento.[21] Para los corintios, sin embargo, entre quienes los dones fueron probablemente un hecho común, la diferencia tal vez era lo suficientemente clara. Pero es mejor opinar que «como regla la distinción entre dones relacionados no se debe establecer con demasiada precisión».[22]

Palabra de sabiduría

El texto griego no dice «la» palabra de sabiduría, como lo tienen algunas versiones inglesas,[23] pero sobre la base del concepto relacionado de sabiduría que Pablo ya mencionó anteriormente en 1 Corintios, especialmente en los capítulos 1 y 2, algunos dicen que tiene que ver con conceptos del plan de salvación.

Es posible, sin embargo, considerar el significado de este don en una dirección completamente diferente. Puede ser significativo que la palabra griega *logos* («palabra») en este don y el que sigue no vaya acompañada del artículo griego *jo* («el», o «la»). Por consiguiente, este don bien se podría entender asimismo como «un dicho sabio» o «hablando con sabiduría».[24] «En una situación difícil o peligrosa se puede pronunciar una palabra de sabiduría que resuelve la dificultad o silencia al opositor».[25] La decisión en el concilio de Jerusalén es un ejemplo que viene al caso: «Nos

---

[21]Hans Conzelmann, *Corinthians*, trad. James W. Leitch, Fortress Press, Filadelfia, 1975, 246; Robertson and Plummer, *Corinthians*, 265; Barrett, *Corinthians*, 285. Solo hay dos dones reveladores que son considerados bajo este subtítulo, aunque ciertamente la profecía, el discernimiento de espíritus y la exhortación también son reveladores por naturaleza. Algunos incluirían la interpretación de lenguas.

[22]Rudolph Bultmann, *Theology of the New Testament*, trad. Kendrick Grobel, Charles Scribner's Sons, Nueva York, 1951, 1:154.

[23]En algunas versiones inglesasse dice «*la* palabra de sabiduría». Los estudiosos del gr. entenderán que la presencia del artículo puede a menudo ser significativa, y que su ausencia hace con frecuencia que el sustantivo sea indeterminado. No obstante, no se justifica traducir.

[24]*BAGD*, 477.

[25]Bittlinger, *Gifts and Graces*, 29. Vea Lc 11:11-12; 20:20-26.

pareció bien al Espíritu Santo y a nosotros» (Hch 15:28). «Uno podría decir que la decisión del concilio fue un consenso pneumático».[26]

Jesús les prometió a los discípulos que cuando fueran llevados ante las autoridades, «en ese momento el Espíritu Santo les enseñará lo que deben responder» (Lc 12:11-12). La defensa de Pedro ante las autoridades de Jerusalén es un ejemplo del cumplimiento de la promesa de Jesús (Hch 4:8-12). Significativamente, el pasaje empieza con «Pedro, lleno del Espíritu Santo, les respondió» (v. 8).

Tanto respecto a este don como al don de palabra de conocimiento puede ser que el don no siempre sea para ser vocalizado. El Espíritu Santo puede darle una palabra a la persona para dirección o visión respecto a una situación específica que enfrenta, pero puede ser que el Espíritu no quiere que la palabra sea expresada a otros.[27] Hay que entender «situación específica» en un contexto corporativo, puesto que la preocupación global de Pablo en su consideración de los dones es el bien común del cuerpo de creyentes (1 Co 12:7).

Palabra de conocimiento

El significado del don de palabra de conocimiento también es incierto. Por un lado, no es la clase de conocimiento que resulta de la instrucción guiada por la razón y que no requiere iluminación, sino más bien es «el uso de este conocimiento, de acuerdo con el Espíritu, para la edificación de otros» lo que constituye el don.[28] Otra opinión arguye que indica un conocimiento «más alto» que no se puede obtener mediante enseñanza o reflexión, sino solo mediante revelación divina.[29] Es por consiguiente sobrenatural y revelador por naturaleza.

Pero no es necesario confinar este don a conocimiento místico o esotérico. Puede incluir conocimiento de los hechos o

---

[26]John Koenig, *Charismata: God's Gifts for God's People*, Westminster Press, Filadelfia, 1978, 85.

[27]Harold Horton, *Gifts of the Spirit*, 50.

[28]Robertson and Plummer, *Corinthians*, 265.

[29]Johannes Weiss, *Der erste Korintherbrief*, Vandenhöck & Ruprecht, Gottingen, Alemania, 1910, 300.

eventos que de otra manera el individuo no podría obtener o conocer excepto por una acción reveladora del Espíritu. ¿Cómo supo, por ejemplo, Pedro que Ananías había retenido una parte del dinero (Hch 5)? En cualquier caso, este aspecto revelador tiende a asociar el don con el don de profecía.[30]

Dones para la adoración

Hablar en lenguas

El término griego que se usa en el Nuevo Testamento y se traduce como hablar en lenguas, *glosais lalein* no aparece en ninguna otra parte de la literatura griega antigua como término técnico para una expresión inspirada divinamente. Por consiguiente, es necesario examinar la evidencia bíblica para obtener un entendimiento de la naturaleza de este don.[31] Aparte de Marcos 16:17 el término aparece solo en los escritos de Lucas y Pablo. La glosolalia de Hechos y 1 Corintios es un fenómeno homogéneo, porque es altamente improbable que los compañeros Lucas y Pablo usen ambos este término idéntico y único pero con significados dispares.[32]

Se han hecho esfuerzos por hallar una correlación directa entre la glosolalia bíblica y lo que sucedía en las religiones griegas.[33] Un autor dice que «es obvia una infiltración vigorosa de ideas y costumbres de la pagana Asia Menor».[34] El éxtasis de la sacerdotisa de Apolo en Delfos se cita a menudo como algo comparable a hablar en lenguas, puesto que la mujer,

---

[30]Harold Horton, *Gifts of the Spirit*, 50.

[31]La consideración aquí se limita a la naturaleza y carácter del don. El cap. que sigue considerará su papel en el culto de adoración, junto con su corolario, el don de interpretación de lenguas.

[32]Vea en la segunda parte de este libro, cap. 9, 140-149 los comentarios iniciales respecto a la naturaleza y carácter del hablar en lenguas. Algunos comentarios se repiten aquí para conveniencia del lector.

[33]Para argumentaciones contra esta posición vea, por ejemplo, Koenig, *Charismata*, 90; C. Forbes, *Prophecy and Inspired Speech in Early Christianity and Its Hellenistic Environment*, Hendrickson Publishers, Peabody, Mass., 1997, 260-268; M. Max B. Turner, *The Holy Spirit and Spiritual Gifts: In the New Testament Church and Today*, ed. rev., Hendrickson Publishers, Peabody, Mass., 1998, 235-237.

[34]Paul Volz, *Der Geist Gottes*, J. C. B. Mohr, Tübingen, Alemania, 1910, 197.

poseída por un dios, irrumpe en un discurso sin control. Otros tratan de establecer un vínculo con el culto a Dionisio (Baco), en el que los individuos pierden completamente el dominio. Sus arranques son involuntarios, y surgen del estado de trance sin recordar la menor cosa de lo que sucedió.

Significativamente, los autores del Nuevo Testamento, al hablar de un profeta o de uno glosolalista, se abstienen de usar términos griegos[35] «cuyo empleo tendería a derribar la distinción entre el paganismo y la religión revelada».[36] En la literatura griega clásica, por ejemplo, el *profetes* (profeta) es superior al *mantis* (quien habla en un estado de trance), porque interpretaba los oráculos del *mantis* que habían sido dados en un estado de frenesí. Cuando aparece el verbo de *mantis* en el Nuevo Testamento (Hch 16:16, la única vez que aparece), es en referencia a la esclava poseída por el demonio que tenía «espíritu de adivinación» (LBA, RVR60, NVI). Por este espíritu ella «daba gran ganancia a sus amos, adivinando» *[manteuomai]*.

La afirmación de Pablo es muy instructiva: «Así que, si toda la iglesia se reúne y todos hablan en lenguas, y entran algunos que no entienden o no creen, ¿no dirán que ustedes están locos? *[mainomai]*» (1 Co 14:23). Los de afuera bien pueden identificar la glosolalia con locura o un estado de frenesí. Pero Pablo dice aquí: «si ... todos hablan en lenguas». La prohibición es contra que todos, al mismo tiempo o en sucesión rápida, hablen en lenguas; con la clara implicación de que no hay interpretación. Bajo estas condiciones es cuando se les puede lanzar la acusación de locura.[37]

Es también instructivo que en Hechos 26:24-25, cuando Festo dijo que Pablo estaba loco, este responde diciendo que no está loco sino que lo que dice[38] es verdad y razonable. Lucas usa esa misma inusual palabra griega en otras dos ocasiones: en Hch 2:4, cuando dice que el Espíritu «capacitó» o

---

[35]Por ejemplo, *mantis, manteuomai, mainomai*.

[36]Richard Chenevix Trench, *Synonyms of the New Testament*, Wm. B. Eerdmans, Grand Rapids, 1958, 19.

[37]«Being possessed» (Barrett, *Corinthians*, 326).

[38]El verbo es *apofdsengomai*, «hablar o declarar», con una connotación de intrepidez o voz alta, o entusiasmo. Johannes Behm, «*glossa, heteroglossos*», en *TDNT*, 1:724.

les dio expresiones a los discípulos para que hablaran en lenguas, y en Hechos 2.14 cuando dice que Pedro «se dirigió» a la multitud.

También se han hecho intentos de establecer un vínculo entre la glosolalia del Nuevo Testamento y el fervor «extático» de los primeros profetas del Antiguo Testamento, «que parecía que eran privados de su individualidad y abrumados por el Espíritu (cf. 1 S 10:5-7; 10-11; 19:20-24; también 1 R 18:28-29)».[39] A veces se cita a los profetas de 1 Samuel 10:5-6 como glosolalistas: «Se puede suponer partiendo del contexto que gritaban en éxtasis, i.e., estaban «hablando en lenguas».[40]

En verdad pueden existir similitudes fenomenológicas entre los ejemplos que anteceden en la historia pagana y de Israel y el concepto de glosolalia en el Nuevo Testamento, pero «todo se reduce a la definición de "extático"»,[41] o un estado alterado de conciencia. Morton Kelsey ha destacado diferencias significativas entre la glosolalia del Nuevo Testamento y los fenómenos similares de tiempos antiguos: (1) Hablar en lenguas es controlable; no se trata de un delirio. (2) La experiencia no incluye una pérdida de conciencia o estado de trance. (3) Exige interpretación cuando se la da públicamente, y puede ser dada la capacidad para interpretar.[42]

Vimos antes que el don de lenguas consiste en hablar en lenguajes ya sea humanos o angelicales.[43] La expresión «diversas lenguas» (1 Co 12:10,28) bien puede incluir esta idea de lenguajes tanto humanos como divinos.[44]

[39]Ibid. Se dirige la atención también al profeta que encendió la revuelta de Jehú, especialmente siendo que lo tildan de «loco» y hay una referencia a «las cosas que él dice» (2R 9:11).

[40]Maurice Barnett, *The Living Flame*, Epworth Press, Londres, 1953, 28.

[41]Carson, *Showing the Spirit*, 78.

[42]Morton T. Kelsey, *Tongue Speaking*, Doubleday & Co., Garden City, 1964, 141-42. Para una declaración mordaz respecto a la radical separación entre la glosolalia del NT y el éxtasis de Dionisio, vea Gerhard Delling, *Worship in the New Testament*, trad. Percy Scott, Westminster Press, Filadelfia, 1962, 30.

[43]Vea segunda parte, cap. 9, 145-147.

[44]Carson, *Showing the Spirit*, 81-87; Schatzmann, *Pauline Theology of Charismata*, 43; Jon Ruthven, «Is Glossolalia Languages?: A Survey of Biblical Data», *Paraclete* 2, n°. 2 (primavera 1968): 27-30; Robert Banks and Geoffrey Moon, «Speaking in Tongues: A Survey of the New Testament Evidence», *The Churchman* 80 (1966): 282.

Interpretación de lenguas

A veces se formula una pregunta muy práctica respecto a la discrepancia en longitud entre una expresión glosolálica y la interpretación[45] que sigue. Existen varias interpretaciones: (1) Puesto que la expresión en lenguas no es un lenguaje, sino sonidos no verbales, la interpretación intenta dar significado a esos sonidos.

(2) La «interpretación» no tiene que ver con el contenido de la expresión glosolálica. Es en realidad una expresión profética independiente de la glosolalia. Bien sea debido a una falta de enseñanza o debido a timidez, algunos tal vez no digan una expresión profética genuina sino hasta que oyen a alguien hablar en lenguas. Si este es el caso, entonces la expresión glosolálica queda sin interpretar.

(3) La interpretación no es traducción del lenguaje glosolálico, sino más bien una explicación o paráfrasis del mismo. Por consiguiente, puede tomar más tiempo.

(4) Relacionado con el punto previo: La longitud de la interpretación depende de la capacidad del intérprete para expresar el significado de la expresión glosolálica. El factor humano implica que algunos pueden decir mucho en pocas palabras, mientras que otros tal vez necesiten más palabras para expresar los mismos pensamientos.

(5) La interpretación es traducción, no explicación, de la glosolalia. Pero debido a las diferencias en la estructura del lenguaje, a veces incluso una traducción «literal» puede ser más larga o más corta que el idioma fuente. Cualquiera que haya estudiado un segundo idioma sabe que una traducción «literal» o palabra por palabra de una lengua a otra suele ser confusa.[46]

A mi juicio, lo ideal es una interpretación de lenguas que se acerque bastante al lenguaje original. El verbo traducido «interpretar» (*jermeneuo*) y sus cognados se usa en toda la Septuaginta

---

[45]Vea en las pp. 242-244 comentarios sobre la naturaleza del don de interpretación de lenguas.

[46]Sin embargo, es posible, como hemos podido observar en nuestra era electrónica, que una traducción sea virtualmente concurrente o simultánea con el idioma original, y por consiguiente igual de larga (o corta).

y en el Nuevo Testamento, con muy pocas excepciones, para querer decir «traducir» en el sentido normalmente aceptado de la palabra.[47] Si embargo, incluso traducciones acertadas a veces (¿a menudo?) requieren un elemento de explicación o interpretación. Además, hay que hacer concesiones para el factor humano al hacer la transición de la glosolalia al lenguaje común.

El propósito primordial y global de los dones espirituales en un culto de adoración es edificar al cuerpo de creyentes. Esto es por cierto verdadero del hablar en lenguas al que sigue una interpretación. Pero en 1 Corintios 14 Pablo da por lo menos tres funciones específicas a las que sirve la glosolalia:[48]

(1) Una función es la edificación del mismo glosolalista. «El que habla en lenguas se edifica a sí mismo; en cambio, el que profetiza edifica a la iglesia» (v. 4). Aunque hablar en lenguas no sea entendido por nadie presente (v. 2) o por la misma persona que habla, sea como sea, edifica a esta. Si no hay intérprete presente, el que habla debe guardar silencio en la iglesia y debe hablar «para sí mismo y para Dios» (v. 28). La expresión «a sí mismo» *(jeautoi)* se puede traducir como *«para sí mismo»*, es decir, para su propio beneficio.[49] Sin embargo, es también posible que las palabras «para sí mismo y para Dios» sugieran que bajo esas condiciones la persona debe hablar inaudiblemente (o sea, susurrando), como para no perturbar a los demás adoradores.

(2) Las lenguas son «una señal, no para los creyentes sino para los incrédulos» (v. 22). Esto no quiere decir que las lenguas no tengan valor para edificar a la congregación. La palabra operativa es «señal». Pablo está corrigiendo a los creyentes corintios por su errada elevación de este don particular. Es incorrecto que ellos, dice, piensen que la glosolalia *en sí* es una marca, o señal de la presencia de Dios (algunos dirían que es *la* marca de la presencia de Dios).

[47]Ruthven, «Is Glossalalia Languages?» 28-30; J. Rodman Williams, *Renewal Theology: Systematic Theology from a Charismatic Perspective*, Zondervan Publishing House, Grand Rapids, 1990, 2:395 n. 219.

[48]Hemos observado previamente una cuarta función de hablar en lenguas, basada mayormente en el libro de Hechos: Es una indicación de que uno ha sido inicialmente llenado del Espíritu.

[49]Vea Barrett, *Corinthians*, 321; y F. W. Grosheide, *Commentary on the First Epistle to the Corinthians*, Wm. B. Eerdmans, Grand Rapids, 1953, 319. El caso del pronombre sería entonces dativo de interés.

Este don está diseñado para captar la atención de los incrédulos, pero su manifestación no asegura que creerán. Podemos inferir por el contexto que si ellos rechazan la señal, su culpabilidad aumenta.[50] Por eso Pablo cita a Isaías 28:11 en este punto: Israel desobediente sabría, cuando los asirios, con sus «lenguas extrañas» y «labios extranjeros» cayeran sobre ellos, que Dios en verdad había hablado. Pero a pesar de eso, rehusaron arrepentirse. Sin embargo, es posible hacer demasiado énfasis y dar exagerada importancia en la situación en Corinto a la cita de Isaías.

La interpretación más común de 1 Corintios 14:21-23 es que las lenguas son una señal de juicio divino sobre los incrédulos en un culto. Aunque hay algo de verdad en esto, no se puede eliminar el valor positivo para los no creyentes. «Las señales en las Escrituras pueden ser positivas o negativas, y a veces ambas cosas».[51] Un autor llama a la cita de Isaías «una cita paulina *ad hoc*. Extraer significación en todo detalle de esta cita al paso sería equívoco ... El pensamiento de juicio ni siquiera parece estar presente en su mente».[52] Pablo no dice que la reacción de los no creyentes al hablar en lenguas corporativamente resulte en el juicio de Dios sobre los no creyentes, sino solo que ellos dirán que los creyentes se han vuelto locos.

La preocupación global de Pablo es que lo que se dice en un culto, para ser significativo, debe ser inteligible. En este punto parece no estar tratando con la culpabilidad aumentada del no creyente que está presente. ¿Por qué la reacción natural de un no creyente a una sucesión ininterrumpida de lenguas va a condenarlo más?

(3) El valor de las lenguas se extiende al cuerpo, la iglesia, cuando las lenguas van acompañadas de interpretación (1 Co 14:5). El glosolalista mismo puede servir de intérprete,

[50]En palabras de Robertson and Plummer, *Corinthians*, no es una señal convincente o salvadora sino «una señal judicial» (316).

[51]Wayne A. Grudem, *The Gift of Prophecy in the New Testament and Today*, Crossway Books, Westchester, ILL., 1988, 174-177.

[52]Cyril G. Williams, «Glossolalia as a Religious Phenomenon: "Tongues" at Corinth and Pentecost», *Religion* 5 (primavera 1975): 20; vea también Peter Roberts, «A Sign-Christian or Pagan?» *Expository Times* 90 (abril 1979): 199-203.

porque si no hay intérprete presente, debe pedir «en oración el don de interpretar lo que diga» (v. 13).[53] Pablo da a entender que en una congregación puede haber alguien que regularmente ejerza el don de interpretación, y a quien se puede considerar como intérprete. Pero su énfasis es que debe haber una interpretación de cualquier expresión glosolálica, bien sea por medio de un «intérprete» o por el glosolalista mismo. No está clara de qué forma sirven para edificar a la congregación las lenguas acompañadas de interpretación. Sin embargo, el libro de los Hechos sí indica que el contexto de una expresión glosolálica puede ser alabanza o exaltación de Dios (Hch 2:11; 10:46). En línea con esto, Pablo dice que la oración glosolálica consiste en alabanza a Dios y acciones de gracias a él (1 Co 14:16-17). Cuando se la interpreta los creyentes serán edificados de la misma manera en que los edifican las oraciones y alabanzas a Dios registradas en las Escrituras. Puede concluirse, por tanto, que las oraciones, acciones de gracias y cantos glosolálicos, cuando se los interpreta, tienen un efecto saludable en el Cuerpo de Cristo.[54]

Profecía

La profecía también sirve para edificar a la congregación (1 Co 14:4). El profeta habla «a los demás para edificarlos, animarlos y consolarlos» (v. 3). Algunos opinan que los dos últimos términos son los medios por los cuales se logra el primero.[55] Debido a que el segundo término en la tríada de Pablo (*paraklesis*, «ánimo o estímulo») también significa «consuelo», es natural buscar una distinción entre este y el último término (*paramudsia*). Pero ambos

---

[53]Algunos traducen el v. 5 de forma que diga «a menos que *alguien* interprete», y el v. 13 para que diga «debe orar que *alguien* pueda interpretar». Aunque estas traducciones son posibles, es más natural entender que los vv. quieren decir que el glosolalista debe interpretar cuando no haya ningún intérprete.

[54]Un excurso al final de este cap. trata de la pregunta de si el hablar en lenguas se dirige a Dios o a la gente.

[55]Los profetas Judas y Silas animaron y fortalecieron a las congregaciones de Antioquía (Hch 15:32). Estos dos ministerios tal vez sean paralelos de los primeros dos de la tríada de 1 Co 14:3. (La palabra traducida «fortalecer» en Hechos 15:32 es sinónimo de «edificar».)

incluyen admonición y consuelo. En el Nuevo Testamento la admonición se torna consuelo genuino, y el consuelo se vuelve admonición, así que es difícil hallar un criterio serio por el cual se pudiera hacer tal distinción de términos (vea Fil 2:1; Col. 2:2; 4:8; 1Ts 5:11).[56]

En muchos pasajes se usan las palabras que contienen el verbo y el sustantivo para «consolar», muestra de que «no hay nada agudo, polémico o de crítica en las expresiones».[57] Hay casos en los que es difícil distinguir entre exhortación y consolación (vea 2 Co 1:3-11). Sin embargo, también hay que darse cuenta de que el verbo para «exhortar» o «consolar» se usa en relación con un verbo que significa «amonestar, advertir, instruir» *(noudseteo)*.[58]

En conexión con este concepto de estímulo como función del don de profecía, obsérvese que en Romanos 12:6-8 Pablo establece una distinción entre los dos. Al parecer, el don de animar es lo suficientemente importante en su pensamiento como para mencionarlo por separado, aunque pertenece a la esfera de profetizar (1 Co 14:3,31). Este es otro ejemplo de superposición que a veces tiene lugar en la consideración que Pablo hace de los dones espirituales.

El ministerio de profecía también interviene a veces en el ministerio, o don, de enseñanza, porque Pablo dice que «todos pueden profetizar por turno, para que todos reciban instrucción y aliento» (1 Co 14:31). También dice: «en la iglesia prefiero emplear cinco palabras comprensibles y que me sirvan para instruir a los demás, que diez mil palabras en lenguas» (v. 19). Sin embargo, los dones de profecía y de enseñanza se distinguen claramente en otros pasajes (como en Ro 12:6-8; Ef 4:11).

---

[56]Gustav Staehlin, «*paramutheomai, paramuthia, paramuthion*», en *TDNT*, 5:820-21. Pero él observa que los términos no son completamente intercambiables, porque *paramudseomai* (consuelo) y sus cognados nunca se usan directamente para el consuelo de Dios.

[57]Vea Hch 11:23; 14:22; 15:31 con vv. 28,32; 16:40; 20:1-2; 1Ts 3:2. Estas palabras se usan con el verbo para consolar: 1 Ts 2:12; sustantivo para consolar: 1 Co 14:3; el verbo para establecer o fortalecer: 14:22; 15:32; 1 Ts 3:2; 2 Ts 2:17; el verbo para pedir, rogar o suplicar: 1 Ts 4:1; el verbo para edificar: 1 Ts 5:11; el sustantivo para edificación: 1 Co 14:3; el sustantivo para resistencia: Ro 15:4-5.

[58]*BAGD*, 544; vea también Michel, *Der Brief an die Romer*, 290.

Discernimiento de espíritus

El capítulo siguiente tratará del discernimiento de espíritus en lo que se relaciona específicamente con las expresiones proféticas. Su posición en las listas de dones en 1 Corintios 12:8-10, inmediatamente después del de profecía, sugiere esto. Es más, el sustantivo para «distinguir» *(diakrisis)* aparece como verbo *(diakrino)* en la afirmación paulina de que hay que pesar con todo cuidado las expresiones proféticas (14:29). A mi juicio esta es la función primordial del don de discernimiento de espíritus. Muchos exégetas ven una conexión entre los dos dones. Algunos no ven ninguna conexión entre ellos.[59]

La conexión estrecha de este don con el de profecía, no obstante, no agota su significado. Se aplica donde hay necesidad de discernir una situación dada para ver si la influencia es el Espíritu Santo, un espíritu demoníaco, o el espíritu humano. Las ilustraciones bíblicas pueden incluir los relatos de Ananías y Safira (Hch 5:1-9), el hechicero Elimas (13:6-12), y la esclava endemoniada (16:16-18). El funcionamiento de este don es particularmente aplicable en casos de enfermedad física o mental, para capacitar al creyente para saber si la enfermedad se basa en los demonios, y si conviene orar por la curación de la persona o dedicarse a orar en un «encuentro de poder» con las fuerzas espirituales.

Excurso:
La curación y la expiación

Este artículo examinará los pasajes bíblicos clave que establecen una conexión específica entre la provisión de curación divina y la obra redentora de Cristo. ¿Hay «curación en la expiación»? Si la hay, ¿qué significa la expresión?

El artículo no tratará de asuntos generales relativos a la curación divina, puesto que no debe haber duda de la capacidad del Señor para sanar y su provisión para devolver la salud hoy. «Yo soy el SEÑOR, que les devuelve la salud» ((Éx 15:26) queda

---

[59]Por ejemplo, Carson, *Showing the Spirit*, 120; Wayne A Grudem, «A Response to Gerhard Dautzenberg on 1 Cor 12:10», *Biblische Zeitschrijt*» 22 (1978): 255, 259.

demostrado ampliamente en el Antiguo Testamento así como en el Nuevo Testamento. Él ha hecho provisión incluso hoy mediante el *carisma* de «dones de sanar enfermos» (1 Co 12:9, trad. lit.) y su ministerio en la asamblea local (Stg 5:13-16).

Pasajes clave del Antiguo Testamento

Se podrían citar numerosos incidentes de toda la Biblia respecto a la curación de enfermos que el Señor efectuó en su pueblo, así como afirmaciones específicas tales como el Salmo 103:3b, de que él «sana todas tus dolencias». Pero el punto de enfoque debe ser Isaías 53:4: «Ciertamente él cargó [nasá] con nuestras enfermedades [jali] y soportó [saval] nuestros dolores [macjov]». Cada palabra hebrea es significativa.

Desdichadamente, nuestras palabras «enfermedades» y «dolores» no traducen adecuadamente el hebreo. *Jali* claramente quiere decir enfermedad, como es evidente en pasajes de Deuteronomio 28 (como los vv. 59 y 61). De forma similar, *macjov* se usa para el dolor físico. «A veces nos castiga con el lecho del dolor» (Job 33:19). Los mismos sustantivos se usan para describir al Mesías como «varón de dolores [macjov], y familiarizado con el sufrimiento [jali]» (Is 53:3). (Las notas al margen de la NASB traducen estas palabras como «dolores» y «enfermedades», aquí y en el v. que sigue.)

Se describe al Mesías de esta manera porque en su muerte él cargó sobre sí nuestros dolores y enfermedades. Los verbos que se usan en Isaías 53:4 (nasá y saval) hablan claramente de este punto. *Nasá* quiere decir «cargar, llevar, levantar». Más adelante en el capítulo leemos que él «cargó [nasá] con el pecado de muchos» (v. 12). Este verbo, en contextos como Isaías 53, definitivamente conlleva la idea del Mesías muriendo por los pecados y enfermedades de su pueblo, y no solo *por* ellos sino *en lugar de ellos*. La imaginería del cordero expiatorio capta este concepto de sustitución cuando leemos que el «macho cabrío … se llevará [nasá] a tierra árida todas las iniquidades» (Lv 16:22).

El verbo *saval* habla de llevar cargando una carga pesada. Aparece en Isaías 53 en el contexto del Mesías llevando nuestros dolores (v. 4) así como nuestras iniquidades (v. 11). No hay duda de que en la mente de Isaías la muerte del Mesías fue tanto por los pecados como por las enfermedades de su pueblo.

MATEO 8:16-17 E ISAÍAS 53:4

Isaías 53:4 es citado solo una vez en el Nuevo Testamento. Después de contar numerosas curaciones y expulsiones de demonios realizadas por Jesús, Mateo explica: «Esto sucedió para que se cumpliera lo dicho por el profeta Isaías: "Él cargó [*lambano*] con nuestras enfermedades [*asdseneia*] y soportó [*bastazo*] nuestros dolores [*nosos*]"» (8:17).

El significado básico de *asdseneia* es el de debilidad, pero en el Nuevo Testamento se usa a menudo para referirse a las enfermedades (p. ej. Lc 5:15; Hch 28:9). En su forma como verbo se usa frecuentemente para referirse a sufrir debilidad corporal, o sea, estar enfermo (p. ej. Mt 25:39; Jn 11:1-3,6; Stg 5:14).

Nosos, sinónimo, quiere decir «enfermedad».[60] Se encuentra con este significado en pasajes tales como Mateo 4:23; 9:35; Lucas 7:21; Hechos 19:12 y muchos otros.

En cuanto a los verbos de Mateo 8:17, *lambano*, entre sus muchos significados y amplios usos, conlleva la idea de quitar o llevarse. Un significado que se sugiere es «quitar a fin de alejar». *Bastazo* significa «quitar, alejar, o llevar»; y lleva de forma correcta la idea del pasaje de Isaías.

PROPIEDAD DE LA CITA DE MATEO

Isaías 53 se enfoca en la muerte expiatoria de Cristo. ¿Cómo puede, entonces, Mateo decir que Isaías 53:4 se cumplió con antelación a la crucifixión? Es preciso señalar varios puntos.

El Nuevo Testamento es normativo para toda interpretación de cualquier pasaje del Antiguo Testamento. Aunque Jesús todavía no había muerto, en Mateo 8 tenemos una expectación de su muerte y sus beneficios. Dios, que es el eterno YO SOY, no tiene una existencia en el tiempo y el espacio. La cita

---

[60]Curiousamente, la Septuaginta en Is 53:4 injustificadamente traduce la palabra hebrea como *jamartias* (pecados).

del pasaje de Isaías por parte de Mateo es proléptica (anticipadora) por naturaleza.

De una manera tal vez incomprensible para nosotros, los beneficios de la cruz se extienden en retrospectiva a todas las personas de fe. La salvación de los santos del Antiguo Testamento, aunque ellos no podían haberse percatado de ello, tuvo lugar sobre la base del sacrificio todavía venidero de Cristo en la cruz. Dios, de quien se puede decir que existe en el eterno presente, trasciende el tiempo. Realmente, a sus ojos, Cristo es el Cordero inmolado «desde el principio del mundo»[61] (Ap 13:8, RVR60). Consecuentemente, los beneficios de la cruz abarcan la historia entera de la humanidad.

ALGUNAS CONCLUSIONES

Es innegable que existe una conexión importante entre la curación y la expiación. Sin embargo, los pasajes bíblicos que hablan específica y claramente de este asunto son muy raros. Incluso el familiar y a menudo citado «gracias a sus heridas fuimos sanados» (Is 53:5; vea 1 P 2:24) se debe entender de forma inclusiva, abarcando tanto la salvación espiritual como la curación física. Sin embargo, debemos reconocer que el empuje del gran pasaje mesiánico de Isaías 52:13 a 53:12 recae sobre la muerte de Cristo por nuestros pecados. Debemos, por tanto, ser cautos en cuanto a tratar de formular una teología detallada de «curación en la expiación». Sin embargo, tenemos que convencernos de que la curación divina es en verdad mediada para nosotros por la cruz.

Un aspecto importante de la salvación bíblica es su naturaleza holística. Cristo murió para invertir la maldición resultante del pecado de nuestros primeros padres; él «nos rescató de la maldición de la ley» (Gá 3:13). La maldición fue la muerte, tanto física como espiritual. Murió por la persona completa, no

---

[61]Algunos toman la frase «desde el comienzo del mundo» para aplicarla al momento de escribir los nombres en el Libro de la Vida (vea también Ap 17:8), pero el orden de palabras en el gr. sugiere más naturalmente que modifica al participio «inmolado» (vea también 1 P 1:18-20). En todo caso, no se puede separar al Cordero inmolado del Libro de la Vida del Cordero inmolado.

solo por el alma. Su obra redentora incluye salvación para todos los aspectos del ser de la humanidad, sea como sea la forma en que concibamos la relación entre el cuerpo, el alma y el espíritu. La curación física tiene lugar como resultado de la obra expiatoria de Cristo, pero en el mejor de los casos es solamente una liberación temporal, puesto que todos debemos morir. La mayor liberación física es la redención del cuerpo, que experimentará no solo resurrección sino también transformación, para nunca jamás volver a estar sujeto a la enfermedad (Ro 8:23; Fil 3:20-21). A fin de cuentas las consecuencias de la muerte física y espiritual han sido vencidas por la muerte de quien tomó sobre sí tanto nuestros pecados como nuestras enfermedades.

Excurso:
Las lenguas, ¿hacia Dios o hacia el hombre?

¿A quién se dirige el que habla en lenguas?[62] Con respecto a las lenguas devocionales, pronunciadas en privado, la respuesta es obvia. El glosolalista habla a Dios o de alguna manera declara las alabanzas de Dios. Lucas y Pablo recogen evidencias de esto. El día de Pentecostés los discípulos magnificaban a Dios (Hch 2:11); quienes recibieron el Espíritu en la casa de Cornelio hablaban en lenguas, o sea, magnificaban a Dios (10:46). Pablo dice que el glosolalista alaba a Dios y le da gracias (1 Co 14:16-17). Además, muchos exégetas y comentaristas consideran que los «gemidos que no pueden expresarse con palabras» (Ro 8:26) son de naturaleza glosolálicos.

Pocos cuestionarán la dirección a Dios de las lenguas en los devocionales privados de uno. Pero existen diferencias de opiniones respecto a quién se dirigen en la adoración pública. ¿A Dios, o acaso tiene lugar un cambio para que una expresión en lenguas se vuelva un mensaje de Dios a la congregación por

---

[62]Uso las expresiones «a Dios» y «al hombre» porque, a mi juicio, captan el punto de este artículo. «Al hombre» no tiene ninguna intención de ser una palabra excluyente de género, al igual que Pablo no usa «hombres» (como en 1 Co 14:2-3) excluyendo a las mujeres.

medio del glosolalista? A continuación presentamos los puntos de vista básicos respecto a esta cuestión:
(1) Se dirigen invariablemente a Dios.
(2) Se dirigen invariablemente al hombre.
(3) Se dirigen al hombre, pero en casos excepcionales puede ser a Dios.
(4) Se dirigen a Dios, pero puede haber excepciones. Esta es la posición que, a mi juicio, refleja mejor la enseñanza del Nuevo Testamento.

Por mi parte, ofrezco a consideración las siguientes observaciones:
(1) No hay ninguna indicación clara en las Escrituras de que la dirección de las lenguas sufra un cambio de Dios al hombre cuando el don se manifiesta en la adoración pública.
(2) El contexto de la amonestación de Pablo en cuanto a hablar en lenguas de forma audible en la adoración pública indica que el que habla, que en verdad está hablando con Dios, debe pedir poder para interpretar (1 Co 14:13-17). Puesto que la glosolalia se dirige a Dios, entonces la interpretación también será hacia Dios.
(3) No hay ningún pasaje que enseñe claramente que las lenguas y la interpretación se dirijan a los creyentes. Muy pocos exégetas y comentaristas interpretan que 1 Corintios 14:6 quiera decir que las lenguas, al ser interpretadas, pueden tomar la forma de «algo de revelación, o conocimiento, o profecía, o palabra de instrucción». En el mejor de los casos, no es nada más que una inferencia que algunos derivan. Este es un versículo difícil a la luz de los exégetas, pero el pensamiento general es que las expresiones verbales de la adoración corporativa deben ser inteligibles. Algunos tal vez apelen al versículo 21, que en la cita de Isaías dice que Dios le hablaría a Israel mediante la lengua de los asirios. Pero la forma en que les habló Dios no fue cognoscitiva, puesto que no entendieron el idioma. Fue el *hecho* de la presencia de este, no del *contenido*, el medio por el cual el Señor se comunicó con Israel.
(4) Respecto a las lenguas, el énfasis primordial de Pablo en 1 Corintios 14 recae sobre su uso en la adoración corporativa. Abre la consideración diciendo que el que habla en lenguas

«no habla a los demás sino a Dios», y que es el profeta quien habla «a los hombres» (vv. 2-3).

(5) La forma que toma una interpretación puede verse influida por el entorno a que ha estado expuesto el intérprete, puesto que el factor humano entra a menudo en una manifestación del Espíritu. Si todo lo que el intérprete ha oído son interpretaciones dirigidas a los hombres, entonces es probable que esa sea la forma que tome su interpretación. Interpretaciones «dirigidas al hombre» pueden en realidad ser el refraseo de parte del intérprete de un genuino impulso del Espíritu que toma forma de alabanza u oración, pero debido al condicionamiento previo de la persona la expresa como admonición a alabar u orar.

(6) Las interpretaciones que son oración o alabanza edifican a los oyentes de la misma manera que muchos de los salmos y otras expresiones de alabanza y oración en la Biblia son edificantes. Aunque la interpretación se dirige *a* Dios, en la adoración corporativa es *para beneficio* de los que oyen.

(7) Es sabio mantener alguna flexibilidad en estos asuntos. La cuestión no es tanto si una expresión en lenguas puede dirigirse a individuos, sino si esa es la regla bíblica. Resulta obvio que el soberano Señor puede hablar directamente por medio de una persona a otras mediante lenguas e interpretación, pero ¿estamos perdiendo algo si interpretamos esto como la regla antes que como la excepción?

(8) Se invita al lector a dirigir su atención a porciones de los capítulos 13 y 14 de la parte 3 de este libro, que tratan de varios aspectos de las lenguas y la interpretación.

Capítulo 14

Los dones espirituales y la adoración

Comentarios generales

El tema de la adoración en el Nuevo Testamento es demasiado amplio como para tratarlo extensamente aquí. Este capítulo trata primordialmente un aspecto de esa adoración: el de los dones espirituales en la adoración. Se pueden ejercer muchos dones espirituales en un culto de adoración. Especialmente aplicables son las lenguas, la interpretación de lenguas, profecía y discernimiento de espíritus, a lo que Pablo dedica considerable atención en 1 Corintios 14. Se considerarán después de dirigir la atención a unos pocos asuntos introductorios.

Las actividades carismáticas que pueden tener lugar en un culto de adoración incluyen revelación (1 Co 14:6,26), conocimiento (v. 6), profecía (v. 6), himno (v. 26), palabra de enseñanza (vv. 6,26), lengua (v. 26), y una interpretación (v. 26). Sin embargo, las actividades mencionada en el versículo 6 —revelación, conocimiento, profecía, palabra de instrucción—, tal vez no se distingan claramente unas de otras.[1] Existe la opinión de que podría ser útil considerar la revelación y conocimiento como actividades o manifestaciones específicas de la profecía y de una palabra de enseñanza, respectivamente.[2] La implicación de que «cada uno puede tener» (v. 26) es que se espera que todos contribuyan a la edificación del cuerpo.

[1]«Los límites entre las cuatros formas de discurso edificante mencionadas son fluidos». (Hans Lietzmann, *An die Korinther I, II* ; J. C. B. Mohr, Tübingen, Alemania, 1949, 71); vea también Charles K. Barrett, *A Commentary on the First Epistle to the Corinthians*, Harper & Row, Nueva York, 1968, 317.

[2]Vea, por ejemplo, Johannes Weiss, *Der erste Korintherbrief*, Vandenhöck & Ruprecht, Göttingen, Alemania, 1910, 323; Archibald Robertson and Alfred Plummer, *A*

¿Puede el canto de un salmo entenderse «carismáticamente»? Ciertamente había himnos reconocidos que la congregación acostumbraba a entonar,[3] pero esto no descarta la posibilidad del canto espontáneo, improvisado de parte de un adorador.[4] Este tipo de canto se puede llamar «himno de glosolalia»,[5] o una clase de «himnodia carismática».[6] Los salmos aquí serían «una fresca composición, tal vez espontánea, y no los salmos del Antiguo Testamento».[7] Incluso si no fueran claramente de naturaleza glosolálica, la consideración entera de los versículos 13-19 sugiere fuertemente esta posibilidad. Cuando uno ora en una lengua, la mente queda sin fruto. Cuando uno canta con el espíritu, como contrapunto a cantar con el entendimiento, no hay alternativa sino aceptar una clara distinción entre los dos. Sin embargo, obviamente es posible que este canto inspirado pudiera a veces darse en el idioma común de la congregación, en cuyo caso podría tratarse de una forma de profecía.

Existe un paralelismo impresionante entre cantar con el espíritu y los «cantos espirituales» de Efesios 5:19 y Colosenses 3:16. El contraste entre estar ebrio de vino y ser lleno del Espíritu no solo aparece en Efesios 5:18 sino también en otro contexto «carismático», glosolálico (Hch 2:4,15). El verbo que se traduce «cantar» *(psallein)* se halla en 1 Corintios 14:15 y Efesios 5:19. Este cantar con el espíritu o Espíritu[8] puede tener algo que ver con el uso de Pablo de la expresión «diversas lenguas» (1 Co 12:10,28). La oración glosolálica puede ser una clase; el canto glosolálico otra (1 Co 14:14-16). (Como se señaló en el

---

Critical and Exegetical Commentary on the First Epistle of St. Paul to the Corinthians, T. & T. Clark, Edimburgo, Escocia, 1914, 308.

[3]Vea Gerhard Delling, *Worship in the New Testament*, trad. Percy Scott, Westminster Press, Filadelfia, 1962, cap. 6.

[4]Eduard Schweizer, «Worship in the New Testament», *The Reformed and Presbyterian World* 24, n⁰. 5 (marzo 1957): 199.

[5]Delling, *Worship in the New Testament*, 86 n⁰. 5.

[6]James D. G. Dunn, *Jesus and the Spirit*, Westminster Press, Filadelfia, 1975, 238.

[7]Barrett, *Corinthians*, 327.

[8]El significado de *pneuma* es incierto y ambiguo en algunos pasajes. Como el texto griego no usa mayúsculas, ¿se refiere la palabra al espíritu humano o al Espíritu Santo en un pasaje dado?

cap. 3, no obstante, la expresión puede querer decir lenguajes humanos y lenguajes celestiales.) Debido a la edificante función básica de la glosolalia y la profecía, cuando están reguladas apropiadamente, Pablo desalienta su ejercicio indiscriminado. El Espíritu de Dios «¡nunca es un Espíritu que explosiona de tal manera que el que habla sea incapaz de regular su habla!» (14:32). Por otro lado, este orden no es «inalterable». Es más, debe haber un orden «que se queda abierto a la intervención de Dios cuando quiera y donde quiera que él quiera interferir». Entonces la iglesia debe asegurarse de si es realmente la voluntad de Dios, siempre que se interrumpe este orden.[9]

La congregación tiene la obligación de regular los dones. Esta es la preocupación de 1 Corintios 12 al 14; y no es un pensamiento incidental.[10] Pablo da estos mandatos no porque esté criticando los dones en sí mismos; los da «desde su perspectiva de la naturaleza del culto cristiano [adoración]».[11] En la enseñanza de Pablo sobre el dominio propio al ejercer los dones, se aleja de la religión pagana en la que la persona queda atrapada por un espíritu invasor y no tiene control sobre sí misma. En lugar de eso, Pablo enseña que el Espíritu de Dios y el espíritu humano pueden y deben obrar en cooperación el uno con el otro.

Oscar Cullmann ha indicado tan bien la posición de Pablo respecto a la libertad y el orden en el culto de adoración que parafraseo aquí al citar sus comentarios: La fuerza de la adoración del Nuevo Testamento es que la obra libre del Espíritu y la restricción litúrgica[12] vayan mano a mano, y ambas sirvan al mismo propósito de edificar a la comunidad de creyentes. Pablo pudo juntar estos dos elementos porque lo vio

---

[9]Eduard Schweizer, «The Service of Worship. An Exposition of 1 Corinthians 14», en *Neotestamentica*, Zwingli Verlag, Zurich, Suiza, 1963, 338-339.

[10]Kurt Stalder, *Das Werk des Geistes in der Heiligung bei Paulus*, EVZ, Zurich, Suiza, 1962, 87.

[11]Hermann Gunkel, *The Influence of the Holy Spirit*, trad. R. A. Harrisville and P. A. Quanbeck II, Fortress Press, Filadelfia, 1979, 87.

[12]El lector debe entender esta palabra en un sentido general, como adjetivo de una palabra griega para adoración *(leitourgia)*, y no en el sentido de un orden de adoración altamente estructurado (que es el significado común actual de la palabra «liturgia»).

todo a la luz de la edificación de la iglesia. «Es precisamente en esta *combinación armoniosa de libertad y restricción* donde yace la grandeza y singularidad del culto de adoración cristiano inicial».[13]

Regulación de la glosolalia

Con respecto a la glosolalia se insiste en que la iglesia no es edificada si la expresión queda sin interpretación (1 Co 14:5). Pero condiciones previas son que estas expresiones de glosolalia deben ser hechas una detrás de otra, no simultáneamente, y que debe haber un máximo de tres en un culto de adoración (vv. 27-28). Si *todos* hablan en lenguas, bien sea en rápida sucesión o al unísono, la acusación de locura puede tener lugar justamente contra ellos (v. 23).[14] Además «que alguien interprete» (v. 27). Algunos entienden que esto quiere decir que solo una persona realiza toda la interpretación en un culto, pero es más natural entender que quiere decir que cada expresión glosolálica debe tener solo a una persona que la interprete. De otra manera habría confusión.

¿Por medio de quién viene una interpretación? El glosolalista debe interpretar su propia palabra si no lo hace nadie más (vv. 5,13).[15] Pero bajo condiciones normales el intérprete es otra persona, y no el glosolalista (vea 1 Co 12:10; 14:28). Cierto autor opina que el intérprete puede ser análogo al traductor en la sinagoga que traducía las Escrituras del hebreo al arameo y también repetía en voz alta para la congregación los sermones que se decían en voz tenue.[16]

[13]Oscar Cullmann, *Early Christian Worship*, trad. A. Stewart Todd and James B. Torrance, SCM Press, Londres, 1953, 32-33, énfasis de Cullmann.

[14]Muy probablemente, «todos» *(pantes)* en este v. y en el v. 24 tiene el mismo significado: «uno tras otro». Vea Robertson and Plummer, *Corinthians*, 317.

[15]Vea Weiss, *Der erste Korintherbriej* 327; Robertson and Plummer, *Corinthians*, 307, 311. Algunos arguyen, sin embargo, que lo que se entiende en gr. es el sujeto «alguno» *(tis)* u otro sujeto fácilmente adivinable. Vea, por ejemplo, Jean Hering, *The First Epistle of Saint Paul to the Corinthians*, trad. A. W. Heathcote and P. J. Allcock, Epworth Press, Londres, 1962, 146-147, 149.

[16]Vea Hermann L. Strack and Paul Billerbeck, *Kommentar zum Neuen Testament aus Talmud und Midrash*, C. H. Beck'sche, Munich, Alemania, 1924-1928, 1:579, 3:465-468, 4:161, 185.

Se necesita una interpretación por la presencia de la persona «que no tiene ese don» *(idiotes)* (1 Co 14:16, LBLA). La identidad de tal persona es algo muy debatido. Algunos opinan que puede ser un prosélito o un catecúmeno,[17] o algún miembro de la congregación que no ha sido investido con el don de lenguas o interpretación de lenguas.[18] Pero no parece que Pablo tenga en mente solo a personas de esas clases, porque incluso miembros plenos no saben lo que ha dicho el que habla en lenguas y si deben responder con el «amén».[19] Sin embargo, en los versículos 23-24 puede hallarse otro significado de *idiotes*, pues Pablo habla de la posibilidad de que tales personas y no creyentes estén presentes en un culto. Entonces ellos no serían diferentes en nada de los no creyentes, y los dos términos expresarían la idea de los no creyentes de afuera.[20]

Pablo prefiere hablar «cinco palabras con mi entendimiento» en el curso de un culto que diez mil palabras en una lengua (1 Co 14:19). Solo cuando el lenguaje es inteligible la congregación puede responder diciendo «amén», que era la costumbre judía e inicial en el cristianismo de la congregación para significar su acuerdo con la oración.[21]

¿Tiene una interpretación el efecto de convertir las lenguas en profecía?[22] Pablo dice: «El que profetiza aventaja al que habla en lenguas, a menos que éste también interprete, para que la iglesia reciba edificación» (1 Co 14:5). No dice que las lenguas interpretadas se vuelvan profecía, sino solo que las lenguas son tan válidas como profecía cuando son seguidas de interpretación. Las lenguas y la interpretación juntas «son iguales en *valor* a la profecía ... Distan mucho de

---

[17]BAGD, 370; Weiss, *Der erste Korintherbrief*, 330-331.

[18]Lietzmann, *Korinther*, 72; Heinrich Schlier, «*idiotes*» en *TDNT*, 3:217.

[19]Gordon D. Fee, *The First Epistle to the Corinthians*, Wm. B. Eerdmans, Grand Rapids, 1987, 673.

[20]Vea Schlier, «*idiotes*», 3:217; Lietzmann, *Korinther*, 73.

[21]Vea Dt 27:14-26; 1 Cr 16:36; Neh 5:13; 8:6; Sal 106:48; Ap 5:14; 7:12.

[22]Sí, según Barrett, *Corinthians*, 316. Pero él representa a una pequeña minoría de exégetas y comentaristas.

[23]Harold Horton, *The Gifts of the Spirit*, 2ª ed., Gospel Publishing House, Springfield, Mo., 1975, 189.

ser idénticas en propósito».[23] El contenido básico de cada tipo de expresión puede ser diferente. La glosolalia, como hemos visto, se orienta a Dios; toma la forma de oración de alabanza, bien sea hablada o cantada. La profecía, por otro lado, se dirige a la congregación. Pablo sostiene que la profecía es para edificación o exhortación, o estímulo y consuelo; afirma que las lenguas más la interpretación es para edificación, pero no añade ninguna otra función. Si las lenguas interpretadas son lo mismo que profecía, ¿por qué tenemos lenguas e interpretación, para empezar?[24] Es más, tal posición oscurece la distinción entre los dos dones de lenguas y profecías, distinción que Pablo establece claramente en todas partes.[25]

¿Son justificables las lenguas no interpretadas? La respuesta es que sí, pero no en una reunión de adoración. En la vida privada devocional de uno, el creyente puede experimentar de verdad edificación personal por medio de ellas (1 Co 14:4). Algunos, sin embargo, interpretan la afirmación de Pablo como sarcástica, y nada elogiosa.[26] Pero existe la posibilidad muy real de que Pablo tuviera en mente este aspecto privado y devocional cuando dice que «en nuestra debilidad el Espíritu acude a ayudarnos [sunantilambanomai]» y que «el Espíritu mismo intercede por nosotros con gemidos que no pueden expresarse con palabras» (Ro 8:26).[27]

[24]J. Rodman Williams, *Renewal Theology: Systematic Theology from a Charismatic Perspective*, Zondervan Publishing House, Grand Rapids, 1990, 2:405-6 nº. 276.

[25]David Um, *Spiritual Gifts: A Fresh Look*, Gospel Publishing House, Springfield, Mo., 1991, 144.

[26]Por ejemplo, H. Wayne House, «Tongues and the Mystery Religions at Corinth», *Bibliotheca Sacra* 140 (abril-junio 1982): 144.

[27]Gunkel, *Influence of the Holy Spirit*, 80-81, y Cullmann, *Early Christian Worship*, 34, consideran sin vacilación esto glosolálico. Delling es más cauto: «Esta oración pneumática es un trato carismático con Dios, como hablar con lenguas, sea con las formas correspondientes o sin ellas» (Gerhard Delling «antilambanomai, etc»., en *TDNT*; 1:376). Vea también Charles K. Barrett, *A Commentary on the Epistle to the Romans*, Adam & Charles Black, Londres, 1962, 168; y especialmente Gordon D. Fee, «Toward a Pauline Theology of Glossolalia», en *Pentecostalism in Context: Essays in Honor of William W. Menzies*, ed. Wonsuk Ma and Robert P. Menzies, Sheffield Academic Press, Sheffield, Inglaterra, 1997, 24-37.

Regulación de la profecía

El don de profecía también debe ser regulado, a pesar de su trato preferencial sobre la glosolalia en la adoración corporativa. Potencialmente todo creyente puede profetizar (1 Co 14:5,24,31), pero al igual que en el hablar en lenguas, se imponen restricciones sobre la manifestación de este don. Primero, las profecías se deben dar «por turno» (v. 31), o sea, uno por uno,[28] eliminando así la confusión (v. 33). El profeta es capaz de controlar el impulso a profetizar si la expresión propuesta viola las regulaciones prescritas por Pablo. Este aspecto de control distingue las expresiones «extáticas» cristianas de fenómenos similares en otras religiones. Precisamente debido a que los profetas (al igual que los glosolalistas) *pueden* controlarse, Pablo insiste en que bajo ciertas condiciones *deben* controlarse. Este es el significado generalmente aceptado de la afirmación de que «los espíritus de los profetas están sujetos a los profetas» (v. 32, traducción mía).[29] Esta tesis es «un postulado que representa la base necesaria para sus mandatos».[30]

No faltan otras interpretaciones de la palabra «espíritus» (v. 32). Una opinión es que el plural refleja un concepto animista de espíritu.[31] Es la antigua idea de un espíritu individual, extraño, en el profeta, y representaría un acomodo al uso de parte de Pablo que refiere a otros espíritus la obra del Espíritu Santo.[32]

[28]C. F. D. Moule, *An Idiom-Book of New Testament Greek*, 2ª ed., Cambridge University Press, Cambridge, Inglaterra, 1959, 61.

[29]La omisión del artículo determinado antes de cada sustantivo: espíritus, profetas, profetas, hace más de este dicho un refrán o proverbio. Vea Robertson and Plummer, *Corinthians*, 323.

[30]Gunkel, *Influence of the Holy Spirit*, 87. En breve se considerará una intepretación alternativa.

[31]Rudolph Bultmann, *Theology of the New Testament*, trad. Kendrick Grobel, Charles Scribner's Sons, Nueva York, 1951, 1:156.

[32]Vea Weiss, *Der erste Korintherbriej* 326-327, 341. El pasaje clásico es 1 Reyes 22:19-23, donde un espíritu de los ejércitos de Yahvé se ofrece a sí mismo. Esta creencia le adjudicaría el mismo significado básico al plural de la palabra en 1 Co 14:12, «usted están anhelantes de espíritus» (traducción libre). Para un punto de vista relacionado con este, vea también Wayne A. Grudem, *The Gift of Prophecy in the New Testament and Today*, Crossway Books, Westchester, IlL, 1988, 117-119.

Una segunda interpretación es que los «espíritus» igualan a los dones o manifestaciones espirituales.[33] Esto querría decir que el don de profecía es posesión del profeta y está sujeto a su control. Una interpretación final, y a mi juicio correcta, es que los profetas dominan *a sus propios* espíritus. La palabra «espíritus» entonces sería la de espíritus humanos de los profetas que son el vehículo y medio de las expresiones proféticas. En efecto, esta interpretación dice que los profetas pueden controlarse a sí mismos.

Una segunda limitación es que debe haber un máximo de tres expresiones proféticas en un culto (1 Co 14:29a). Algunos, no obstante, interpretan la afirmación «los profetas, que hablen dos o tres» como queriendo decir que debe haber un grupo de no más de tres profecías en un momento dado del culto, pero que después de que se han evaluado esas profecías, pueden profetizar otros también. Con otras palabras, no hay límite para el número de expresiones proféticas permitidas en un culto. Se echa mano del versículo 31: «todos pueden profetizar por turno». La mayoría de exégetas y comentaristas, sin embargo, dicen que el máximo de tres profecías permitidas se aplica al culto entero. Es esta la creencia que mejor encaja en el tenor general del capítulo.

Sin embargo, nos debemos preguntar por qué se impone esta restricción, igual que con la glosolalia. La respuesta se puede deducir: Parece que en todo el Nuevo Testamento los apóstoles tienen prioridad sobre los profetas. En todos los pasajes en que se menciona a ambos, «apóstol» siempre precede a «profeta». Incluso lo que parece ser una revelación profética no puede desplazar a la palabra apostólica (vea Gá 1:8-9). Estas manifestaciones carismáticas no deben ser tan numerosas como para usurpar el lugar de la exposición normal y la lectura de las Escrituras. La limitación de nueve dones vocales en un culto: tres de lenguas, tres de interpretación y tres de profecía, es para impedir que estos dones dominen el servicio, donde también se debe observar otros elementos de la adoración.

---

[33]Robertson and Plummer, *Corinthians*, 323, diríjase asimismo la atención a 12:10 y 14:12; vea también Hans Conzelmann, *1 Corinthians*, trad. James W. Leitch, Fortress Press, Filadelfia, 1975, 279.

Una tercera limitación se menciona en el versículo 30: «Si alguien que está sentado recibe una revelación, el que esté hablando ceda la palabra». El que está en proceso de dar una profecía debe estar dispuesto a ceder la palabra a otra persona que recibe una profecía. No está claro cómo o por qué tiene lugar esto, pero se implica que nadie debe monopolizar la expresión de una palabra profética.

Distinción o discernimiento de espíritus

Una restricción que se impone sobre las expresiones proféticas es «que los demás examinen [*diakrino*] con cuidado lo dicho» (1 Co 14:29b). De inmediato surgen tres preguntas: (1) ¿Quiénes son «los demás»? (2) ¿Qué significa «examinar»? (3) ¿Por qué medios se debe realizar el examen?

(1) La opinión está dividida en cuanto a la identidad de «los demás» (v. 29). Bien puede ser el resto de la congregación[34] o los otros profetas.[35] No hay indicación de que el examen de las profecías fuera prerrogativa de los profetas. Lo contrario es el caso cuando observamos la lista de dones espirituales en 1 Corintios 12:8-10, donde la profecía es dada a uno y el discernimiento de espíritus a otro.

(2) La palabra traducida «examinar» en 1 Corintios 14:29 (*diakrino*) es la forma verbal de la primera palabra para el don de «discernir [*diakrisis*] espíritus» (1 Co 12:10).[36] No es accidental que en la primera lista de carismata estos dos dones aparecen juntos, y en orden lógico: primero profecía, y después el

---

[34]Barrett, *Corinthians*, 328; Lietzmann, *Korinther;* 74; Friedrich Buechsel, «*diakrino, diakrisis*», en *TDNT*, 2:947; Don A. Carson, *Showing the Spirit: A Theological Exposition of 1 Corintios 12-14*, Baker Book House, Grand Rapids, 1987, 120; Grudem, *Gift of Prophecy*, 70-74; Fee, *Corinthians*, 694.

[35]Conzelmann, *Corinthians*, 245; Robertson and Plummer, *Corinthians*, 322; Weiss, *Der erste Korintherbrief*, 340. Campenhausen se inclina por esta creencia, pero dice también que esto no libra a la congregación de la responsabilidad de lo que sucede. Hans von Campenhausen, *Ecclesiastical Authority and Spiritual Power in the Church of the First Three Centuries*, trad. J. A. Baker, Stanford University Press, Stanford, 1969, 62-63.

[36]Buechsel sugiere la traducción «examinar» para el verbo, «*diakrino, diakrisis*», 2:947. Interesantemente, Hering sugiere la traducción «debatir» y relaciona la afirmación con la prohibición a las mujeres de «discutir y preguntar» (vea vv. 34-35) (*Corinthians*, 153-54). Vea también David E. Aune, *Prophecy in Early Christianity and the Ancient Mediterranean World*, Wm. B. Eerdmans, Grand Rapids, 1983, 230.

discernimiento de espíritus. Este último don es la capacidad de diferenciar al Espíritu Santo no solo de un espíritu inmundo,[37] sino también del espíritu humano que, según algunos, puede hablar en éxtasis.[38]

Un profeta puede estar inspirado no divinamente ni demoníacamente, sino más bien hablar según su propio espíritu o pensamiento. O puede también ser impulsado por el Espíritu para hablar, pero a sabiendas o ignorándolo, incluir algunos de sus propios pensamientos. Existe una «tentación inherente para ejercerla [la profecía] sin *pistis* [fe]».[39] Por eso, Pablo dice que debe ser «conforme a la medida de la fe» (Ro 12:6), porque tal profeta debe hablar solo de acuerdo a la «medida de la fe» que Dios le ha dado (Ro 12:3). La necesidad de este tipo de discriminación se halla en otras partes en el Nuevo Testamento (por ejemplo, Mt 7:15-20; 24:11,24; 1 Ts 5:20-21; 1 Ti 4:1; Stg 3:5; 1 Jn 4:1-3).

Esta insistencia en evaluar las expresiones proféticas difiere del énfasis del Antiguo Testamento, aunque incluso allí el profeta no siempre estuvo libre de crítica (vea Dt 13:2-6; 18:22). Pero hablando en términos generales, el profeta del Antiguo Testamento y en el pensamiento judío tenía autoridad ilimitada puesto que era el único que tenía el Espíritu. En contraste, el profeta del Nuevo Testamento «no es un dictador sin restricciones sobre otros. Está sujeto al juicio de ellos. No se levanta por encima de la comunidad; como el resto, es miembro de ella».[40]

(3) La tercera pregunta involucra el modo de ejecución de esta evaluación de las profecías. El don de discernimiento de espíritus se puede entender como un medio subjetivo por el cual otros miembros de la congregación saben intuitivamente

---

[37]Gunkel, *Influence of the Holy Spirit*, 49.

[38]Lietzmann, *Korinther*, 61.

[39]Gerhard Kittel, «*analogia*», en *TDNT*, 1:348; vea también William Sanday and Arthur C. Headlam, *A Critical and Exegetical Commentary on the Epistle to the Romans*, 5ª ed., T. & T. Clark, Edimburgo, Escocia, 1914, 356. El que profetiza «no debe añadir material de su propia cosecha al que le ha sido revelado» (Delling, *Worship in the New Testament*, 31).

[40]Gerhard Friedrich, «Prophets and Prophecies the New Testament», en *TDNT*, 6:849.

por el Espíritu si una expresión profética es genuina (en todo o en parte). Externamente puede no haber diferencia discernible entre una persona inspirada divinamente y otra inspirada por un demonio o inspirada «por sí misma», puesto que las experiencias inusuales y de éxtasis en y por sí mismas no son necesariamente cristianas en carácter.[41]

Además, Pablo, siguiendo el tenor del Antiguo Testamento (Dt 13:2-6; 18:21-22), dice que el contenido, no la manera, es la regla por la que se deben evaluar las profecías.[42] El criterio específico que Pablo menciona es la expresión de la afirmación «Jesús es Señor» (1 Co 12:3). De igual modo, la persona verdaderamente inspirada no puede decir «Maldito sea Jesús» porque «el Espíritu (que por supuesto es "el Espíritu del Señor", 2 Co 3:17) no puede contradecirse a sí mismo. No puede maldecir a Jesús».[43] Pero, en el mejor de los casos, esto es nada más que un criterio parcial, porque ninguna de estas dos afirmaciones puede estar presente en una expresión profética.[44] Sorprendentemente paralelo es el empuje de 1 Juan 4:1-3, que también posee una prueba doctrinal: la humanidad de Jesús: «En esto pueden discernir quién tiene el Espíritu de Dios: todo profeta que reconoce que Jesucristo ha venido en cuerpo humano, es de Dios» (v. 2). Debemos destacar que Juan está escribiendo para combatir una forma de herejía gnóstica que negaba la plena humanidad de Jesucristo.

Puesto que las afirmaciones de los profetas que se acaban de mencionar son de naturaleza doctrinal, nos dan un principio guía para evaluar las profecías. Ya he señalado que los apóstoles tienen prioridad sobre los profetas, así que de las afirmaciones de Pablo y de Juan podemos inferir que las pruebas doctrinales se deben aplicar a las profecías. La palabra original y testimonio de los apóstoles halla forma definitiva en el canon del Nuevo Testamento, así que para el día presente el Nuevo Testamento debe ser el criterio por el que se deben

[41]Walter J. Bartling, «The Congregation of Christ—a Charismatic Body; an Exegetical Study of 1 Corinthians 12», *Concordia Theological Monthly* 40 (febrero 1969): 73.

[42]Barrett, *Corinthians*, 281.

[43]Conzelmann, *1 Corinthians*, 204.

[44]Hering, *Corinthians*, 124-125.

evaluar todas las expresiones proféticas.[45] Esto está en línea con una traducción estricta (ofrecida como nota al pie de la página en la NVI, en inglés) de la frase de Romanos 12:6 citada arriba: «conforme a su fe»: «de acuerdo a la fe», que quiere decir la fe cristiana, o el cuerpo de verdad aceptado por la iglesia. Esto, entonces, querría decir que al profeta «le está prohibido suprimir o añadir nada de cosecha propia. Está parado sobre la "base" de la fe que los apóstoles han colocado».[46] Pero estas interpretaciones («*su* fe», «*la* fe») se complementan, en lugar de contradecirse.

Las mujeres y el silencio en la iglesia

Pablo dice que «guarden las mujeres silencio en la iglesia» (1 Co 14:34). Los versículos 33b-35 están entre los más debatidos de 1 Corintios, mayormente porque parecen contradecir afirmaciones anteriores de que a las mujeres se les permitía profetizar y orar en los cultos (11:4-6). Ofrezco las siguientes observaciones:

(1) Algunos cuestionan la autenticidad y veracidad de este pasaje, diciendo que no era parte del manuscrito original. Pero la vasta mayoría de autoridades consideran que estos versículos son genuinos de la mano de Pablo.

(2) Cierto punto de vista dice que este pasaje les prohíbe a las mujeres evaluar las expresiones proféticas. Pero no hay nada en el contexto que sugiera esto. Es más, no está precisamente claro cómo se han de evaluar las profecías; si la evaluación debía hacerse vocalmente o incluso si se debía realizar durante el culto.

(3) El mandato de que las mujeres guarden silencio en la iglesia no es absoluto; se aplica solo bajo ciertas condiciones. En este capítulo hay otros dos mandatos a guardar silencio, que tampoco son absolutos (vv. 28,30). El glosolalista debe guardar silencio solo si no hay presente un intérprete; el profeta que está profetizando debe guardar silencio cuando se le debe dar a otro profeta la oportunidad de hablar.

[45]Campenhausen, *Ecclesiastical Authority*, 23-24.

[46]Ibid., 62; vea también Delling, *Worship in the New Testament*, 31. Aunque no sea necesariamente decisivo, la presencia del artículo determinado ante «fe» puede sugerir esta naturaleza «objetiva» de la fe.

(4) La interpretación de este pasaje no debe verse afectada por lo que Pablo dice en 1 Timoteo 2.12-14, puesto que se debe interpretar cada pasaje a la luz de las circunstancias en que fue escrito.

(5) Está muy claro que las mujeres deben guardar silencio «si quieren saber algo» (1 Co 14:35). No se puede tomar en serio ninguna interpretación que pase por alto o ignore este importante indicio. El pasaje de 1 Timoteo trata de mujeres que quieren enseñar; este pasaje habla de mujeres que quieren aprender.

(6) Debemos entender las instrucciones de Pablo en el contexto general de su deseo de armonía y orden en el culto en la iglesia. Puesto que las mujeres griegas vivían vidas más protegidas que los hombres, sería natural que ellas hicieran preguntas sobre asuntos espirituales. Pero, dice Pablo, esas preguntas se deben hacer en casa.

El servicio diario

Los dones espirituales realizan una función espiritual en un culto de adoración, pero su operación no se limita a tales ocasiones. Es cierto que la asamblea de creyentes es el lugar especial de la presencia de Dios, y que es la contraparte de Dios morando entre su pueblo Israel.[47] Sin embargo, resulta asombroso que en los pasajes que tratan de la adoración formal y corporativa de creyentes, el Nuevo Testamento evite usar términos que podrían ser reminiscencia de la adoración y ritos judíos del Antiguo Testamento.[48] Al investigarlo, resulta aparente que esos términos relacionados con el culto en verdad se usan en el Nuevo Testamento, pero no en conexión con el culto de adoración cristiano.[49]

---

[47]Vea la extensa consideración de Martin H. Scharlemann, «The Congregation: Place of God's Presence», *Concordia Theological Monthly* 35 (noviembre 1964): 613-621.

[48]Los términos clave en la Septuaginta son *latreia* y *latreuo*, y *leitourgia* y *leitourgeo*. Ambos pares de palabras tienen el significado básico de servicio o servir.

[49]El lector debe entender este significado básico de la palabra «cúltico», que se refiere a los ritos y ceremonial formales religiosos. El término es teológicamente neutro y no se debe confundir con sus connotaciones contemporáneas que lo asocian con grupos tales como los Testigos de Jehová o los mormones.

En el judaísmo y paganismo había sacerdotes. En el Nuevo Testamento a todos los creyentes se les considera sacerdotes, lo que automáticamente descarta una clase especial dentro de la iglesia que realizar servicios o cultos públicos.[50] Sin embargo, Pablo sí usa este tipo de lenguaje de culto para describir su obra en el evangelio, lo que él llama «el debe sacerdotal de proclamar el evangelio de Dios», y en este contexto se refiere a sí mismo como «ministro [*leitourgos*, es decir, "servidor"] de Cristo Jesús» (Ro 15:16). En otros lugares habla de que su vida sea «derramada sobre el sacrificio y servicio [*dsusia kai leitourgia*] que proceden de su fe [la de los filipenses]» (Fil 2:17; vea 2 Ti 4:6). También usa lenguaje de culto cuando a la ofrenda monetaria que les habían enviado la llama «un sacrificio que Dios acepta con agrado» (Fil 4:18). A los creyentes gentiles se les llama a ser de servicio (*leitourgia*) para los creyentes judíos al compartir las bendiciones materiales (Ro 15:27; vea 2 Co 9:12; Fil 2:25).

El otro término para servicio o servir (*latreia* o *latreuo*) lo usa Pablo al referirse al ministerio de los creyentes, pero no es un sentido formal de adoración ceremonial (Ro 1:9; 12:1; Fil 3:3; cf. 2 Ti 1:3).[51] Como el par previo de palabras para servicio, este par no se usa en un contexto de una reunión cristiana para adoración, en tanto que su equivalente hebreo del Antiguo Testamento (*avodaj*), cuando se lo usa en relación con Dios, siempre significa servicio de culto o ritual.[52] Notamos también la afirmación de Pablo de que la presentación de los mismos cuerpos de los creyentes a Dios constituye un acto de «adoración espiritual» (Ro 12:1).

Hemos visto que en los escritos de Pablo especialmente hay un abandono de los aspectos de culto y ceremoniales del sacrificio. Por ejemplo, en Romanos 12:1-2 Pablo ha recurrido deliberadamente al lenguaje de culto «a fin de describir

---

[50]1 P 2:5,9; Ap 1:6; 5:10; 20:6.

[51]También lo usa en referencia a la adoración en Israel (Ro 9:4), y la adoración de parte de los gentiles (1:25).

[52]Aparece noventa veces en el Antiguo Testamento y, con una sola excepción, denota «una acción religiosa, en verdad, ceremonial» (H. Strathmann, «*latreuo, latreia*», en *TDNT*, 4:59-60). Vea también C. E. B. Cranfield, *A Commentary on Romans 12-13*, Oliver & Boyd, Edimburgo, Escocia, 1965, 11.

la santificación de la vida diaria como el verdadero sacrificio del cristianismo».[53] Sin embargo, la idea de una espiritualización moral del culto no se originó con él, porque el Antiguo Testamento y también el judaísmo hablan de sacrificios tanto internos como materiales.[54] Los dos grupos de palabras que se han considerado arriba tienen que ver con brindar servicio. Este concepto de servicio se expresa mejor por otro grupo de palabras que da, incluso en forma más general, la idea de servicio (*diakoneo, diakonia, diakonos;* «servir», «servicio», «sirviente»). Como diferencia de los dos términos previos para servicio, este grupo de palabras presenta la cualidad especial de brindar personalmente el servicio, que se aproxima a un servicio de amor activo.[55] Con referencia específica a la colecta que se estaba recogiendo para la iglesia de Jerusalén, Pablo recalca que no se debe considerar solo externamente sino más bien como un verdadero acto de amor.[56] Cuando va a Jerusalén con la ofrenda habla de ella en términos de servir (*diakoneo*) a los santos (Ro 15:25; vea 2 Co 8:19-20). También considera su apostolado como servicio (*diakonia*).[57]

Hemos destacado previamente que ciertos dones espirituales se manifiestan en servicio abierto, tales como liberalidad, dar ayuda y mostrar misericordia. Como consecuencia de eso, los dones espirituales incluyen no solo los que se demuestran en la adoración corporativa, sino también los que se expresan en la vida diaria de la comunidad. Al referirse a todos los dones como servicios o ministerios (*diakoniai*, 1 Co 12:5; vea también Ro 12:7), el punto esencial de Pablo es que el servicio de todos los días tiene un lugar a la par de los fenómenos espirituales reconocidos.[58]

[53]Ernst Kaesemann, «Ministry and Community in the New Testament», en *New Testament Questions of Today*, trad. W. J. Montague, Fortress Press, Filadelfia, 1969, 78.

[54]Dt 11:13; Sal 51:16-17; Os 6:6; Testamento de Levi 3:6. Vea también Gerhard Kittel, «*logikos*», en *TDNT*, 4:143.

[55]Hermann W. Beyer, «*diakoneo, diakonia, diakonos*», en *TDNT*, 2:81, 85; vea también Schweizer, «Service of Worship», 196-197.

[56]Beyer, «*diakoneo, diakonia, diakonos*», 2:88. Vea Ro 15:30-31; 2 Cor. 8:1-6; 9:1,12-13; también Hch 11:29-30; 12:25.

[57]Ro 11:13; 2 Co 4:1; 6:3-4; 11:8; vea también Hch 1:17,25; 20:24; 1 Ti 1:12.

[58]Conzelmann, *1 Corinthians*, 208.

Por fin he llegado a la relación existente entre los conceptos de servicio y de edificación del cuerpo. ¿Se usan los dos indistintamente? La edificación del cuerpo es el propósito global de los dones. La manera en que se consigue esto es mediante el servicio. Lo primero es la meta última de los dones espirituales; lo otro, los medios y la motivación para lograrlo.[59]

Excurso:
Los dones espirituales y el fruto del Espíritu.

Con frecuencia surgen varias preguntas con respecto a la distinción entre los dones espirituales y el fruto del Espíritu. A veces se ponen en forma preposicional. Estas son dos de ellas, seguidas de una breve respuesta.

1. «El don mayor es el amor. ¿Por qué buscar otro don?» Pero la Biblia no habla del amor como don, ni se halla en ninguna lista de dones espirituales. Sin embargo, se identifica claramente como un fruto del Espíritu (Gá 5:22).

2. «Los frutos son superiores a los dones». Pero esto no se halla en las Escrituras. Las Escrituras no los contraponen. Dios ha ordenado que ambos sean demostrados en las vidas de los creyentes, sin oponerse mutuamente.

IDEAS GENERALES SOBRE EL FRUTO DEL ESPÍRITU

El pasaje central al considerar el fruto espiritual es Gálatas 5:22-23, que habla del fruto (karpos) del Espíritu y luego sugiere nueve en una lista. La expresión «fruto del Espíritu» se entiende mejor como que el Espíritu Santo es la fuente del fruto.

Resulta especialmente significativo que Jesús, en su último discurso, hablara extensamente sobre el fruto (Jn 15:1-17) y también de la venida del Espíritu Santo (Jn 14:16-18,26; 15:26-27; 16:5-15). No es casualidad que en su discurso de despedida hablara también del amor, gozo y paz; que son los tres primeros frutos mencionados en Gálatas 5:22-23. Otros varios pasajes del

---

[59]El excurso al final de este cap. trata de un tema relacionado. Es un estudio comparativo de los dones y el fruto del Espíritu.

Nuevo Testamento tratan también con el tema del fruto (Mt 7:15-23; 12:33; Lc 6:43,44; Ro 6:22; Ef 5:9; Fil 1:11; He 12:11).

Otra terminología relativa a este concepto se halla en expresiones que hablan de ser guiados por el Espíritu, andar en el Espíritu, y ser espiritual. «Porque todos los que son guiados por el Espíritu de Dios son hijos de Dios» (Ro 8:14; vea también Gá 5:18). Estrechamente relacionadas con este concepto están las palabras de Pablo de que debemos vivir, o andar, por o en[60] el Espíritu (Gá 5:16,25). En el versículo 16 el verbo que se traduce «vivir» en la NVI es *peripateo*, que era el vocablo griego común para la actividad de las piernas y pies llevando a una persona de un lugar a otro. Pero en el Nuevo Testamento la palabra se usa también con el sentido figurado de conducirse o comportarse uno mismo (Ro 6:4; Ef 4:1).

El verbo en Gálatas 5:25 es *stoijeo*, que es más restringido. La idea general de la palabra es «estar de acuerdo con, o seguir». En este versículo quiere decir mantener el paso con el Espíritu, seguirle, estar de acuerdo con él (vea también Hch 21:24; Ro 4:12; Gá 6:16; Fil 3:16).

La palabra que se traduce «espiritual» *(pneumatikos)* se refiere a veces a los dones espirituales, pero en general significa madurez cristiana (1 Co 2:13,15; 3:1; Gá 6:1).

Todos estos términos se hallan en el contexto inmediato del pasaje sobre el fruto del Espíritu (Gá 5:22-23), indicando que hay diferentes maneras de expresar la misma idea.

Similitudes entre dones y fruto

Ambos grupos tienen varios puntos en común.

(1) Su fuente es el Espíritu Santo. No se originan en el creyente, y son posibles solo por la capacitación del Espíritu.

(2) El propósito de ambos es edificar. El propósito global de los dones es edificar al Cuerpo de Cristo (1 Co 12:7; 14:26). De la misma manera, el propósito del fruto espiritual, personificado por el amor, es edificar (1 Co 8:1).

(3) Ambas obras del Espíritu se pueden perfeccionar. Con otras palabras, el creyente no las recibe terminadas. El empuje

[60]El dativo se brinda para cualquiera de estas traducciones.

de 1 Corintios 14 es instrucción. Pablo no cuestiona en ninguna parte la autenticidad de los dones que aducían tener los corintios; sin embargo insiste en que los dones tienen que ser cultivados con el fin de edificar a la congregación. De manera similar, el fruto espiritual tiene que ser cultivado; deben ser llevados a un estado de madurez. Esta es la idea que se haya detrás de los conceptos de madurez y crecimiento del creyente: la continua transformación del creyente a imagen de Cristo (2 Co 3:18).

DISTINCIONES ENTRE LOS DONES Y EL FRUTO

(1) En cuanto a su naturaleza, los frutos son resultado del Espíritu que mora en el creyente; los dones, son resultado del Espíritu que capacita. Los frutos son éticos en su naturaleza, en tanto que los dones son carismáticos en su naturaleza.

(2) Hay una distinción con respecto a la obligación de los creyentes de apropiarse de ambos. Se requiere que *todos* los creyentes demuestren *todo* el fruto del Espíritu. Pero Dios no exige que todos los creyentes tengan *todos* los dones. El requisito es la receptividad y un deseo anhelante (1 Co 12:31; 14:1), pero la distribución de dones es obra soberana del Espíritu (1 Co 12:11).

(3) A los creyentes se les pide manifestar *siempre* el fruto espiritual, pero su manifestación de dones espirituales depende del acicate del Espíritu.

EL IDEAL DIVINO

El Espíritu Santo se manifiesta tanto en los dones que concede a los creyentes como en el fruto que estos demuestran. Ambas categorías son centrales en la enseñanza del Nuevo Testamento sobre la actividad del Espíritu entre el pueblo de Dios.

Puesto que tanto los dones como el fruto se originan en el Espíritu, no es correcto oponerlos mutuamente. A los creyentes corintios les fue dicho: «Empéñense en seguir el amor y ambicionen los dones espirituales» (1 Co 14:1). Las dos ideas están correlacionadas, pero ciertamente hay que entenderlas a la luz de que Pablo señala «un camino más excelente» (12:31). Esto fue necesario decirlo debido al abuso de los dones, no debido a inferioridad alguna de los dones en relación con el fruto del Espíritu. En Corinto se estaban usando los dones en competencia en lugar de en cooperación, para la gratificación propia en lugar de para la edificación de la congregación. Sin embargo, Pablo no sugiere en ningún momento que los dones no sean genuinos cuando se manifiestan de esta manera. Es la persona que manifiesta el don, y no el don, lo que es nada (1 Co 13:1-2). El don es genuino; el que lo ejerce podría no serlo. «El camino más excelente» es la mediación de los dones por el fruto del Espíritu, y primordialmente mediante el amor.

El amor, como vemos en 1 Corintios 13, es el principio regulador que se haya detrás de los dones espirituales. Es paciente y amable; de buen grado cede a otros miembros con dones, dándoles la oportunidad de hablar (14:30-31). No siente celos ni se jacta; reconoce que el Espíritu distribuye soberanamente sus dones a quien él quiere (12:11). Tampoco se enorgullece por poseer algún don o dones (12:21). No es ni arrogante ni grosero; siempre considera el bienestar del cuerpo entero al expresarse en la congregación, y está dispuesto a recibir corrección (14:29-30). No insiste en salirse con la suya, y se somete a la autoridad debidamente establecida en la iglesia (14:37).

Complementación, y no exclusión mutua, es el enfoque del Nuevo Testamento de los dones y el fruto. Juntos sirven para edificar a la iglesia. Relacionado a esto está el concepto de penetración mutua, tal como se consideró en el pasaje precedente. El ideal divino es que *ambos*, los dones *y* el fruto, se manifiesten entre los creyentes. No se nos llama a escoger el uno por encima del otro.

Preguntas de estudio

PARTE 1: PNEUMATOLOGÍA GENERAL

Capítulo 1: El espíritu y la deidad

1. Dé cinco razones por las que hay confusión en la mente de algunos respecto a la persona del Espíritu Santo.
2. Mencione cuatro o cinco figuras de expresión que se hallen en las Escrituras para referirse al Espíritu Santo.
3. ¿De qué maneras muestran claramente las Escrituras que el Espíritu Santo es una Persona?
4. Explique el significado de blasfemar al Espíritu Santo.
5. Haga una lista y comente brevemente las líneas de evidencia que indican la absoluta deidad del Espíritu.
6. ¿Es apropiado elevar oraciones y alabar al Espíritu Santo? Justifique su respuesta con base bíblica.
7. Explique brevemente lo que dice cada uno de los siguientes credos de la iglesia primitiva respecto al Espíritu Santo: el credo apostólico, el credo niceno y el credo atanasiano.
8. ¿Cuál fue el error teológico de cada una de los siguientes personajes respecto al Espíritu Santo: Arrio, Macedonio y Sabelio.
9. ¿En qué consistió la controversia *filioqué?*

Capítulo 2: El Espíritu en el período del Antiguo Testamento

1. ¿Qué dos cosas se destacan en la enseñanza del Antiguo Testamento sobre el Espíritu Santo?
2. ¿De qué maneras está el Espíritu Santo relacionado con la creación del mundo?
3. ¿De qué tres formas opera el Espíritu Santo en el mundo físico, o natural, respecto a las personas?

4. Dé seis expresiones del Antiguo Testamento sobre la manera en que el Espíritu Santo establecía contacto con los individuos.

5. ¿En qué dos formas importantes difiere el Nuevo Testamento del Antiguo Testamento respecto a la actividad del Espíritu Santo entre el pueblo de Dios?

6. Defina lo que es un profeta y cómo el mensaje del profeta tiene que ver con el futuro y el presente.

7. En el Antiguo Testamento, ¿cuál fue el resultado más frecuente de la venida del Espíritu Santo sobre individuos o grupos?

8. ¿Qué ideas principales sobre el Espíritu Santo se hallan en los libros no canónicos del judaísmo intertestamentario?

9. Enumere algunas de las ideas principales sobre el Espíritu Santo que se hallan en los escritos de la comunidad de Qumrán.

CAPÍTULO 3: EL ESPÍRITU Y EL MESÍAS

1. Escriba un párrafo de resumen de las profecías de Isaías respecto a la conexión entre el Mesías y el Espíritu Santo. ¿Cuál pasaje es el más significativo para entender el ministerio de Jesús?

2. ¿Qué eventos de la vida de Jesús muestran la importante conexión entre él y el Espíritu Santo?

3. ¿Cómo se relacionan entre sí las palabras «Cristo» y «Mesías»? ¿Cuál es su significado básico?

4. ¿Necesitaba el Hijo eterno de Dios realmente la unción del Espíritu para realizar su obra terrenal? Explique.

5. ¿Cómo se relacionó el Espíritu Santo con Jesús inmediatamente antes, durante, e inmediatamente después de su tentación en el desierto?

6. ¿De qué dos maneras se movió el Espíritu en el cuerpo inerte de Jesús?

7. Después de la resurrección de Jesús, ¿de qué modo se invirtieron los papeles en la relación entre él y el Espíritu Santo?

8. Según el Evangelio de Juan (16:13-14), ¿qué tres actividades del Espíritu Santo se relacionan específicamente con Cristo?

9. Explique el concepto de que el Espíritu está subordinado al Padre y al Hijo, pero no es inferior a ellos.

CAPÍTULO 4: EL ESPÍRITU Y LA IGLESIA

1. ¿Qué dos figuras de expresión del Nuevo Testamento muestran la íntima conexión entre el Espíritu Santo y la iglesia?

2. Muestre cómo la iglesia como templo del Espíritu Santo es el cumplimiento tipológico del tabernáculo y del templo del Antiguo Testamento.

3. Explique cómo el Jesús terrenal es el puente que conecta el tabernáculo y templo del Antiguo Testamento con la iglesia como templo de Dios.

4. ¿Qué dos hombres del libro de los Hechos proclamaron que la presencia de Dios no mora en un edificio físico?

5. Comente en un párrafo el concepto de que los creyentes, corporativamente, son el templo espiritual y su sacerdocio.

6. Explique la importancia de 1 Corintios 12:13 para entender la naturaleza de la iglesia como Cuerpo de Cristo.

7. ¿De qué cuatro maneras se relaciona la actividad del Espíritu con la iglesia como Cuerpo de Cristo?

8. ¿Cuáles son algunas lecciones importantes que se derivan de la consideración paulina respecto a que el Espíritu designa a miembros del cuerpo para funciones específicas (1 Co 12:12-27)?

9. ¿Cuáles son dos interpretaciones aceptables de la frase «la comunión del Espíritu Santo»?

CAPÍTULO 5: EL ESPÍRITU Y EL CREYENTE

1. Explique brevemente la afirmación de Jesús de que el Espíritu Santo convencerá al mundo de pecado, de justicia y de juicio (Jn 16:8).

2. ¿Qué tres expresiones del Nuevo Testamento para la salvación enfatizan la obra del Espíritu Santo? Comente brevemente cada una de ellas.

3. ¿Cuáles son las principales interpretaciones de la frase «nacer del agua y del Espíritu» (Jn 3:5), y cuál prefiere usted? (Asegúrese de leer la correspondiente nota al pie.)

4. Justifique la afirmación del autor: «El Espíritu Santo mora en todos los creyentes».

5. ¿De qué dos maneras testifica el Espíritu de la salvación de una persona?

6. ¿Cuál es el significado básico del término «santificación»?
7. ¿Cuáles son las tres creencias extremas que se deben evitar en cuanto a la santificación? Explique brevemente cada una.
8. Escriba un párrafo significativo sobre la santificación como experiencia progresiva.
9. ¿En qué tres papeles actúa el Espíritu Santo para ayudar a los creyentes en su andar espiritual diario?
10. ¿De qué tres maneras se relaciona el Espíritu Santo con la resurrección de los creyentes?

CAPÍTULO 6: EL ESPÍRITU Y LA PALABRA DE DIOS

1. En unas cuantas frases indique cómo se relacionan armoniosamente entre sí el Espíritu Santo y la Palabra de Dios.
2. Defina la revelación en lo que se aplica a las Escrituras. ¿Cuál es el papel del Espíritu en la revelación?
3. ¿Qué quiere decir inspiración de las Escrituras, y cómo se relaciona el Espíritu Santo con la inspiración? ¿Cuáles son los dos importantes pasajes del Nuevo Testamento sobre este tema?
4. En cuanto a la inspiración, ¿cuál es la relación entre los autores humanos y el Espíritu Santo?
5. ¿Cuál es el significado de iluminación en lo que tiene que ver con las Escrituras? ¿En qué se diferencia de la inspiración?
6. Puesto que Jesús prometió que el Espíritu Santo nos enseñará todas las cosas, ¿descarta esto a los maestros humanos que enseñan la palabra de Dios? Explíquelo.
7. ¿De qué manera se relacionan entre sí la proclamación del evangelio y el poder del Espíritu Santo?

PARTE 2: BAUTISMO EN EL ESPÍRITU SANTO

CAPÍTULO 7: ASUNTOS INTRODUCTORIOS

1. Dé dos razones por las que se deban atender seriamente los asuntos hermenéuticos relativos a la doctrina del bautismo del Espíritu.
2. Explique los siguientes términos y cómo el creyente pentecostal los enfoca: crítica de la redacción, teología narrativa,

precedente histórico, intención del autor, forma inductiva de lógica.

3. ¿Qué quiere decir el autor al afirmar: «A todo autor bíblico se le debe entender en sus propios términos?» Relacione esto con la teología de Lucas sobre el Espíritu Santo.

4. Explique la diferencia entre la promesa del Espíritu Santo que se halla en Ezequiel y la que se halla en Joel. ¿Cómo se liga la afirmación de Moisés registrada en Números 11:29 con la profecía de Joel?

5. ¿Durante qué período del Nuevo Testamento se cumplió la doble promesa del Antiguo Testamento relativa al Espíritu Santo?

6. Mencione ocho expresiones que usa Lucas para la experiencia que a menudo se llama bautismo en el Espíritu Santo.

7. Distinga claramente entre ser bautizado *por* el Espíritu Santo y ser bautizado *en* el Espíritu Santo.

8. ¿Cuáles son las principales interpretaciones de 1 Corintios 12:13? ¿Cuál le parece la más aceptable, y por qué?

CAPÍTULO 8: POSTERIORIDAD Y SEPARACIÓN

1. ¿Es propio formular una doctrina del Espíritu Santo partiendo de los incidentes que registra el libro de los Hechos? Relacione esto con la cuestión de si Lucas es tanto teólogo como historiador.

2. ¿Qué quieren decir los pentecostales al enseñar que el derramamiento del Espíritu el día de Pentecostés es paradigmático, o programático, por naturaleza?

3. ¿Cuáles son las principales interpretaciones de la afirmación de Jesús a los discípulos: «Reciban el Espíritu Santo?» (Jn 20:22)? ¿Qué razones da el autor para no aceptar la opinión de que los discípulos nacieron de nuevo en esa ocasión?

4. ¿Cuál es la mejor explicación para el período de diez días de espera entre la ascensión de Jesús y el derramamiento del Espíritu el día de Pentecostés?

5. Dé varias razones por las que la recepción del Espíritu por parte de los samaritanos (Hch 8:14-20) se debe entender como una experiencia distinta de su experiencia de conversión.

6. ¿Cómo muestran las experiencias espirituales de Saulo de Tarso (Hch 9:1-17) una separación entre la conversión y el bautismo del Espíritu y que la una es posterior a la otra?

7. ¿La experiencia de Cornelio y su casa (Hch 10:44-46) apoya la idea de que el bautismo del Espíritu es posterior a la obra del Espíritu en la conversión? Explique.

8. Indique los argumentos generales a favor de la posición de que los hombres de Éfeso (Hch 19:1-7) ya eran creyentes cuando Pablo los conoció.

9. En sus propias palabras explique brevemente la posición de la mayoría de los pentecostales de que el bautismo del Espíritu es distinto de la obra del Espíritu en la regeneración.

CAPÍTULO 9: EVIDENCIA FÍSICA INICIAL

1. ¿Qué eventos de los primeros cuatro capítulos de Evangelio de Lucas muestran que se estaba cumpliendo la promesa del Antiguo Testamento acerca del Espíritu Santo?

2. Hable de la importante conexión entre los personajes del Antiguo Testamento que profetizaban cuando vino sobre ellos el Espíritu Santo, y lo que sucedió en el Nuevo Testamento cuando el Espíritu Santo vino sobre el pueblo de Dios.

3. ¿Cuál es la significación del fenómeno del viento y el fuego el día de Pentecostés?

4. ¿Cuáles son las diferentes interpretaciones de la afirmación de Juan el Bautista de que Jesús bautizaría en el Espíritu Santo y fuego?

5. Enumere algunas de las opiniones erróneas sobre la naturaleza de la glosolalia. ¿Qué base hay para decir que la glosolalia quiere decir hablar en ciertos idiomas?

6. ¿Cómo pudo decir Pedro que la predicción de Joel de que todo el pueblo de Dios profetizaría se cumplió el día de Pentecostés, si los discípulos no profetizaron hasta que hablaron en lenguas?

7. ¿Hasta qué punto es importante que Lucas diga que «todos» los discípulos hablaron en lenguas el día de Pentecostés?

8. ¿Cómo apoya el relato del derramamiento del Espíritu en la casa de Cornelio (Hch 10:44-46) la posición pentecostal de que la glosolalia acompaña a la experiencia?

9. ¿Se puede inferir que los samaritanos (Hch 8:14-20) y Pablo (9:17) hablaron en lenguas cuando el Espíritu vino sobre ellos? Dé razones.

10. ¿Son las lenguas el acompañamiento *normal* o el acompañamiento *normativo* del bautismo en el Espíritu Santo? Explique la diferencia, y haga un resumen de por qué la mayoría de los pentecostales dicen que las lenguas son normativas.

Capítulo 10: Propósito y resultados del bautismo en el Espíritu

1. ¿De qué maneras la vida terrenal de Jesús como persona ungida por el Espíritu es un modelo para los creyentes?
2. Comente sobre el punto de vista de que el único propósito del bautismo en el Espíritu es capacitar a los creyentes para testificar.
3. Mencione seis resultados del bautismo en el Espíritu y haga una o dos declaraciones sobre cada una de ellas.
4. ¿Qué siete sugerencias se le pueden hacer a la persona que quiere ser bautizada en el Espíritu?
5. Explique por qué la terminología de ser lleno del Espíritu no se debe restringir solo a ser bautizado en el Espíritu.
6. ¿De qué formas diferentes se usa en el Nuevo Testamento la expresión «lleno con o del Espíritu»?
7. Comente la sugerencia de que la cuestión importante no es si la persona ha sido llenada con el Espíritu en algún momento, sino si está llena del Espíritu en el presente.

PARTE 3: DONES ESPIRITUALES

Capítulo 11: Consideraciones generales

1. ¿Cuál es el significado de las palabras griegas *carismata* y *pneumatika* en su aplicación a los dones espirituales? ¿Se las usa indistintamente en el Nuevo Testamento? Explíquelo.
2. Cuando Pablo usa los términos «dones», «servicios», y «obras» («efectos») en 1 Corintios 12:4-6, ¿cómo contribuye cada término a nuestra comprensión de los dones espirituales?
3. Explique en unas pocas frases la estrecha relación entre los dones espirituales y el Cuerpo de Cristo.
4. ¿Cuál es el propósito global de los dones espirituales?
5. ¿Sobre qué base cree el autor que todo creyente posee por lo menos un don?

6. ¿Puede un creyente ejercer más de un don?

7. ¿Cómo coordina usted las afirmaciones aparentemente contradictorias de que debemos buscar ciertos dones y de que el Espíritu distribuye soberanamente los dones conforme a su voluntad?

8. Defina los términos «cesacionismo» y «continuismo».

9. ¿Qué respuestas le puede dar un continuista a un cesacionista?

CAPÍTULO 12: DONES INDIVIDUALES — PRIMERA PARTE

1. ¿Por qué es difícil compilar una clasificación rígida de los dones espirituales?

2. ¿Cuáles son los pasajes clave del Nuevo Testamento que tratan del tema de los dones espirituales?

3. Explique la idea de que el Nuevo Testamento enfatiza la función de los líderes de la iglesia, y no su cargo u oficio.

4. ¿Por qué es difícil dar una definición clara y contundente de apóstol?

5. Explique cómo, en el Nuevo Testamento, el término «profeta» se usa en un sentido restringido y en un sentido amplio.

6. ¿Por qué es incorrecto decir que profetizar y predicar son términos intercambiables?

7. ¿Cuál es la función de los maestros en la iglesia? Relacione esto con el papel del pastor.

8. ¿Qué otros dones pueden ser iguales que el don de pastor? Razónelo.

9. Explique el papel del evangelista.

CAPÍTULO 13: DONES INDIVIDUALES — SEGUNDA PARTE

1. ¿Cuáles son los dones de ayuda práctica? Explique cada uno con una frase o dos.

2. ¿Cuáles son los tres dones de poder, y cómo se relacionan entre sí?

3. ¿En qué se diferencia la fe del don de fe que Dios exige de todos los creyentes?

4. ¿Qué significan los cuatro sustantivos en plural en las frases «dones de sanar enfermos» y «obras milagrosas»?

5. ¿En qué se diferencian entre sí los dones de palabra de sabiduría y palabra de conocimiento?

6. ¿En qué se diferencia la glosolalia del Nuevo Testamento de fenómenos similares del mundo pagano?
7. ¿Cuáles son las posibles explicaciones para la discrepancia entre el largo de una expresión glosolálica y lo que parece ser su interpretación?
8. Según 1 Corintios 14, ¿cuáles son las tres funciones del don de lenguas?
9. ¿Cómo edifica al cuerpo de creyentes el don de profecía?
10. ¿Cómo se relaciona el don de discernir espíritus con el don de profecía?
11. Explique por qué el creyente puede decir con confianza que la obra expiatoria de Cristo incluye la curación del cuerpo.

CAPÍTULO 14: LOS DONES ESPIRITUALES Y LA ADORACIÓN

1. ¿Cuál es la base bíblica para creer en la música de adoración de naturaleza carismática?
2. ¿Qué restricciones se imponen sobre el ejercicio audible de lenguas en un culto de adoración? ¿Por qué son necesarias dichas restricciones?
3. ¿Bajo qué condiciones son justificables las lenguas sin interpretación?
4. ¿Qué limitaciones se imponen sobre el ejercicio del don de profecía en un culto de adoración?
5. ¿De qué dos formas se pueden evaluar las expresiones proféticas?
6. ¿Cuáles son tres posibles fuentes de una expresión que parece ser profética?
7. ¿Cuál es la mejor explicación de que «guarden las mujeres silencio en la iglesia» (1 Co 14:34)?
8. ¿En qué sentido diferente el Nuevo Testamento usa términos que en el Antiguo Testamento se asocian con adoración y ritos?
9. ¿En qué se diferencia entre sí el fruto espiritual y los dones espirituales? ¿En qué se asemejan?

Índice de Pasajes Bíblicos

ANTIGUO TESTAMENTO

NUEVO TESTAMENTO

Índice Temático

www.ingramcontent.com/pod-product-compliance
Lightning Source LLC
LaVergne TN
LVHW051457080426
835509LV00017B/1795